映画女優　吉永小百合

大下英治

祥伝社文庫

目次

第三章　体当たり演技の時代　レコードの大ヒット、独立

第五章　映画女優　殻《から》を破るということ

第六章　たゆまざる挑戦

第七章　プロデューサーとして　東日本大震災への祈り

第八章　映画女優の道、ひとすじ

第九章　吉永小百合、映画『母と暮せば』を語る

第十章　円熟期の傑作

第一章　吉永小百合《よしながさゆり》、一二二本目の作品『いのちの停車場』

成島出《なるしまいずる》監督、吉永映画二度目の挑戦

映画監督の成島出が、吉永小百合主演の『いのちの停車場』のプロットを、東映会長の岡田裕介《おかだゆうすけ》から手渡されたのは、元号が平成《へいせい》から令和《れいわ》に変わってから数ヶ月たったころ。東京《とうきょう》・練馬《ねりま》区東大泉《ひがしおおいずみ》にある東映東京撮影所のまわりには秋の気配がほのかに漂《ただよ》い始めていた。

成島は、吉永と、平成二十六年に公開された『ふしぎな岬《みさき》の物語』を共同プロデュースしていた。

吉永は、成島が撮った『孤高のメス』を高く評価していた。患者第一を考える外科医・当麻鉄彦の生きざまを描くことで現代医療が抱える問題に鋭く切りこんだ作品だ。

そして、成島にこう言ったのだった。

「次は、女医か、ポール・ニューマンが演じたような弁護士をやりたい」

成島は思ってもみなかったが、五十年以上の長きにわたって俳優業を続けてきた吉永はそれまで医師と弁護士のどちらの役も演じたことがなかったのである。

平成二十九年、成島は肺がんと診断され、一年以上の闘病生活を余儀《よぎ》なくされた。その間、岡田会長からはたびたび見舞いの品が届いた。

「待ってるから、早く戻ってこい！」

そう励《はげ》まされた。

吉永からも手紙をもらった。成島は泣きに泣いた。封筒には、お守りが忍ばせてあった。がん封じの祈願に、わざわざ吉永が詣《もう》でてくれたのだった。

〈岡田会長と吉永さんのために、もう一度現場に立とう〉

成島は、そう誓い、肺がんを克服したのだ。

吉永にとって一二二本目となるこの映画では、自身初となる医師役・白石咲和子を演じる。長年大学病院で救命救急医として勤務してきた咲和子は、とある事情から、石川《いしかわ》県にある実家へと戻り、在宅医療と向き合う「まほろば診療所」に勤《つと》めることになる。

原作者の南杏子《みなみきょうこ》は白石咲和子の視点から、石川県金沢《かなざわ》市を舞台にしてその姿を描いていた。その根底に流れているテーマは「人間の生と死と尊厳」である。

咲和子自身、医療従事者であるいっぽうで、介護者のひとりだった。脳卒中を患《わずら》い自宅

『いのちの停車場』(2021年)　監督／成島出　©2021「いのちの停車場」製作委員会

で治療する父・達郎がいるからである。

達郎は、つねに激しい痛みに苦しみ続けている。その痛みは、骨がきしむという生易《なまやさ》しいものではなかった。言ってみれば、骨を万力《まんりき》で締《し》め付けられ、ついには、パキパキと音を立てて割れていくような状態だった。

そのうち、達郎は、そよそよと風が吹いただけで「痛い！」とうめき声をあげるようになる。しかし、その痛みを、医療従事者である咲和子はやわらげることができない。

そのうち、父親は、苦しみから解放されたいがために「死」を望むようになる。達郎のその苦しみの先に「生きる」光が見えているのか。そうではない。それだから、心から「死にたい」「殺してくれ」と訴える。

医者であるだけによりいっそう医療の限界を突きつけられる咲和子は、いっそう追い詰められる。

〈医者として、家族として、父親を拷問《ごうもん》よりもむごく、光の見えないところから安らかにするには「死」しかないのではないか〉

そう考えるようになる。

そこに横たわるのが、「安楽死」の問題だ。

国も勧《すす》める在宅医療、それが、安らかな死を迎えるためのものであるのならば、まさに本人が望む安らかな死を叶えるのも、ひとつの形ではないか。

〈安楽死が、父親にとって最善なのかどうか〉

咲和子は苦悩を続ける。

成島は思った。

〈吉永さんにとっても、挑戦的な作品になるはずだ〉

成島は、吉永と共同プロデュースした『ふしぎな岬の物語』をはじめとして、『母と暮せば』『北の桜守《さくらもり》』『最高の人生の見つけ方』に出演する吉永を見て、吉永の別の一面を見たくなっていた。

どの作品でも、吉永は善良なひとだった。それはもちろん、吉永の一面だろう。しかし、吉永には別の一面もある。それが、昭和《しょうわ》五十九年に公開された『天国の駅　HEAVEN STATION』で見せた吉永だ。

吉永は、温泉宿を乗っ取るために色仕掛けで近づいて二人の夫を殺し、世間から毒婦《どくふ》と呼ばれ戦後初の女性死刑囚となる女性を演じた。成島は、同じような、いわゆる、汚《よご》れ役に挑《いど》む吉永を撮りたかった。

もちろん、『いのちの停車場』では、医療従事者としてまわりのひとたちに接する善良な役ではあるが、最終的には父親に手をかけざるをえなくなる。ついには、自分を殺人者にする女性だ。父を手にかけるまでを、吉永はどう苦しみながら演じるのだろう。その吉永を撮りたかった。

「ぜひ、やらせてください」

成島は、話を聞いてすぐに答えていた。

岡田会長も、おそらく、新たな吉永像を引き出すことができるのではないかと期待していたにちがいない。岡田会長にとっても、初のプロデューサー作品となる昭和五十年の岡《おか》本喜八《もときはち》監督の『吶喊《とっかん》』以来、プロデューサー四十五年目の節目の年になる映画であった。

キャスティングは、成島、岡田会長に、主役の吉永小百合を交えて話し合った。

医大の卒業生で、咲和子と同じ大学病院に事務員として勤めており、咲和子を追って「まほろば診療所」で働くようになる青年・野呂聖二を、『孤狼《ころう》の血』や『新聞記者』などに出演した松坂桃李《まつざかとおり》。「まほろば診療所」を支え続けてきた訪問看護師・星野麻世を「ちはやふる」シリーズや、『ラストレター』などに出演した広瀬《ひろせ》すずが演じる。また実家に帰ってきた咲和子を温かく迎える元美術教師の父親の白石達郎を、俳優や舞踊家として活躍する田中泯《たなかみん》が演じる。伊勢谷友介《いせやゆうすけ》は、脊髄損傷《せきずいそんしょう》の四肢麻痺《ししまひ》患者でIT企業社長の役を演じる。泉谷《いずみや》しげるは、妻を老々介護する役、みなみらんぼうは診療所のメンバーが集まるバーのマスターを演じる。

またTBS系の連続ドラマ『半沢直樹《はんざわなおき》』で好演した南野陽子《みなみのようこ》や、小池栄子《こいけえいこ》、柳葉敏郎《やなぎばとしろう》らも出演する。

誰もが出演に応じてくれた。

ことに、「まほろば診療所」の三代目院長の仙川徹役の西田敏行《にしだとしゆき》は、吉永と共演したかったらしい。平成二十六年公開の『ふしぎな岬の物語』で吉永が日本アカデミー賞優秀主演女優賞を受賞したとき、授賞式で司会をしていた西田は、

「なんで共演がぼくではなく、(笑福亭《しょうふくてい》)鶴瓶《つるべ》なんですか」

とうらやましがっていた。

西田だけでなく、ほかのキャストも、吉永が主演する作品だからこそ、忙しいスケジュールを縫《ぬ》って出演してくれたのである。それだけ吉永に魅力を感じ、自分が脇にまわってもいっしょに仕事がしたい、そう思われるだけの魅力が、吉永にはある。

吉永は、実際に在宅医療をおこなう「つるかめ診療所」の鶴岡優子《つるおかゆうこ》先生と鶴岡浩樹《こうき》先生、東京女子医科大学病院・救命救急センター長の矢口有乃《やぐちありの》先生に医療指導を受けた。

クランクインは令和二年九月四日。企画案が提示されてから一年の間に、新型コロナウイルスが世界に蔓延《まんえん》していた。定期的なＰＣＲ検査の実施をはじめ、撮影は、俳優、スタッフともに対策が十分に施《ほどこ》されたなかで始まった。

撮影期間は、わずか二カ月しかなかった。

ところが、クランクインからわずか四日後に、思わぬことが起きた。出演者の伊勢谷友介が逮捕されたのである。大麻取締法違反容疑だった。

伊勢谷は、脊髄損傷で四肢を麻痺したIT会社社長の江ノ原一誠を演じた。作品のなかではとても重要な位置を占める。吉永演じる医師・咲和子に最先端の医療を施すように求め、「挑戦しないのは医師としての甘えだ」と詰め寄る。そのことで咲和子の心に火をつけるのである。

伊勢谷も、その役を十分に理解し、江ノ原を演じ切っていた。

吉永も、撮影のあとに、成島に言った。

「いい役者さんだわ」

成島をはじめ現場は決断を迫られた。

伊勢谷に代役を立て、あらためて同じシーンを撮るか。

少なくとも、このことによって撮影を止めるわけにはいかなかった。伊勢谷のほか、西田敏行、田中泯、松坂桃李、広瀬すず、石田《いしだ》ゆり子などの出演者たちは吉永を慕《した》って集まってきたとはいえ、映画のほかに、テレビドラマ、CM撮影とスケジュールが詰《つ》まっている。松坂桃李はここで空白をつくってしまえば、撮影は二年先まで待たなくてはならなかった。石田ゆり子にいたっては、スケジュールがいつ空《あ》くかわからない状態だった。

決断を下したのは、岡田会長だった。

「作品に罪はない。このまま撮影を続行しよう」

伊勢谷の逮捕から三日後の九月十一日、『いのちの停車場』の製作記者会見が、東映東京撮影所で開かれた。

　岡田会長は、伊勢谷の逮捕に触れ、キャストを替えての撮り直しをしないことを明言した。

「作品に罪はない」

　それを受けた吉永は、伊勢谷との撮影を振り返り「おたがいの思いや、いろいろなものをぶつけられてよいシーンが撮れました」と気持ちを吐露《とろ》したあとに、こう続けたのだった。

「何とか乗り越えて、撮影現場に帰ってきてほしい」

　現場では「もどってきてほしい」とは話していた。しかし、そのことを記者会見で語るとは、成島は思ってもみなかった。それだけ、伊勢谷の俳優としての可能性を高く評価していた。吉永は吉永なりに、記者会見を通じて、伊勢谷にエールを送ったのだろう。

　現場にとって幸いだったのは、伊勢谷のシーンはすべて撮り終えていたことだった。

　それから二週間後の九月二十七日、さらに成島にも吉永にもおどろくべき報が飛びこんできた。

　女優・竹内結子《たけうちゆうこ》が亡くなったというのだ。自殺だった。まだ四〇歳だった。

　竹内は、成島が撮った『ミッドナイトイーグル』、『ふしぎな岬の物語』に出演し、『ふしぎな岬の物語』では吉永と共演していた。いつも元気に現場を訪れていたが、中学二年のときに母親を失ったり、歌舞伎界の本流にいなかった中村獅童《なかむらしどう》との結婚時には肩身の狭《せま》い思いもしたことだろう。その中村獅童とも離婚し、シングルマザーとして頑張り、平成三十一年二月には再婚もしていた。

竹内は、プライベートなことを表に出すことはなかった。しかし、元気そうな姿の裏面に潜《ひそ》む繊細な感性が、彼女自身をポキリと折ってしまうのではないか。そのような危うさを、成島は常に感じていた。

だから、二度目の結婚をし、子供も産み、家庭を大事にした生活を送り始めたと知り、心から「よかった」と感じていた。

『ふしぎな岬の物語』では、吉永の主演ならば、ということで竹内は忙しいスケジュールのなかでの出演を決めた。

吉永も、竹内のことを「結子ちゃん」と呼びかわいがっていた。竹内が亡くなったとの一報が入った直後の吉永は、どう表現していいのかわからない戸惑った表情を浮かべていた。

「どうして結子ちゃんが……」

吉永にとっても、成島にとっても、ある意味では、伊勢谷の逮捕以上に、彼女の死はショックが大きかった。「命のしまい方」をテーマにしているだけに、それはいっそう気持ちを揺さぶったのかもしれない。

岡田裕介東映会長の遺作《いさく》

いっぽう、岡田裕介会長は、たびたび撮影現場にやってきた。以前、岡田が成島に語ったことがあった。

「吉永さんと仕事をすると緊張で体調を崩すんだよね。一度はかならず倒れるんだ」

たしかに下痢《げり》に悩まされたり、帯状疱疹《たいじょうほうしん》にかかったこともあった。

平成十三年、岡田会長が企画した『千年の恋　ひかる源氏物語』のワールドプレミアが映画の聖地ハリウッドで開かれることになった。その矢先、9・11アメリカ同時多発テロが起こり、次々とイベントが中止された。吉永は、「自分を待っていてくださる米国のお客様がいる限り、私は行きます」と渡米を決意した。当時、岡田会長は、高血圧のため入院しており、もちろん渡米にはドクターストップがかかった。

「吉永さんが行くのに、行かないわけにはいかない」

岡田会長は、担当医の制止を振り切ってハリウッドへ飛んだ。

『千年の恋　ひかる源氏物語』のワールドプレミアは、9・11後、ハリウッドで初めて開催されたプレミア上映会となった。

岡田会長は、『いのちの停車場』の製作にかかわっているときも、いたって健康のように見えた。東京の撮影所やロケならば来ても不思議ではないが、今回は、石川県金沢市のロケ現場にも顔を出した。地方にまで来ることは、成島の記憶にはないことだった。

岡田会長自身、『いのちの停車場』に対してかなり力を込めていた。そのうえ、コロナ禍《か》で緊張感のある現場で、伊勢谷の逮捕なども重なっている。

吉永自身のことも心配だったのだろう。

スケジュールはかなり詰まっていた。

本来ならば、岡田会長としても、もう少しゆったりと撮影を進めたかった。それだけテーマ性の高い作品でもある。

しかし、主演を張れるほどの俳優ばかりが揃《そろ》うと、いくら吉永が主演で中心であるとは言え、吉永がまわりに合わせなくてはならなくなる。当然、吉永は、息つく暇もなく撮影を続けざるを得ない。いくら元気とは言え、自分で「もう後期高齢者だわ」とまわりを笑わせているが、吉永は七五歳を迎えていた。ハードスケジュールはきついにちがいなかった。岡田会長は、そのような吉永の健康も気づかっていたのかもしれない。

撮影の合間には、得意の〝おやじギャグ〟を飛ばして、出演者やスタッフを和ませてもいた。

十月六日に、広瀬すずが、新型コロナウイルスに感染していることが判明し、撮影は一時中断したものの、松坂桃李、石田ゆり子らのシーンはすでに撮り終えていたし、広瀬すずとのスケジュール調整もスムーズに進んだ。無事に十一月の初めにはクランクアップできた。コロナ禍で、これだけの大物が出演しての作品を二カ月で撮り切れたのはまさに奇跡といってよかった。

岡田会長は、クランクアップの日も現場に来ていた。

「会長、なんとか持ちましたね。健康でクランクアップしたのは、初めてじゃないですか」

「ああ、そうだな」

それからしばらくたった十一月十六日、成島は、岡田会長と『いのちの停車場』のラッシュを観た。

成島は、岡田会長から、まずまずの手応えを感じ取った。

ところが、それから二日後の十一月十八日、信じられないことが起こった。岡田会長が突然この世を去ったのである。

この二カ月の間、目まぐるしくさまざまなことが起こっていた。

〈その最後の最後に、こんなことが起こるとは……〉

にわかには信じられなかった。

岡田会長を襲ったのは、急性大動脈解離。血管疾患《しっかん》でもっとも重篤《じゅうとく》な病気で、心臓から全身に血を送り出す大動脈に亀裂《きれつ》が走り、ついには大動脈が破裂してしまう。亀裂が心臓にまで達すると、心筋梗塞《こうそく》や大動脈弁閉鎖《へいさ》不全症などの合併症を引き起こし、死に至《いた》る。

七一歳だった。

「人間の生と死と尊厳」をテーマにし「命のしまい方」を考える『いのちの停車場』にいのちを吹きこむまでには、さまざまな形で「死」が絡《から》みこんでいた。成島自身の肺がんにはじまり、新型コロナの蔓延があり、竹内結子の死、そして、最後に、まさか、それをつくりあげる原動力であった岡田裕介会長まで。

はからずも岡田裕介の遺作となったこの作品は、まさに岡田裕介の遺言ともいえる。

安楽死を問いかけるラストシーン

岡田会長の伝えたかった強烈なメッセージとは何か。

じつは、撮影の間を通じて、何度も話し合われたことがあった。

ラストシーンだ。

はじめに上がってきた台本では、父親が希望する「命のしまい方」を叶えようとする咲和子のシーンで終わることになっていた。

咲和子が、点滴の針を父親の腕に刺し、クレンメと呼ばれる器具で調節して致死《ちし》薬を父親の体内に送りこむのだ。そのときの、世間的には、父親殺しと呼ばれる行為をおこなう咲和子の表情をカメラで追う。そのようになっていた。

しかし、新型コロナの蔓延により、「死」に対する意識は大きく変わった。タレントの志村《しむら》けんの家族がそうだったように、コロナ感染者の家族は、肉親の死に目にも会えない。それどころか、火葬にも立ち会えない。入院したあとに会えるのは、すでにお骨となって粉々になった姿だ。

肉親との別れもままならぬこのようなときに、残酷とも言うべき別れのシーンを見せるべきなのか。

「このラストシーンで、いいのでしょうか」

吉永も疑問を口にした。

もちろん、咲和子が父親に下すような致死量の鎮静《ちんせい》薬による安楽死は、日本では認められていない。

もしも加担した場合には、嘱託《しょくたく》殺人罪に問われる。例え本人が薬を自身で服用したとしても、処方した医師は、自殺ほう助の罪に問われる。

じつは、『いのちの停車場』でも直接的に安楽死させるシーンを撮ることを検討したのだが、法的な判断で言えば、本人の意思であることを、遺書なり、ビデオ撮影なりという形によって証明できれば刑は軽くなる。だが、そこを撮ると、テーマ性が薄れる。あえてカットした。

成島は考えていた。

〈「安楽死」に賛成するとか、賛成しないとかではなく、そのひとの希望する「生」について、そのひとの希望する「死」について語らないといけない〉

高齢化がますます進んでいる日本ではなおさらだ。総務省が発表した統計によれば、令和二年九月時点で、六五歳以上の高齢者は三六一七万人に達し、総人口比では二八・七％を占める。一〇〇歳時代を迎えると言われる日本は、主要国では、高齢者就業率が二四・九％と、韓国に次いで高い。元気なお年寄りが増えている。

そのいっぽうで、身体的な機能の衰えや、疾病《しっぺい》のために、介助や介護を受けざるを得ない高齢者も増えている。その状況を素直に受け入れる高齢者もいるが、なかには、自分の力で日々の営みを続けたいと願い、もしもそれができないのであれば、心から「死」を望むひともいる。いまの法律では、その「死」を認めていない。誤解を恐れずに言うのであれば、「生きることを強《し》いている」だけだ。

人間の尊厳は、生きること。これが当たり前のことと考えられてきた。しかし、フェアなところで考えるのならば、「死」もまた個人の尊厳のひとつとして考えられないだろうか。どうすれば、幸せに死ねるのか。もっともやすらかな死とは何か。それを積極的に話し合う必要がある。ところが、いまだに安楽死の問題はタブー視されている。医師会も語ろうとはしない。

この安楽死の問題は言葉を換《か》えれば、「いかに自分の人生をしまうのか」ということでもある。

そのことで成島が思い出すのは、評論家の西部邁《にしべすすむ》である。彼とは、たがいに通っていた新宿《しんじゆく》の飲み屋があり、よく話した仲だった。そのころすでに西部は、重度の頸椎症性脊髄症《けいついしようせいせきずいしよう》を患っていた。つねに皮膚炎、神経痛に悩まされ、時として激しい痛みに襲われることもあった。つねに手袋をはめている手は震《ふる》えていて、「きついね。きついね」と言いながら飲んでいた。さらに、平成二十五年ころからは、咽頭《いんとう》がんを患っていた。

その西部は五〇歳のころから、自分の生き方にどう始末をつけるかを考え続けていたらしい。

西部にとって「自然死」とは、病院の言いなりになって死ぬことだった。一水会《いっすいかい》代表の木村三浩《きむらみつひろ》には、「自分の意思もわからない状態で看取《みと》られるのは耐《た》えられない」と話したそうだが、自身の意思による「死」を望んだ。

西部は、その言葉通り、自分で自分の人生を閉じた。それを実行したのが、平成三十年一月二十一日のこと。大田区田園調布《おおたくでんえんちようふ》あたりの多摩川《たま》河川敷で入水自殺をはかったのだった。このとき、西部の死生観に共鳴するふたりがその手助けをしたという。

西部とよく飲んで語り合っていた成島には、西部の自殺は衝撃的だった。一年でもっとも寒い時期に、しかも、入水という形で自分の人生に自分で区切りをつけるのはとても苦しかったことだったろう。そこまでするということは、逆に言えば、西部の人間的な激しさを物語ってもいた。自分の死についてここまで突き詰めて、実行したひとはいないだろう。成島は、それだけに、自分の人生のしまい方をよりいっそう考えさせられた。

これは、成島自身の問題でもあったからだ。成島も、中学生のころから、「死」については考え続けてきた。

昭和三十六年に山梨県甲府市で生まれた成島は、高度経済成長とともに育った。成島の成長とともに、家には、掃除機が来たり、洗濯機が来たり、テレビが来たりと、自分の生活が豊かになっていった。家も団地だったのが一戸建てになり、父親は車を運転するようになった。両親は公務員で、いつもまじめに働いていた。そんな親の背中を見ながら、「一所懸命にがんばれば幸せになれるんだ」と信じていた。そのいっぽうで、中学生のころから、死について考えていた。

そして、豊かさへの信頼感は、大学に進学し上京したことで一変した。山梨県よりももっと豊かなはずの東京なのに、空から人が降ってきた。飛び降り自殺者だった。

ちょうど戦後高度経済成長がもっとも頂点を叩《たた》いた、バブル経済のころだった。

〈これまで幸せと呼んでいたものは、なんだったんだ〉

自分のまわりでも、オカルト的なものが流行り、オカルト雑誌『ムー』を読む仲間も多かった。成島自身、これまでの価値観では足元がおぼつかなくなり、自分を受け止めてくれる価値観を探してさまよった。つねに考えているのは、「どう生きるか」ということよりも、「どう死ぬか」。

そのころ住んでいた世田谷区《せたがや》の近くにあったオウム真理教の道場にも行ったことがある。入信することはなかったが、あのころの成島は、オウム真理教を信じ幹部となる村井《むらい》秀夫《ひでお》や上祐史浩《じょうゆうふみひろ》と変わりはなかった。

映画と出会わなければ、成島の人生はどうなっていたかわからない。そのうえ、肺がんを患ったことで、より「死」に近づいた。それだけに、「死にたい」と訴えるひとたちの気持ちにも、西部が自分で自分を死に追い詰めた「人生のしまい方」にも共感できる。

成島が思うことは、日本人のほとんどは仏教徒であるが、キリスト教とかイスラム教を信仰するひとたちとはあきらかに死生観がちがうということだ。神や仏の存在に対して無意識というか無自覚だ。無宗教に近く、普遍というものがない。死生観もあいまいだ。絶対神のもとに自分が存在しているのではなく、個として生まれ、個として死んでいく。この生き方は、絶対神を自分のなかに抱くひとたちにくらべれば、ある意味では、辛く厳しい生き方のように成島には思える。

『いのちの停車場』は、一人ひとりの問題でありながら、その死生観があいまいな日本人に問いかける作品でもある。

「自分の始末を、どうつけるか」

「自分の最期を、どう閉じるか」

それを世に問うには、吉永演じる咲和子が、やはり父親を手にかけなければいけない。もしかすると、さまざまな反発を受けるかもしれない。それでも撮り切る。それが映画の役割だ。

成島は、監督として覚悟を決めた。吉永もまた、その思いを込めて咲和子を演じた。最高の演技だった。

咲和子が直接父親を死に至らしめるシーンはなく、父親との想い出のシーンを重ね、父子の愛の深さを描き、死を暗示させることにした。

〈みなさんは、自分の死をどう思いますか〉

そう問いかけて『いのちの停車場』はエンディングを迎える。

岡田裕介が伝えたかったのも、この強烈なメッセージだった。このコロナ禍で不安が蔓延しているときだからこそ、これを伝えたかった。だからこそ、伊勢谷逮捕のときには毅《き》然《ぜん》とした態度で臨《のぞ》み、映画製作を続行したのだ。いつもよりも足しげく現場に通ったのも、何があってもこの映画をつくりあげるという、温和な表情をした映画人・岡田裕介の執念だったのかもしれない。

『いのちの停車場』は、令和三年五月二十一日に公開が決まっている。しかし、国内では徐々に感染者数は減ってきているものの、いまだに新型コロナが収束する気配はない。四月に公開予定だった山田洋次《やまだようじ》監督作品『キネマの神様』も、再延期された。

それでも、岡田会長が「いいねえ」と言って満足してくれる作品に仕上げ、岡田会長の残したかった遺言を伝える。

それこそが肺がんを患った成島を励まし、ふたたび現場に復帰させてくれた岡田会長への鎮魂歌《ちんこんか》となる。成島はそう信じている。

主役にこだわる凄《すさ》まじさ

いっぽう、吉永はどうか。いまは令和三年五月二十一日の『いのちの停車場』公開に向けて多忙な日々を送っていることだろう。これまで同志とも言っていい岡田会長の死と向き合うのは、公開後のことだろう。それは成島も同じだ。

ただ、いまは気丈にしているが、岡田会長の死と向き合ったときにどうなってしまうのか。そのことが心配だ。

このところ、平成三十年十一月にプロデューサーの黒沢満《くろさわみつる》、令和二年八月に渡哲也《わたりてつや》、そして、今回の岡田裕介と、吉永を支えた映画人がこの世を去っている。

そのことは、吉永にとっても辛いことだろうが、映画界にとっても大きな痛手だ。日本の映画界が築いてきたものを伝える伝道者が、日々少なくなっているからだ。

成島は、若い俳優たちには、男優だろうと女優であろうと関係なく、大御所と言われる俳優たち、監督たちと仕事をしてほしいという。若い監督も同じだ。大御所を積極的に撮ってほしい。そうすることで、大御所たちの凄さがわかる。日本の映画界が、人から人へと伝えてきたものがわかる。

もちろん、自分たちが受け継いだものと同じものをつくればいいと言っているわけではない。若い世代から、次の世代の高倉健《たかくらけん》や吉永小百合をつくってほしい。

その素質を持った俳優は出てきている。伊勢谷友介もそのひとりだろう。広瀬すずも光るものがある。

松坂桃李にいたっては『いのちの停車場』を撮ったあとにすぐに広島県《ひろしま》の呉《くれ》に行き、頭を刈《か》りこんで「おんどりゃあ、殺すど」と広島のヤクザを描いた『孤狼の血』の続編となるヤクザ映画を撮っている、オールラウンダーだ。成島が見る限り、役所広司《やくしょこうじ》ばりの役者だ。

彼らには日本の映画が大切にしてきたものを継承し、新たな日本映画をつくってほしい。

ただ、新たな日本映画をつくるシステムを、日本の映画界はつくってこなかった。それだけに、これからの吉永は、日本の映画界にとってはとても貴重な存在となると思っている。

吉永そのものが、日本の映画が継承してきたものを伝える存在になる。『ふしぎな岬の物語』にしても『いのちの停車場』にしても、吉永は、現場で、若い俳優たちに、具体的に何かを教えるわけではない。しかし、吉永のありようを身近で観ることが俳優としての成長になる。日本の映画を知ることにもなる。

成島が見ていても、吉永はすごい。

吉永は、『いのちの停車場』の現場で、「後期高齢者になってしまったわ」と笑っていたが、令和三年の三月十三日で七六歳となった。それでも、自分をまだまだと思っている。『ふしぎな岬の物語』でもそうだったが、『いのちの停車場』でも、自分の演技を見ると落ちこむ。

「自分はダメだわ。もっとできていると思っていたのに……。足りてない。届いていない。ぜんぜんダメ」

監督の立場からすれば、完璧な、人の心に響く演技をしている。成島がそのことを伝えても、吉永は納得していない。本気で落ちこんでいるのだ。

成島には、吉永がどこまでの高みを目指しているかはわからない。成島がこれまで接してきた様々な俳優は、まわりから褒《ほ》められればうれしいし、主演男優賞、主演女優賞といった賞で評価されれば自分の地位に満足する。吉永もこれまで数々の賞を獲得している。

だが、吉永は、まわりの評価と自分の評価を同じにすることはない。自分の評価こそ絶対で、そこに妥協する余地はない。これほどまで貪欲で、凄まじい俳優は数少ない。一流の俳優だ。

まわりを見れば、高倉健が亡くなり、渡哲也もこの世を去った。樹木希林《ききりん》もすでにいない。吉永は吉永で、映画界、芸能界における自分が俳優としてどのようなポジションにいるのかを測っていることだろう。

いずれ訪れる俳優としての引き際についても考え、「引退」の文字がかすめ、悩むこともあるだろう。しかし、そのようなそぶりは、いっさい成島らには見せない。

いまでも毎日プールに通って泳ぎ、毎日欠かさずスクワットを続けている。食事もすべて管理している。まさにアスリートだ。

そして、その歳《とし》にして本気で落ちこみ悩み、自分を自分で追い詰めている。主役を張る女優でありたいからだ。

そこまで主役にこだわっていた俳優は高倉健くらいだろう。主役にこだわる凄まじさ。これからは一本一本命懸けで、最後だと思いながら演じるだろう。それが吉永小百合であり、それがあるからこそ、吉永小百合は吉永小百合であり続ける……。

令和三年三月十日、東京・渋谷《しぶや》にあるセルリアンタワー東急ホテルで、七一歳で亡くなった岡田裕介東映グループ会長のお別れの会がおこなわれ、約二千人が参列した。

会場には岡田の足跡を一一分にまとめた映像が流された。幼少時代や、俳優時代の写真、プロデュース作のポスターも展示された。

五月二十一日から公開される岡田にとっての遺作でもある『いのちの停車場』に出演する吉永は、コロナ禍《か》のため、ビデオメッセージで、声を震《ふる》わせながら追悼《ついとう》した。

「〝裕介さん、今、どちらですか？　お元気ですか？〟大空に向かって、森の奥に向かって、時折声を掛けたくなります。あまりに突然で、もうお会いできないという実感が湧かないのです。でも、現実なのですよね……。四〇年間も、映画づくりをご一緒させていただき、心から感謝しております。ありがとう！　本当に、ありがとうございました」

第二章　映画に魅せられて　デビューから日活映画の頃

東京大空襲直後に生まれて

吉永小百合は、男性俳優が活躍した日活《にっかつ》アクション路線とは別の、日活青春純愛路線のエースであった。多くの同世代の男の子を虜《とりこ》にし、「サユリスト」なる言葉を流行させた。昭和二十年、日本敗戦の年に生まれた小百合は、また戦後女性の象徴のようなものに擬《ぎ》せられた。

小百合の父親の吉永芳之《よしゆき》は、明治四十三年、薩摩《さつま》士族の末裔《まつえい》として鹿児島《かごしま》県に生まれた。

成績優秀だった芳之は、鹿児島の旧制七高《しちこう》（現・鹿児島大学教育学部）から東大法学部法律学科に進学。

昭和十年に卒業して、九州耐火《きゆうしゆうたいか》煉瓦《れんが》勤務を経《へ》て、外務省通商局の嘱託員《しよくたくいん》となった。

昭和十三年、山の手の上流階級の娘の川田和枝《かわだかずえ》と大恋愛の末に結婚した。

和枝の父は、英文出版社「大観社」社長の川田友之《ともゆき》。妹の川田泰代《やすよ》は、この頃より富裕層の主婦向け生活情報誌『婦人画報』の編集に携わっていた。

和枝自身も府立第一高女（現・都立白鷗高等学校）から仏英和（現・白百合《しらゆり》女子大学）に進学。大学での成績も一、二を争う才女で、太田水穂《おおたみずほ》によって創刊された短歌結社誌「潮音《ちょうおん》」に所属する歌人でもあった。

川田家は、出版の世界にゆかりが深かった。

もっとも和枝自身はピアニスト志望で、父親に反対されたことから断念せざるを得なかったという。

昭和十八年、芳之は日本出版会という戦時下の統制団体・情報局に転職。紙の割当部門の経理を担当することになった。

昭和二十年三月十日、東京上空を米軍の三〇〇機超のB-29爆撃機が襲い、一万発を超える爆弾を投下した。死者は、十万人を超えた。いわゆる東京大空襲である。

小百合は、その三日後の三月十三日、東京都渋谷区代々木西原《よよぎにしはら》町（現・渋谷区西原）に生まれた。

小百合は語っている。

「両親が必死に守ってくれて生まれてこられた」

芳之と和枝の間には三人の女の子が生まれた。小百合は次女であった。

芳之は、終戦後、しばらく日本出版会に在籍した後、出版社「シネ・ロマンス社」を立ち上げた。映画評論家の飯島正《いいじまただし》、双葉十三郎《ふたばじゅうざぶろう》らと映画ファン雑誌「シネ・ロマンス」や「読書新聞」などを刊行した。が、事業に失敗した。

悪いことは重なるもので、芳之は結核を患《わずら》った。一家は、一時期家財を差し押さえられるほど生活に困窮《こんきゅう》するようになった。小百合の家は門構えはゆったりと裕福そうであったが、家の中は火の車であったという。借金取りや、税務署の差し押さえの役人が家の中に入り込んできた。小百合は、子供心にハタキを手に持ち身構えた。

〈なんて失礼な人たちなのだろう。よし、わたしがお父様を助けてあげよう〉

小百合は、見かねて母親に迫った。

「さゆり、新聞配達をする」

が、母親になだめられた。

「まだ年がいかないから……」

和枝は、こうした逆境にも負けない〝五黄《ごおう》の寅《とら》〟生まれの女性だった。三十六年に一回巡《めぐ》ってくる五黄の寅年生まれの女性は気が強いと言われ、この年に女子が生まれることを忌《い》む俗習があったほどである。和枝はその迷信どおりの強く激しい女性だった。

吉永家は、和枝のピアノ教師としての収入で支えられるようになった。ピアノを弾《ひ》く母親の周りで、三歳の小百合は、妹と手を組み、ショパンのワルツを楽しく踊った。

小百合は、父親と母親について筆者に語った。

「父は、本当に言葉の少ない人で、身体も悪かったですし、さほど恵まれた人生ではなかったんですが、わたしは小さいころから父が大好きな父親っ子でした。とても可愛がってくれて、甘い父親だったと思います。

いっぽう、母は、とにかく気が強くて才能豊かで、父が映画誌の出版事業に失敗した後は、ピアノ教師をして収入を支えてくれました。気が強く他人を支配するといわれる五黄の寅生まれなんですけど、芯《しん》の強さとかというところを超えて、とにかく激しくて強い。そういう人でした。だからわたしなんかはもう圧倒されっぱなしで。

母はピアニストになりたかったんですけど、祖父が許してくれなかった。でも強い人でしたから、何とか娘のわたしにその夢を託《たく》したいと思ったようです。わたしも子供のころはピアノを一生懸命やりましたけど、どうも好きになれなくて」

和枝は自分が果たせなかった夢を娘に託そうと、小百合が六歳になったときから、厳しくピアノの指導をした。母親は、はじめのうちは小百合につきっきりで教えていた。が、次第に出稽古《でげいこ》が多くなった。小百合が小学校四年生くらいになるとほとんど自習であった。

「この曲を、一五回練習しておきなさい」

そう言い残して母親は出稽古に出かけていった。残された小百合は、実は外で遊ぶのが大好きである。一〇回ほどで練習をやめてしまい、外に飛び出て、石蹴りや縄跳びに夢中になった。

小百合は母親の期待に応《こた》えようと必死に練習に励《はげ》んだものの、どうしても母親ほどピアノに思い入れを持てなかった。持久力を必要とするピアノの練習には、向いていない性格だったという。

小百合が子供の頃はまだ防空壕《ごう》が残っていた。その中でよくままごともした。空襲で大きな屋敷が焼け、その跡が広場になっていて、そこで遊ぶのも子供心に楽しかった。いつの間にかその防空壕も埋められてなくなっていた。

小百合は、部屋の中での芸事よりも、外へ出てお陽さまを浴び、体を動かすほうがワクワクした。石蹴りも、男の子に負けず得意であった。

女の子と遊ぶよりも、男の子とどこか知らない場所に冒険に行くほうが性《しょう》に合っていた。リーダーは、いつも小百合であった。大人の眼を盗んで、入ってはいけない給水所に潜りこんだ。

母親が、やはり、大正の初めに生まれた女性にしては、スカートをはいてスキーに出かけるような活発な女性であった。

いまでも、小百合は、その当時の男の子仲間たちと、スキーに行ったり、飲みに出かけたりしている。いまの映画の役柄のイメージからすると意外だが、餓鬼大将《がきだいしょう》、お転婆娘《てんばむすめ》だったのだ。

ただし、気は強かったが、体は頑丈《がんじょう》というほうではなかった。特に呼吸器系が弱かった。小学校低学年の頃は、一年に一度は必ず風邪をこじらせて肺炎となり、一ヶ月も学校を休むことを繰り返していた。そのせいもあり、看護婦さんがテキパキと自分の世話をするのを見ているうちに、憧《あこが》れた。

〈大きくなったら、看護婦さんになりたい……〉

また、スイスの教育家ペスタロッチの伝記を読み思った。

〈教育者になりたい……〉

ペスタロッチは、貧困からの解放につとめ、貧民学校、孤児院を設立。個人の全能力の調和的発達を目指し、個人の独立による社会改革を企図した。

夢は、クルクルと変わっていった。

昭和二十九年三月一日、ビキニ環礁《かんしょう》とエニウェトク環礁で米軍による水爆実験「キャッスル作戦」がおこなわれた。小百合は、その水爆実験で、マグロ漁船の第五福竜丸《だいごふくりゅうまる》で被ばくした無線長の久保山愛吉《くぼやまあいきち》についてよく記憶している。

そのころ小百合は、小学生だったが、毎日ラジオで久保山無線長のその後の報道を聞きながら心配していた。

「かれの容体は、どうだろう」

つい「久保山さん、頑張って」とラジオの向こう側に向かって祈った。

久保山は、その半年後に亡くなった。

〈何とひどいことを……〉

小百合は、子供心に憤《いきどお》りを感じた。小百合にとってこの事件は、原水爆反対の原点といえよう。

その第五福竜丸が被ばくして五十年を迎え、小百合は、平成《へいせい》十六年に静岡《しずおか》県の焼津《やいづ》市でギタリストの村治佳織《むらじかおり》と作曲家の大島《おおしま》ミチルとともに朗読コンサートをおこなった。

小学校時代、夏休みに校庭で映画上映会があった。そこで小百合は、たくさんの映画を観た。

深く感動した映画は『二十四の瞳』であった。高峰秀子《たかみねひでこ》扮《ふん》する大石先生は、小豆島《しょうどしま》の岬《みさき》の分教場の新米教師。十二人の幼い小学生たちと出逢《であ》い、強い絆《きずな》で結ばれていく。昭和のはじめから、日本が太平洋《たいへいよう》戦争を始め、やがて敗戦を迎えるまでを、しっかりとした構成で描いていた。

『二十四の瞳』は、小百合のバイブルになった。どんな教科書よりも、小説よりも、胸の中にしっかりと残っている。あの頃、小百合自身が映画俳優になるとは思ってもいなかったが、人生を左右してしまうような映画の魅力を、子供心にしみじみと感じたという。

小百合が小学校五年生のとき、奥野幸文先生が、私立の玉川《たまがわ》学園から転任してきて担任となった。玉川学園は、独自の教育理念を掲げ、一貫教育をめざす学校である。特に児童演劇を教育の一環に取り入れ、独自の成果をあげていた。先生も生徒も、学内あげて演劇熱が高い。

奥野先生は、さっそく児童演劇を取り入れた。五年生の学芸会で、児童劇『すずらんの鐘』を上演することになった。各クラスから、演者を集めた。

動物たちの物語で、登場するのは、ウサギ、キツネ、タヌキ、リスなどすべて動物であった。小百合は、主役であるウサギのお母さんを演じることになった。

子ウサギの誕生日のことである。お母さんウサギが、子ウサギのために買い物に出かけた。

ところが、その帰り、人間が仕掛けた罠《わな》にはまって、脚が抜けなくなる。

お母さんウサギの帰りが遅いので心配になった動物たちが、探しにくる。ウサギのお母さんを見つけた動物たちは、それぞれに助けようとする。が、罠は、頑丈でびくともしない。お母さんウサギは、どんどん衰弱していく。あとは死ぬのを待つばかりというときのことである。

一瞬、あたりが明るくなって、女神が現れる。

それぞれ事情を説明する動物たちやウサギの子供たちの気持ちを聞いているうち、そのお母さんウサギを思う優しい気持ちや、仲間を助けようとする真摯《しんし》な気持ちに打たれた女神は、ウサギのお母さんの罠を外してやる。

小百合は、学校の講堂の舞台で演じていても、まったくアガらなかった。稽古に一ヶ月もかけたせいもある。自信があったのかもしれない。

講堂を埋め尽くした生徒と保護者の間に、すすり泣きが起こった。小百合は、ハンカチが広げられるのを見たとき、感動に震《ふる》えた。

一生懸命努力して芝居を演じたこともあり、小百合は、演じ終わったとき、心が感動で満たされる気持ちよさを感じた。大人の言葉でいう、カタルシスというものであった。

演じることの楽しさを覚えた小百合は、翌年六年生になって、謝恩会《しやおんかい》で創作劇を演出することになった。

小百合は、演じるだけとはちがったおもしろさを発見した。

「はい、あなた、こっちから出てきて」

ラジオドラマ『赤胴鈴之助《あかどうすずのすけ》』でデビュー

小学校六年のとき、ラジオ東京（現・TBS）に勤めていた吉永家の知人が小百合に話を持ちかけてきた。

「連続ラジオドラマ『赤胴鈴之助』に出演してみないか」

福井英一《ふくいえいいち》・武内《たけうち》つなよし原作の人気マンガをラジオドラマ化したものである。

赤胴鈴之助役の男の子と、鈴之助が通う剣術道場の師範千葉周作《ちばしゅうさく》の娘・さゆり役の女の子を募集しているという。

なにしろ一万人もの応募者がいた。二次試験、三次試験と進んで、とうとう最終審査がクリスマスイブの日におこなわれた。

女の子は、藤田弓子《ふじたゆみこ》と小百合の二人だけが残った。藤田は小百合より一つ学年が下であったが、演技が上手で、落ち着いている。いっぽうの小百合は、役名が自分の名と同じ利点があった。

男女ひとりずつの募集だったが、結局、男女ふたりずつ採用になった。どちらも落としがたいと判断されたのである。

クリスマスイブの夜、吉永家に電報が届いた。

『サユリゴウカク　アスライシャセヨ』

小百合には、まるでサンタクロースのプレゼントのように思われた。うれしかった。未知の扉が開いたような気持ちだったという。

小百合は、偶然にも同名のさゆり役。さゆりの幼馴染《おさななじ》みのしのぶ役に藤田弓子であった。赤胴鈴之助役には、新人の横田毅一郎《よこたきいちろう》。千葉周作には、ＫＲＴ（現・ＴＢＳ）のテレビドラマ『日真名氏飛《ひまなしと》び出す』の久松保夫《ひさまつやすお》。赤胴の兄弟子に、当時『スーパーマン』をしていた声の吹き替えをしていた声優・大平透《おおひらとおる》。東宝《とうほう》俳優・宝田明《たからだあきら》も出演。ナレーションは、女優の山東昭子《さんとうあきこ》であった。

このような錚々《そうそう》たるベテランたちにまじり、小百合は、プロの世界の厳しさを味わった。まったく演技の訓練を受けていないに等しい素人の少女が、プロの大人の中にポンと放り込まれたのだ。

小百合は著作『夢の続き』に書いている。

『月曜日から日曜日まで毎日、夕方二〇分の放送劇です。一週間に二時間二〇分の分量を、録音しなければなりません。毎週二回、夕方から夜中にかけて、子どもにとっては徹夜に近いような感じで行われました。

当時は、ラジオドラマが全盛でしたので、有名な俳優さんはとても忙しく、夜遅くならないとメンバーが揃《そろ》わないのです。本読みから始まり、リハーサルをして、全員でマイクを囲んで収録しました。馬の蹄《ひづめ》の音、波の音などの擬音《ぎおん》もいっしょに入れました。』

アガることこそなかったものの、まちがっては叱《しか》られ、徹底的に鍛《きた》えられた。忙しい人たちばかりなので、収録は真夜中になる。眠くてたまらない。ものを作っているという感じではなく、ただなんとかして眼をあけていることだけで精一杯というような日々がつづいた。

『収録が終わるのは、いつも三時か四時。局で用意してくれた車に乗ると、もう目がくっついてしまい、翌朝、学校に行くのが本当に辛かった。なんとかサボりたいと布団をかぶっても「ちゃんと、学校に行きなさい」と母に叱られたのを覚えています。

眠くても、収録のたびに、ソフトクリームを食べられるのは嬉しいことでしたし、時折局のロビーに映画スターが座っていたりして、興奮しました。赤いベレー帽を被《かぶ》った岸惠《きしけい》子《こ》さんの美しい姿は、いまでも私の胸に残っています。』

不思議なことに、小百合は、『赤胴鈴之助』のラジオドラマへの出演を始めてから、どんどん健康になっていった。小百合が一日休めば、多くのスタッフ、キャストに迷惑がかかり、放送が間に合わなくなる危険もある。そのためうっかり風邪も引くことができない。小百合は自分で体調をコントロールする術《すべ》を少しずつ覚えていったのである。

『赤胴鈴之助』は、毎夕の放送であったから、一回分としては少ない出演料であっても、一ヶ月分となると、かなりの額になった。米びつが空っぽというような吉永家の状態はよくなり、おかずが少し増えた。育ちざかりの小百合にはたまらなくうれしかった。

同時に、妙な自覚も生まれた。

〈この食卓の上のものは、わたしが働いて得たものだわ……〉

歌うことが好きだった小百合は、ひばり児童合唱団へ発声の練習に通うようになった。ドラマの収録のとき、しっかりと腹から声を出せるようにするためである。

『赤胴鈴之助』はテレビドラマ化された。小百合も、さゆりではない小さな役ではあったが出演した。

作文「将来の夢」

小百合は、卒業の記念文集に次の作文を載せた。

『私の将来　　吉永小百合

私は将来、映画俳ゆうになりたいと思う。今の映画俳ゆうは、ラジオに出ると、動作が無いので、とてもへたに聞こえる。でも私は映画でも、ラジオでも、じょうずだと言われるようになって、映画に出るとしたら、太陽族とか不良の映画には出たくない。でもそれはむりかもしれない。一流の映画俳ゆうになるには、その映画会社に、出なさいといわれた映画には出なくてはならないから。

私は、結婚したら俳ゆうをやめて、家の仕事をしっかりやっていこうと思う。勿論《もちろん》、子供を生んで、女の子なら、ふだんはおとなしくても、かっぱつに発言の出来る子、男の子だったら、元気で勇気があって、いたずらをしない子供がほしい。

そして、おばあさんになったら、孫の洋服を自分でデザインして作ってあげたり、おかしを買ってあげたりして、みんなから好かれる、やさしいおばあさんになりたい。』

小百合は、昭和三十二年、渋谷区立代々木中学に入学した。

その後、小百合は母親和枝の親戚である東映の助監督から東映《とうえい》入りを勧《すす》められた。父親の芳之は、日活の宣伝部長石神清に相談に行った。石神は、父親と旧制七高（現・鹿児島大学教育学部）で同期であった。

「東映に入ると、ほとんど京都《きょうと》での仕事になる。小百合は、まだ中学生だ。東京を離れて、こんな子供ひとりに京都暮らしはさせられない。かといって、わたしたちがいっしょに京都に行くわけにもいかない。どうしたらいいものか」

石神は、その場で勧めた。

「じゃ、中学を卒業したら、うちに来ればいいじゃないか。俺が、責任を持つ」

芳之は、結局、石神の助言を受け入れた。

そのうち、小百合を東映に誘った東映の助監督は亡くなってしまい、東映入りの話は幻となってしまった。小百合がもし東映に入っていれば、また別の運命が待っていたかもしれない。

『まぼろし探偵』

昭和三十四年、小百合は、時代劇『赤胴鈴之助』につづき、『少年画報』連載の桑田次《くわたじ》郎《ろう》（現・桑田二郎）の漫画『まぼろし探偵』のラジオドラマ化作品にも出演した。

小百合は、加藤弘《かとうひろし》演じるまぼろし探偵こと富士進の友達の女の子の役である。

小百合の声は、少女期ということもあり、頭のてっぺんから抜けるように高い、それでいてカン高くないふんわかした少女の声をしていた。自分でも、おもしろい声だと思った。

『赤胴鈴之助』『まぼろし探偵』で、吉永小百合の人気は、お茶の間に広まっていった。

その年、ついに松竹《しょうちく》映画にも出演した。

『朝を呼ぶ口笛』で、新聞配達の少年をはげます少女の役である。少年役に扮したのは、『まぼろし探偵』の主役加藤弘である。

昭和三十五年に映画化された新東宝の、『まぼろし探偵　地底人襲来』にも出演した。

いっぽう、小百合のピアノであるが、中学校のときに通うようになった有名な先生のもとでも、レッスン中は間違えてばかり。子役としての仕事も多くなり、とうとうピアノは挫折《ざせつ》してしまった。

都立駒場《こまば》高校に進学した小百合は、日活の石神宣伝部長を訪ね、日活に入社した。

当時の日活映画は、年間で百本以上の作品が製作されていた。月給一万円。映画に一本出演すると、ギャラが二万円もらえるという契約であった。ノルマは年間二本であった。

初のラブシーンに困惑

日活での出演第一作は、赤木圭一郎《あかぎけいいちろう》主演の「拳銃無頼帖《けんじゆうぶらいちょう》」シリーズの第二弾『電光石火《でんこうせっか》の男』であった。

初めて日活調布《ちょうふ》撮影所を見た小百合は、その眼も痛いほどに真っ白い白壁に声を呑んだ。

〈なんと清潔で、素敵だこと……〉

赤木圭一郎は、昭和十四年五月八日、東京は麻布《あざぶ》の歯科医赤塚俊之の次男として生まれた。

昭和三十三年、成城《せいじょう》大学文学部に入学した。

同じ年の夏に、日活第四期ニューフェイスに応募し、日活入りした。

昭和三十四年公開の『大学の暴れん坊』までに主演、共演とりまぜて、十一本の作品に出演していた。赤木のラテン系人種を思わせるような情熱的なマスクに、甘く危険な香りを漂《ただよ》わせる独特の個性が、撮影所の中でようやく目立ち始めた。が、新人を抜擢《ばってき》してスターにすることは、企業としては、大冒険の時代であった。

プロデューサーの浅田健三《あさだけんぞう》は、『拳銃無頼帖　抜き射《う》ちの竜』の主役を、新人の赤木圭一郎でいくと決めた。浅田は、監督の野口博志《のぐちひろし》や、助監督の柳瀬観《やなせのぞむ》に言った。

「赤木が、一本立ちのスターになれるかなれないかの、正念場の作品だ。会社が、この賭《か》けにオーケーしてくれたんだ。赤木を、看板スターにしてくれないか」

脚本は、小林旭《こばやしあきら》の「渡り鳥」シリーズで有名な山崎巌《やまざきがん》であった。

赤木は、剣崎竜次という、麻薬中毒の早射ちの拳銃使いである。

主役に対抗できる味のある殺し屋〝コルトの銀〟役は、宍戸錠《ししどじょう》であった。

赤木と、宍戸との本格的な共演は、初めてである。

宍戸錠は、昭和八年十二月六日、大阪《おおさか》市北《きた》区東野田《ひがしのだ》町に生まれた。昭和二十七年四月、日本大学芸術学部演劇科に入学。昭和二十九年三月、日活第一期ニューフェイスになる。

赤木が、石原裕次郎《いしはらゆうじろう》、小林旭に続く「日活第三の男」として人気が急上昇していたころである。『抜き射ちの竜』は大ヒットし、のちに「拳銃無頼帖」としてシリーズ化される第二作目が『電光石火の男』であった。今回、赤木は、拳銃の名手ゆえにヤクザ稼業《かぎょう》から足を洗えずにもがく丈二役を演じ、宍戸は一作目と同じく、赤木のライバル役として出演が決まった。

いっぽう、小百合の役どころは、浅丘《あさおか》ルリ子《こ》演じる赤木の恋人の妹。喫茶店のウエイトレスとして、初対面の赤木に「はい、お待ちどおさま！」と言って、コーヒーを出す程度のいわゆる〝チョイ役〟だった。ところが、小百合は、主演スターを目前に、コーヒーを持つ手がぶるぶると震えるほど緊張した。「落ち着いて、落ち着いて」と自らに言い聞かせたものの、ついコーヒーがこぼれてしまうほどであった。

野口博志監督は、「ああ、駄目駄目、カット！」と何度もダメ出しをした。

そのたびに小道具さんが新しいコーヒーカップを用意してくれた。

赤木は、当時二一歳。役柄だけではなく、実際にもひどく寡黙《かもく》であった。

赤木や、共演の宍戸錠は、高校生の小百合を、とても大事にあつかってくれた。

赤木は、スタジオ入りした小百合を見るなり、共演者の宍戸錠に言った。

「なあ、あの娘、可愛いなあ」

確かに、小百合は可愛かった。が、宍戸の目には、可愛さの中にどこか暗い影を持っているように映っていた。小さくて細っそりとした体つきが、そう思わせたのだろうか。

宍戸は、「可愛い、可愛い」を連発する赤木を眺《なが》めながら思った。

〈赤木は、もしかしたら、小百合に一目惚《ひとめぼ》れしたんじゃないか？〉

いっぽう、新人の小百合には、キラキラ光る瞳の赤木の姿がまぶしく、まるで〝神様〟のように映っていたという。

小百合がもっとも困ったのは、ラブシーンであった。『電光石火の男』で、台本にいきなり小百合のキスシーンがあった。相手は、チンピラヤクザ役の杉山俊夫《すぎやまとしお》である。

しかし、野口監督は、小百合があまりに子供っぽい雰囲気だったため、唇《くちびる》へのキスシーンではなく、頰《ほお》にちょっとキスするシーンに変えてくれた。小百合はホッとした。

あだ名は「ラビットちゃん」

小百合の第二作目も赤木が主演で、山崎徳次郎《やまざきとくじろう》監督の『霧笛《むてき》が俺を呼んでいる』である。イギリスのキャロル・リード監督の傑作《けっさく》『第三の男』をベースにした文芸の香りのする映画であった。

今度は、赤木演じる杉の友人浜崎の妹・ゆき子で、足の不自由な少女という重要な役であった。

赤木は、すこし馴《な》れてくると、小百合をじっと見て言った。

「きみは、『進め！ ラビット』の兎《うさぎ》みたいだね。ほんとだ、ラビットちゃんだ」

そう言うと真っ白い歯を見せて笑った。小百合は、それまで触れたことのない爽《さわ》やかな風が吹き抜けるような気がした。

テレビアニメ『進め！ ラビット』の兎は、なんともかわいかった。それ以後、小百合のあだ名は、「ラビットちゃん」となった。

が、あだ名をつけた当の本人は、小百合を「小百合ちゃん」と呼んでいた。

小百合の家庭には、男は父親しかいなかった。父親以外は女四人という優しい家庭の中で育った。父親は、娘たちに手を上げたことなどなかった。荒っぽい、ゴツゴツした男社会の雰囲気を家庭に感じることはなかった。日活に入って初めて、男社会を経験した。俳優をふくめ撮影班が百人いるとすると、九十五人までが男性であった。

「成せばなる。成さねばならぬ何事も。活動屋に不可能はなし」という意気込みの撮影スタッフは、仕事に夢中になるあまり、口論ではおさまらず、殴《なぐ》り合いの喧嘩《けんか》をした。

血を噴《ふ》き飛ばしながら殴り合う姿を見て、小百合は背筋を寒くさせた。

〈こんな荒《あら》くれた所へ来て、どうしたらいいの、わたし……〉

餓鬼大将だったとはいえ、所詮は、少女時代の話。男が本格的に喧嘩をすると、こんなにも怖いものかと震え上がった。

そういう中、『霧笛が俺を呼んでいる』で、浜崎の恋人の美也子を演じる先輩の芦川《あしかわ》いづみに自宅にまで呼んでもらい、優しくしてもらったときは、本当にホッとした。

「いい？　ドーランは、こっちのだと粗《あら》いから、こっちのを使いなさい。肌目細《きめこま》かくてすごくいいわ」

そう言って、芦川は自分のドーランをすこしずつ切って分けてくれた。

それは、小百合が見たことのない舶来品《はくらいひん》のドーランであった。まだまだ小百合には、舶来品のドーランは高くて買えない。言われるまま、肌に塗《ぬ》ってみた。小百合のピチピチした白魚のような嫩《やわ》い肌に、なめらかにのびる。日本製のドーランとは、比較にならないほどであった。

日活の使っているカラーフィルムは、イーストマンカラーで、東映のカラーフィルムにくらべると、俳優の肌の色合いが派手な感じがした。

松竹では、メイク係の人が丹念にメイクアップをしてくれた。しかし、日活に来てみると、あまりにもあわただしく、メイク係の人だけでは追いつかず、俳優が勝手に塗ることがあった。

「そこいらへんの、勝手に塗っといて」

小百合は、芦川の見よう見まねで、ちょこちょことドーランを塗った。

小百合は、芦川のことを、役柄だけではなく実際にも、マリア様のような女性だと思った。

兄のように思えた赤木圭一郎

小百合の第三作目は、やはり赤木圭一郎との共演で、「拳銃無頼帖」シリーズ第三作『不敵《ふてき》に笑う男』であった。金沢の能登《のと》半島でロケがあった。

お盆映画なので、夏休み返上である。小百合は期末試験を控え、真っ蒼《まさお》になった。

〈どうしよう、まだ半分も準備できてないのに……〉

ロケ現場では、高校の期末テストを受けるため、遅れて入る小百合の待ち状態だった。

主演の赤木も、相手役の宍戸も、彼女を待った。夜行列車に乗ってひとり移動した小百合は、列車の中で三千円入りの財布を盗まれてしまった。

赤木は、遅刻してきた小百合を温かく迎え入れてくれた。

小百合は、有り金すべてを奪われ、内心ショックであった。が、そのことを、誰にも打ち明けなかった。小百合は無一文のまま、じっと我慢をして出張ロケを続けた。

撮影が終わり、ずっとあとになって、そのとき無一文だったことを聞かされた宍戸は思った。

〈誰かにひとこと相談すれば、金なんか貸してもらえたのに。あの子らしいな。自分のことで、迷惑をかけたくないという強い気持ちがあったんだろう〉

小百合は仕事と勉強の両立に苦しみながらも、真摯《しんし》に女優業に取り組んでいた。そんな彼女を、赤木はますます気に入っていったようだった。

赤木は、宍戸といっしょに酒を飲んだとき、小百合に対する思いを漏《も》らすことがあった。

その思いは、女性としてではなく、妹を思うようなものであったかもしれなかった。それでも、宍戸は思った。

〈そんなに好きなら、どんどん小百合ちゃんを攻めていけばいいのに……〉

野口博志監督以下撮影班は、小百合の試験を待っていてはくれない。小百合は、教科書、参考書、ノートをロケ先に持ちこんだ。

野口監督が優しく言った。

「試験のある日は、ラビットちゃんのない他のシーンを撮るから、終わったら、もどっといで」

小百合は試験のため、夜行列車で東京にもどることになった。

赤木が心配してくれた。

「勉強教えてやるよ、いつでも言いなよ」

小百合は、赤木を温かい感じの人と思った。家には、男は父しかいない三人姉妹の小百合には、演技の上というより、実際の兄のような感覚をもった。

前作の横浜《よこはま》ロケで、赤木が運転する真っ白なオープンカーの助手席に乗るシーンがあった。

小百合は、スターの隣にふたりだけで乗っている誇《ほこ》らしさを感じた。しかし、赤木は、ギアを入れ換えるとき、ガクッガクッと無骨《ぶこつ》に入れた。その無骨な感じが、赤木のまた別の一面を示した。

小百合は、ついクスッと笑った。

〈あまりうまくないみたい。大丈夫かしら……〉

無骨でブキッチョな感じが、それまで雲の上のスターであったのに、にわかに親しみを感じさせた。

よく見ると、不思議な顔つきをしている。どこか日本人ではないようなラテン系の雰囲気を感じさせる。

しかし、小百合は、その第三作が、赤木との最後の共演になろうとは夢にも思っていなかった……。

急な抜擢《ばってき》への戸惑い

のちに『草を刈る娘』『青い山脈』『伊豆の踊子』をはじめ十四本にもわたって吉永小百合出演作を監督する西河克己《にしかわかつみ》が、吉永小百合を初めて知ったのは昭和三十五年春のことであった。日活の演技俳優部が出している俳優写真帳の最後に、白黒で載っている大判の写真が眼に入った。

〈なんて、清潔感あふれる少女なんだ〉

その写真の下には、「吉永小百合」と書かれていた。

西河は、さっそく現場の者たちに話した。

「『秀子』役には、吉永小百合を起用しよう」

西河は、そのころ、夏に封切られる『疾風小僧《しっぷうこぞう》』の撮影にむけて準備を進めていた。『疾風小僧』は、『素っ飛び小僧』に次ぐ和田浩治《わだこうじ》主演の「小僧」シリーズ第二作目である。

和田浩治演じる「疾風小僧」こと、サブは放浪好きのハイティーンで、今度は北海道《ほっかいどう》の旭川《あさひかわ》に向かって旅に出た。旭川で入ったキャバレーで知り合ったキャバレー社長で笠井組組長の笠井が目の前で射殺されたことで事件に巻きこまれていく。

そのヒロインである笠井の娘・笠井秀子には、清水《しみず》まゆみがすでに決定していた。というのは、日活映画では、石原裕次郎には北原三枝《きたはらみえ》、小林旭には浅丘ルリ子といったように、男女のコンビがあらかじめ決められていたからだ。和田浩治には、清水まゆみであった。

清水は、北海道の旭川から南東に三〇キロほど離れた天人峡《てんにんきょう》でおこなわれるロケにむけて、すでに衣裳《いしょう》合わせまで終えていた。

西河は、会社の上層部が決めたコンビに合わせて配役を決める、暗黙のルールが気に食わなかった。

西河以下、現場では、吉永小百合を抜擢することで一致した。しかし、常務である江守《えもり》清樹郎《せいじゅろう》、所長である山崎辰夫《やまさきたつお》といった上層部は、断固として秀子は清水まゆみでいくと譲らない。

西河らは、あくまでも日活上層部の方針に楯突《たてつ》いた。清水まゆみを急病に仕立て上げたのである。急病のために撮影に間に合わなくなったと偽《いつわ》り、その代役として、小百合を抜擢することにしたのである。

撮影に間に合わないというのであれば、上層部も折れざるを得なかった。ただし、江守らは、秀子役を小百合にゆずったとしても、清水まゆみの出演だけは条件としてゆずらなかった。

「室蘭《むろらん》の出身である清水が、病気療養で故郷に帰っていたついでに出たということにしてくれ」

西河は、上層部の条件を呑《の》んだ。疾風小僧のサブが旭川で会うアイヌの娘イヨケ役として清水まゆみを出演させることにした。

小百合が、秀子役に抜擢されたことを知ったのは都立駒場高校の一学期が終わった直後のことであった。三日後には、北海道ロケに出発すると突然、言われたのである。

さっそく監督室に連れて行かれて会った西河監督は、小百合を見つめてきた。

「ふーん、君か」

そう言ってからひと言だけ、つけ加えた。

「急な話だけれど、重要な役だから、しっかりやってください」

西河監督の雰囲気から、とまどったようなぎこちなさを感じていた。

それからすぐに衣裳合わせとなった。衣裳部のずいぶんと年嵩《としかさ》のおばさんが、華やかな彩りのワンピースのうちの一枚を小百合に投げ渡した。

「この役は、まゆみさんに決まっていたんだよ。衣裳合わせもとっくに終わっているのに、なんでこんなことになったんだろうね」

衣裳部のおばさんは、小百合の顔をのぞき込んだ。

「まゆみさんは、脇役にまわされちゃったのよ」

小百合は、裏でどんなことが起こり、どんな話がされたのか、なにも知らなかった。だから、監督をはじめ、皆がとまどった表情をしていたのだとあとで納得した。それとともに、自分が悪いわけではないのに、どうして冷たくされるのか。得体の知れぬ大人の世界に、反発を感じた。その場から逃げ出したかった。

小百合は家へ帰ると、父親に訊《き》いてみた。

「どうして、わたしが急にこの役をやることになったの？」

「『霧笛が俺を呼んでいる』の小百合が、とても評判が良いのだよ。観た人がみんな誉《ほ》めている。だから、本社のほうで、どんどん作品を続けるべきだ、ということになったんだよ」

人との争いの嫌いな小百合は、辛かった。

〈一人の女優さんを犠牲にして、わたしがチャンスを与えられた……〉

小、中学校を通じて子役をやってきたが、このようなことは初めてであった。

しかし、撮影に入ってからは、一生懸命に役に取り組んだ。

内部のごたごたによって抜擢された小百合である。冷たい視線を向ける者がいた。プロデューサーもそのひとりであった。西河と顔を合わせると、皮肉を込めて言ってきた。

「吉永小百合のような、あんなションベン臭《くさ》い女の子を、どうして連れて歩くんだ」

プロデューサーをはじめ、日活の多くの関係者の眼にはまだ、小百合は美人としては見えていなかった。彼らにとって「美しさ」とは、ただ、見た目、容姿としての美しさだけではない。役者としての輝きを放ってこそ、美しいといえると思っているのかもしれなかった。

いっぽう、小百合は、完成された作品を撮影所で初めて観《み》たとき、自分の未熟さを思い知った。脇役にまわった清水まゆみの情熱的な演技にくらべて、自分の演技はキュウリのようにポキポキとして硬《かた》く思われたという。

小百合は、何か申し訳ないことをしてしまったという思いが突き上げてきて、土埃《つちぼこり》の舞う駅への道を背中を丸めて歩いて行ったという……。

赤木圭一郎の死

翌昭和三十六年、赤木は、『激流に生きる男』の主演が決まった。が、赤木は、それが気に入らなかった。じつは、『激流に生きる男』は、石原裕次郎の主演で決まっていた。ところが、石原が志賀高原《しがこうげん》のスキー場で転んで骨折してしまい、出演できなくなった。そのため、代理として赤木に主演が回ってきたのだ。

野村孝《のむらたかし》監督は、クランクイン後の昭和三十六年二月十三日、助監督を呼んで言った。

「明日、赤木は、午前中休ませろ。午後からだ」

その日、赤木は、言われたとおり、昼休みにやってきた。そこに、小型四輪車のゴーカートを持ってきた男がいた。赤木は、とたんに興味を示したのであった。

伊東《いとう》、下田《しもだ》の『ろくでなし稼業』のロケから帰り、ラッシュを見るため、齋藤武市《さいとうぶいち》監督と宍戸錠、錠の相棒役を演じる二谷英明《にたにひであき》は、二月十四日の正午過ぎ、調布撮影所に出向いた。

三人は試写室から出てきた。ちょうど昼休みであった。三人の視界に、突然ゴーカートが飛びこんできた。アメリカで二年前から流行していた。フランス人女優のブリジット・バルドーもゴーカートに凝っているというニュースが映画雑誌に載っていた。地上スレスレの車高で走りまわるスリルがたまらなく、カーマニアの間で愛好されていた。

撮影所内は、制限時速八キロである。それなのに、そのゴーカートは、撮影所本館前の大通りを、四十キロくらいのスピードで走っている。

フィン、フィン、フィーン、フィン！

乗っている男は、ブルーのシールドつきのヘルメットに、真っ赤なジャンパー姿で、嬉々《きき》として走っている。齋藤監督は、おもわず苦笑した。

〈また旭のやつ、しょうがないなあ〉

ヘルメット姿の男は、てっきり小林旭だと思ったのだ。こんな無謀なことをするのは、撮影所広しといえども、旭しかいない。

錠も同じことを思った。

「ああ、またあんな車買ってきやがって、やめろ旭」

三人は、食堂のほうに向きかけた。眼の前を、ゴーカートが走りすぎた。

「どいて、どいて、錠さぁん、どいてぇ！」

なんと旭ではなく、赤木ではないか。錠は、からかい半分に赤木に言った。

「やめろ、トニー、そんな噴かすなよ、馬ぁ鹿。おまえ、ブレーキのかけ方知ってんのか」

赤木は、アメリカの人気俳優トニー・カーチスに似ていることから、「トニー」の愛称で呼ばれていた。

フィン、フィン、フィフィフィーン！

ゴーカートは、大通りを真っ直ぐに突っ走って行く。三人が食堂に入ろうとしたときだった。

「ドン！」

突然、鈍《にぶ》い音がした。何人かが、音のするほうへすっ飛んで行った。赤木のゴーカートは、大道具室のコンクリート壁にぶつかったようだ。

錠はいった。

「馬鹿が、また鼻血垂らして出てくるぜ、メシに行きましょう」

が、どうも様子がちがう。みんなが真っ青な顔をして口々に叫んでいる。

「大変だ！」

錠は思った。

〈待てよ。裕次郎が怪我して、トニーまで怪我ってことになると、おおごとじゃねえか〉

三人は、大道具室のほうへ急いだ。そこには、ゴーカートから投げ出された赤木が、地面の上に仰向《あおむ》けに倒れていた。眼が、開いたままだ。

「赤木、しっかりしろ！」

「瞳孔《どうこう》が開いてるぞ。死んでるんじゃないか」

「馬鹿言え、早く担架《たんか》を持って来い」

「いや、脳内出血のときは、動かさないほうがいい」

錠は覚悟した。

〈トニーは、死んだな……〉

赤木は、ただちに撮影所近くの狛江町《こまえ》（現・東京都狛江市）にある慈恵《じけい》医大附属第三病院本館の二階十七号室に担ぎこまれた。レントゲンの診断では、前頭部が割れ、頭蓋底骨折、右目と唇に軽傷、胸部打撲であった。

その夜、七時五十分から手術が始まった。

傷は、後頭部の内部に集中していた。頭蓋の後ろを切開して手術しなくてはならない。が、その手術は、きわめて危険であった。そのため、メスを入れることができない。しかたなく、前頭部に四センチくらいの穴をドリルで開け、治療しようとしたのである。

小百合は、昼休み、ドーンというものすごく大きな音を聞いた。

〈なにかしら……〉

赤木がゴーカートに乗っていての事故だと聞いて、撮影所にいた小百合は、『ろくでなし稼業』の撮影もそこそこに、病院に駆けつけた。芦川いづみもいっしょであった。芦川は、『激流に生きる男』で赤木と共演していた。

小百合と芦川は、病室の外の椅子に腰かけ、赤木の無事を祈った。小百合はじっと自分の右手で左手を握っていた。

病院は木造であった。すきま風が、スースーと刃物のようにふたりの女優の膚《はだ》を吹きなぶった。ものすごく寒かった。状況は予断を許さないと、うすうす聞かされていた。あんなに爽《さわ》やかだった青年が、こんなに寒い病院のベッドに寝かされているのだと思うと、胸がしめつけられた。

真っ白なオープンカーに自分を乗せ、無骨ながらも、運転してくれた赤木の姿が、小百合の脳裏をよぎった。

〈赤木さん、かわいそう……〉

涙がにじんだ。

長い時間祈りつづけていた。赤木の容体が気がかりでならなかった。が、翌日の撮影は早い。家に帰らざるを得なかった。

赤木は、事故の日から昏睡状態がつづいた。赤木の両親、姉や妹がつきっきりで看病した。

のちの調べで、赤木は、アクセルとブレーキを間違えて踏んだことがわかった。一般の乗用車とは異なり、そのゴーカートは、アクセルとブレーキが反対についていた。赤木は、カーブを切るとき、とっさにブレーキのつもりでアクセルを踏んだのだ。

赤木は、愛する人たちの必死の看病の甲斐《かい》もなく、ついに息を引き取った。二月二十一日、午前七時五十分。二十一歳の短い生涯を終えた。

赤木の両親が、泣きくずれた。

「こんな若いのに、亡くなって……」

小百合は、呆然《ぼうぜん》としていた。まるで兄を喪《な》くしたような喪失感《そうしつかん》があった。

宍戸は、このとき思った。

〈赤木は、裕ちゃんの代役として主演が回ってきたことに、怒っていたんだろうな……〉

赤木の死の前年、日活は石原裕次郎、小林旭、赤木圭一郎、和田浩治のトップスター四人で、〝日活ダイヤモンドライン〟を結成した。赤木は、石原に対して強いライバル心を抱いていたのだろう。そのライバル心が、事故の遠因という裏目に出てしまった。宍戸は、そのように感じたのである。

宍戸は、小百合のことを思った。

〈もし、赤木が生きていたら、小百合ちゃんも、赤木のことを本気で愛することがありえたかもしれない。赤木は、けっこう思いつめていたからな……〉

結局、『激流に生きる男』は、石原の骨折、赤木の死を経て、高橋英樹《たかはしひでき》の主演でようやく完成する。

赤木の死によってメンバーの欠けたダイヤモンドラインは、「ニュー・ダイヤモンドライン」に生まれ変わり、新たに宍戸錠と二谷英明が加わる。

が、日活無国籍アクション映画の人気は、少しずつ陰りを見せ始めるようになる。

極限状態の撮影で失神

昭和三十五年十一月九日封切りの小百合の最初の主演作『ガラスの中の少女』は、若杉《わかすぎ》光夫《みつお》が監督であった。小百合によると、若杉は優しい監督で、まったく怒られなかったという。

浜田光夫《はまだみつお》とのコンビは、ある期待を日活の首脳部に抱かせた。青春純愛路線である。

浜田は、昭和十八年十月一日、東京都新宿区白銀町《しろがねちょう》に生まれた。昭和三十年、十二歳のときに民芸映画社の若杉光夫監督に見出され、『石合戦』に子役で出演した。が、学校側と若杉監督が話し合い、それからしばらくは学業に専念した。

玉川《たまがわ》学園高校に進んだ浜田は、毎朝、最寄駅の小田急線《おだきゅう》・代々木上原《よよぎうえはら》駅のホームで一人の少女の姿を見かけては、同級生の友だちと肘《ひじ》をつつきあった。

「おい、今日もいるぞ」

「やっぱ、かわいいなぁ」

昭和三十四年に『朝を呼ぶ口笛』で映画デビューした吉永小百合であった。日活映画ファンの浜田は、赤木圭一郎を慕《した》うウエイトレス役や妹役などの端役《はやく》で出演していた小百合の存在を知っていた。浜田より一学年下の小百合は、都立駒場高校に通っていた。町田《まちだ》駅方面に向かって二駅目の下北沢《しもきたざわ》駅で井《い》の頭《かしら》線に乗り換える。

小百合を見かけては友だちと騒ぎ合っていた浜田は、それから間もなく小百合と映画で共演することになるとは夢にも思っていなかった……。

あるとき、浜田は、若杉監督から声をかけられた。

「もう、そろそろいいだろう。きみにふさわしい役柄があるから、今度、オーディションを受けに来なさい」

その作品とは、若杉監督が作家有馬頼義《ありまよりちか》の短編を脚色し、監督する『ガラスの中の少女』であった。中学時代以来の再会を果たした一五歳の沖中靖代と一六歳の広江陽一は、ともに辛い生活に明るい光明を見出すのだが、厳格な靖代の父親によって二人の仲が引き裂かれそうになり、睡眠薬で心中するという内容であった。

この当時の日活は、石原裕次郎や小林旭などのアクション映画が主流であった。それらの作品には、上映時間が一時間ほどのショートピクチャー、いわゆるSP、つまり小作品が添《そ》えられていた。『ガラスの中の少女』は、そのSPのなかでもめずらしい文芸作品であった。

オーディションには、浜田と同年代の多くの若者が集まった。なかには、劇団ひまわりなど児童劇団に所属する者もいた。オーディションが始まる前、ぼんやりと椅子に座っていた浜田は、ある少女の姿に眼が留まった。

〈あれっ⁉　吉永小百合じゃないか〉

彼女もまた大勢の中の一人として、オーディションを受けに来ていたのだ。はじめから主役に起用されていたわけではなかった。

面接や演技テストなどを経て、浜田と小百合が合格した。『ガラスの中の少女』は、二人にとって記念すべき主演第一作となった。

年齢が近い二人は、自宅の最寄駅がおなじ代々木上原駅であった。浜田の幼い頃亡くした父親と小百合の父親がおなじ鹿児島出身という共通点もあり、撮影が始まると、まるで同級生のようなスタンスで親しくなった。

一二歳のときに出演した『石合戦』以来、数年ぶりにカメラの前に立った浜田は、すぐに勘を取りもどし、若杉監督の注文をいとも簡単にこなしていった。

小百合にとって浜田の初対面の印象は、バンビのように涼《すず》やかな目をした、爽やかな少年というものであった。小学生のときに若杉の映画に出ていたためか、その素人離れしたしっかりとした演技に、小百合は驚かされた。

いっぽう、小百合には、三度も、四度もNGが出た。が、けして腐《くさ》ることなく、注文に応えようとひたむきに努力していた。努力をして演技を突《つ》き詰《つ》めていくタイプであった。

浜田は、このひたむきな小百合の努力こそ、のちに数々の賞を獲《と》ることになる原動力と見ている。

撮影の合い間、すっかり親しくなった小百合は、浜田にもらした。

「今度、ベテランの俳優さんとキスシーンをやらなければいけないの……」

ベテラン俳優とは、三木《みき》のり平《へい》であった。三木だから嫌だというわけではない。一五歳の少女であった小百合は、実生活でも、撮影でも、まだキスの経験がなかったのだ。少女だから、恋愛に対して、恋に対して、ふんわかした砂糖菓子のような淡《あわ》い夢を抱いていた。

キスシーンは、夜中の日比谷《ひびや》公園の野外ロケで撮影された。

いきなりのキスシーンを終えた小百合は、周囲のスタッフたちの多くの眼を意識し、頭の中がパニック状態になった。唇をぬぐい、家にすっ飛んで帰った。

布団の中でワンワン泣いた。理由を聞く母親に、子供のようにぐずった。

「もういやだ、役者なんてやめる。こんなこと、とてもいやだ」

小百合の演技の中には、いまだに硬い少女の芯のようなものが残っていた。それは、キスシーンにかぎらず、当時のプログラムピクチャーのベテラン監督たちに頭を抱えさせた。

『ガラスの中の少女』のラストシーンの撮影は、九月の末、富士五湖《ふじごこ》のなかでもっとも深く、全国の湖でも屈指の深さをもつ本栖湖《もとすこ》でおこなわれた。

小百合演じる一五歳の靖代と浜田演じる一六歳の陽一は、世をはかなみ、瑠璃色《るりいろ》に澄《す》んだ美しい湖水の本栖湖にボートを浮かべ、睡眠薬を飲んで心中する。

靖代「広江くん、こっちを向いて」

陽一（振り返ってジッと靖代を見る）

靖代「死ぬことを考えているのね……わたしだって死ねるわよ」

二人とも死んでいくのだが、靖代だけが象徴的に湖水に浮かんでいるシーンが映画のラストを飾ることになった。

さしたる理由もなく心中する二人に、小百合は、ふっと共感を覚えたという。その頃の小百合は、少しずつ悩みが出てきて、時折、死に対して憧れのような思いをもつようになっていた。小百合は、自身が壊《こわ》れやすいガラスのような少女だったのかもしれないと言っている。

自分のシーンを撮り終えた浜田は、浜辺に焚《た》かれた焚き火で暖を取りながら、撮影を見守った。

白いブラウスにワンピース姿の小百合は、仰向けで湖水に浮かんだ。が、うまく浮かんでいるのは、なかなかむずかしそうであった。しかも、九月の末の湖水は身が切られるように冷たい。が、死んでいるのだから震えるわけには絶対にいかない。

三〇分、一時間、と撮影時間が過ぎていった。

浜田は、淡い恋心に近い気持ちで湖に浮かぶ小百合を見続けた。

〈大丈夫かな……〉

しかし、小百合は、体調を心配するスタッフの問いかけに、気丈《きじょう》に振る舞った。

「大丈夫ですから」

一言も「もう駄目です」とは口にしなかった。

若杉監督から、ようやく声がかかった。

「はい、オーケー」

ところが、小百合の様子がおかしい。ピクリとも動かない。

スタッフの一人が、叫んだ。

「大変だっ！」

浜田は、あわてて湖に飛び込んだ。小百合の顔から血の気が失せていた。極限まで我慢し、ついに失神してしまったのだ。

浜田は、スタッフと硬直している小百合を抱きかかえ、浜辺の焚き火まで運んだ。氷のように冷たくなった小百合の体を温めるため、みんなといっしょに懸命にマッサージした。

浜田は、小百合の顔を見ながら思った。

〈なんという根性だ〉

小百合は自分に言い聞かせていた。

〈死んでいるのだから、震えたりしては絶対にいけない……〉

小百合は、必死で身体の震えを止めていたという。小さな魚が頰のまわりを泳いでいたのも、いつしか見えなくなっていた。三〇分、一時間と撮影のときが過ぎ、ふっと気がついた時、浜辺の焚き火の傍《そば》に寝かされていたという。

監督の心配そうな顔、浜田の息を詰めたような顔、みんなの顔が小百合を覗《のぞ》き込んでいる。

「あ、ごめんなさい」

小百合は、そう呟《つぶや》くと、なんだかふっとまた気が遠くなり、焚き火の暖かさをほのかに感じながら、目を瞑《つむ》ってしまった。

十月一日、ラストシーンを撮り終えた一行は帰京した。この日は、奇《く》しくも浜田の十七回目の誕生日であった。世田谷区にある若杉監督の自宅にメインスタッフが集まり、浜田の誕生日会が開かれた。勤め帰りの浜田の母親も駆けつけた。浜田は、早くに父親を亡くし、母親の女手一つで育てられた。みんなでケーキを食べたり、歌をうたったりして楽しいひと時を過ごした。

やがて、お開きの時間となった。

それまで楽しそうにしていた小百合の表情が急に曇《くも》った。小百合は、若杉監督に申し出た。

「わたし、今日、家に帰りたくありません」

若杉監督は、びっくりした表情で訊いた。

「どうしたんだ、小百合ちゃん……」

「わたしの親は、普通の親と違うんです。それが嫌なんです。今夜、泊めてください」

そういうや、泣き出してしまった。

若杉監督は、小百合の家に電話し、泊まっていくことの許可を取った。その夜は、若杉監督の家に泊まることになった。

小百合は、そのときの心境を自著『夢一途』で語っている。

『私の意志とは別のところで私の日活入りを決め、一人前の俳優に、スターになってほしいと願う両親と、普通の高校生として通学しようと決めていた私との、目に見えないところでの、食い違いを初めて言葉にした日でした。

このままでは学校に行かれなくなる……。中学生時代はテレビやラジオ出演のために、三分の一も欠席してしまった私です。このままでは、私という人間はどこかへいってしまう。出席の厳しい都立高校に通うことが難しくなってきたことを、その頃の私は次第に感じるようになっていました。

でも、どうすることも出来なかったのです。』

浜田も明かす。

「これまで僕の口から誰にも言ったことはなかったけども、そのようなことは確かにありました。小百合ちゃんは、七高―東大出身の厳格なお父さん、白百合女子大出身の厳格なお母さんに育てられた。〝厳格〟というのはいいことでもあるが、ともすると高校生にとって心の負担になる。自然体で育ってきた僕が誕生日を祝ってもらい、みんなでワイワイと騒いでいる姿を見たとき、ふと、また、あの厳格な家に帰るのか、という気持ちがあったのではないですか」

『ガラスの中の少女』が完成し、その試写を観終えた浜田は、帰り際、日活の上層部から呼び止められ、誘われた。

「きみも、日活に入れよ」

浜田は、アクション路線の日活にはいないタイプの役者であった。

日活入りした浜田は、その後、日本大学芸術学部に通いながら、小百合とのコンビで多数の青春映画に出演し、日活純愛路線のエースの座を獲得することになる……。

なお、小百合は年間二本出演がノルマであったが、入社した昭和三十五年には、なんと『美しき抵抗』も加え、七本もの映画に出演した。ノルマの年間二本なら学校に通いながらでもなんとか続けられると思っていたが、現実はまったく違ってしまった。

負けず嫌い

昭和三十六年三月十二日に封切りされた宍戸錠主演の撮影時間の記録的僅少《きんしょう》映画『ろくでなし稼業』で、急遽、スケジュールの空いていた小百合を預かった齋藤武市監督は、小百合を走らせてみて、頭を抱えた。なんと、運動神経抜群の健康優良児が先生にいわれて模範で走るように、左右の腕をふり、まるでマラソン選手みたいに走るではないか。

小百合の役柄は、長屋の娘だ。葬式の後、喪服を着たまま、連絡船に乗る恋人を追いかけて、走って行く別れのシーンだ。

「小百合ちゃん、喪服着ているんだよ。哀《かな》しいシーンなんだよ。もうちょっと、走り方があるだろう」

齋藤は、ちょっと持ち上げた裾《すそ》が乱れないようにその上から軽く押さえて走るように指示した。

しかし、うまくいかない。

「そうじゃないんだ。もっと裾を押さえて、品よく恰好《かっこう》よく」

もうちょっと女優らしい走り方ってあるだろうに、と思った。

だが、裾の乱れを気にするような日常に遭遇《そうぐう》していないかぎり、それは無理な注文というものだった。

時間がかかるな、と齋藤は思った。

〈白いブラウスに青いスカートをはき、白のスニーカーしか似合わない女の子か〉

しかし、齋藤は、正座させたときの小百合が様になっていることには希望を持った。

〈育ちがいい子なんだな……〉

もっとベランメエ口調で、少し蓮《はす》っ葉《ぱ》な風にやってもいいのだ。どうしてなのか、齋藤は、じっと小百合の所作《しょさ》を見ていた。

すると、歩くという基本動作に、すでに無理があった。おおげさではなく、漫画のようなのだ。右足が出ると、右手が出、左足が出ると、左手が出るような歩き方をした。

「なに、小百合ちゃん、それは……」

小百合の眼は、齋藤の眼をくらいつくように見ていた。

小百合は、負けず嫌いと自認している。それは、子供のときから男まさりだったこともあるが、人に指摘されたことが自分にできないと腹が立つのだ。他人に自分の弱点を指摘されたくらいでボロボロになるような弱い自分に負けたくないのだ。

小百合は、浜田光夫と四作目の共演になる昭和三十六年六月五日封切りの石坂洋次郎《いしざかようじろう》原作『この若さある限り』でも、監督の蔵原惟繕《くらはらこれよし》に、浜田とふたり並べて何回もＮＧを出された。

蔵原の演出は、厳しかった。やはり浜田と共演した『ガラスの中の少女』の若杉光夫監督にくらべると、比較にならなかった。怒鳴りこそしなかったが、何回もやりなおしをさせる。練って練って練りつづける。ついに二〇回もNGを出された。

やっとオーケーをもらったときは、小百合も浜田も、へとへとに疲れ切っていた。そんなときも、小百合は決して泣かなかった。

アイドル・スターの一歩手前

『錆《さ》びたナイフ』や『赤い波止場《はとば》』など石原裕次郎の主演映画を手がけ、渡哲也の育ての親として日活アクションの屋台骨を支えた舛田利雄《ますだとしお》監督が初めて吉永小百合を撮ったのは、昭和三十六年八月に公開された『太陽は狂ってる』であった。

浜田光夫演じる大学生の圭一は、ふとしたことから川地民夫《かわちたみお》演じるチンピラと友だちになり、やがてカツアゲをするようになる。ある日、圭一は、小百合演じる女子学生の知理をカツアゲしようとするが、その美しさに心を惹《ひ》かれるという青春ドラマであった。

昭和三十四年に『朝を呼ぶ口笛』で映画デビューした小百合は、このとき、都立駒場高校に通う高校生であった。『太陽は狂ってる』が上映された翌年の昭和三十七年四月に公開される浦山桐郎《うらやまきりお》監督の『キューポラのある街』に主演し、純情で明朗な娘役が当たり、

「サユリスト」と呼ばれるファンが生まれるが、このときはまだアイドル・スターになる一歩手前であった。

舛田は、小百合を見て思った。

〈可愛くて、素敵な少女だ〉

小百合だけでなく、日活は、石原裕次郎にしろ、渡哲也にしろ、高橋英樹にしろ、最初からスーパースターに仕立てるつもりの俳優を決めている。小林旭だけは例外で、昭和三十年五月にニューフェイスで入社し、主役になるまで二年もかかっている。

日活では、小百合を、最初からスターにするつもりで育てていた。

舛田には、日活が小百合をスターにしようと力を入れているのもうなずけた。小百合は、最初から群を抜いて光っていた。

さて、『太陽は狂ってる』で、小百合が小走りで走っていくシーンを後ろから撮っていたとき、舛田は小百合の下半身がいささか気になった。ふくらはぎの肉づきがいい。

〈顔は、整いすぎているくらい整っているのになぁ〉

舛田はキャメラマンと相談した。

「腰から下は、切ったほうがいいかな」

すると、横で聞いていた進行を記録する係のスクリプターが、口を挟《はさ》んだ。

「監督、何を言っているんですか。あれがいいんですよ。ああいうところがあって親しみやすいから、若者に人気があるんです」

舛田は、苦笑した。

「ああ、そうなのか」

小百合は、『太陽は狂ってる』のときでも、これと思ったら集中して打ち込む熱心な少女であった。演技で見せる集中力は、役者にとって大事な資質である。小芝居はできなくても、その役になりきることが、主役やヒロインには大切なことだと舛田は思った。

石原裕次郎と初の共演

吉永小百合は、昭和三十六年九月十日封切りの『あいつと私』で、石原裕次郎と初めて共演した。監督は、意表をつく斬新《ざんしん》な映像と、しゃれたヨーロッパ的センスで画面を切り裂く中平康《なかひらこう》である。

小百合は、芦川いづみの妹役。裕次郎とのセリフのやりとりは、ない。裕次郎の姿を、チラッと垣間《かいま》見るという役どころだ。

小百合は中学生のとき、満員の映画館の中で裕次郎を観た。『嵐を呼ぶ男』、『鷲《わし》と鷹《たか》』。

〈わっ、この人、恰好いい〉

裕次郎は、憧れのスターであった。そんなスターと、自分が共演しているなんてまさか、と思った。眼の前が、真っ白になるほど、アガってしまった。小百合が、俳優人生の中で撮影中にアガった相手は、裕次郎と田中絹代《たなかきぬよ》、のちに高倉健、そして森繁久彌《もりしげひさや》の四人だけである。

しかも、監督は、厳しいことで知られる中平だ。現場の雰囲気はピリピリしていた。

小百合もこの映画で、中平から怒鳴りつけられた。

中平の作品では、役者はテンポのいい会話に即興《そっきよう》で対応していかなくてはならない。

小百合は運動神経は鈍いほうではないが、前の人のセリフが終わり、小百合がしゃべるまで間《ま》が空いてしまった。

「セリフ！」

中平監督に容赦《ようしゃ》ない声で怒鳴られた。

そんなときの中平には、色気のかけらもない。共演者の中原早苗《なかはらさなえ》は、そんな中平を監督としては優秀な人だと尊敬したが、女優に色気を感じさせない監督だと思った。怒り方に色気がない。未熟な少女女優の小百合が、威圧感を感じたのも無理はない。

小百合は、家で怒鳴られたことなどなかった。泣きべそをかく寸前までいった。

つい前にも、助監督と喧嘩したばかりだった。夕食にとった蕎麦《そば》の出前が遅れた。急いでかき込み現場に駆けつけると、みんなが待っていた。

「すみません！」

「なにやってんだ！　遅いじゃないか」

助監督の怒声に、小百合は思わず腹が立った。徹夜、徹夜の連続で、神経がささくれだち、苛立《いらだ》っていた。

「あたしだって、一生懸命やってるんです！」

おもわず怒鳴り返した。

そんな口惜しさもあった。そこへ監督の叱声《しっせい》だ。つい、じんわりと涙がわいた。黙っていると、芦川いづみが助け船を出してくれた。

「泣いちゃ駄目よ……」

こっくりとうなずき、涙をこらえた。

なんとかセリフをこなしたが、控室に帰って気がゆるんだのか、ワンワン泣いた。

運転がうまかった小林旭

『あいつと私』で石原裕次郎と共演できた小百合は、今度は、やはり日活の大スターで「マイトガイ」と呼ばれていた小林旭と共演することになった。

昭和三十六年十二月公開の野村孝監督のアクション・メロドラマ『黒い傷あとのブルース』である。

小林旭は、昭和十三年十一月三日、世田谷区等々力《とどろき》に生まれた。子供のころに児童劇団「東通」に入っていた小林は、昭和三十年五月、日活第三期ニューフェイスとして日活に入った。

『ギターを持った渡り鳥』をはじめ、「渡り鳥」シリーズで石原裕次郎と並ぶ日活の二大スターとなっていた。

バレリーナ役の小百合は、この撮影では、裕次郎のときのような張りつめた緊張感を感じなかった。現場の雰囲気が明るく軽い。それは、小林旭の人柄が出ているせいでもあるようだった。

旭はよくしゃべり、笑わせる。そのうえ、役者としても、細かい芝居ができるし、緩《かん》急《きゆう》のバランスがいいと思った。

小百合は、雑誌の撮影で、小林旭といっしょに箱根《はこね》に行った。そのとき、小林旭が自分の持っているオープンカーに乗せてくれた。

小林旭の運転で、箱根の峠道を下った。小百合は、かつて似たような光景の中にいたことを思い出した。そのときの運転手・赤木圭一郎は、無骨だった。下手といってもよかった。いま隣で運転している小林旭にくらべれば、格段の差であった。

小林旭の横に乗っていると、安心していられた。運転がうまい。きっとスポーツマンなのだろうと思った。

日活での小林旭との共演は、この『黒い傷あとのブルース』一本だけであった。

小百合は、昭和三十六年には、なんと十六本もの映画に出演し、ついに高校に通うことができなくなった。多いときには、三本掛け持ちで、夕方ロケから帰ると、撮影所で別の組の撮影があり、深夜におよぶ。控室で二、三時間仮眠して、またロケに出発することもあった。若かったからできたことであろう。

夜間ロケで胃痙攣《いけいれん》を起こし、脂汗《あぶらあせ》を流しながら耐《た》えたこともあった。

アクション映画では、夜の波止場《はとば》で男優たちがアクションを競うのだが、女性の小百合は最後に駆けつけて無事を喜ぶ。そういう演技が多くあった。小百合は、ロケバスの中でひたすら出番を待つ。たいてい出番は明け方で、眠ってしまうと眼が赤くなってしまう。本を読むには眠すぎる。センベイやケーキをかじりながら待ち続けた。

撮影の合間にも勉強

昭和三十六年の日活第五期ニューフェイス募集で合格した高橋英樹が、吉永小百合と初めて共演した作品は、昭和三十七年三月四日公開の『上を向いて歩こう』であった。

坂本九《さかもときゅう》の大ヒット曲「上を向いて歩こう」に想を得た歌謡メロドラマで、高橋は、坂本九や浜田光夫の兄貴分を演じた。

このとき、高橋は高校三年生、小百合は高校二年生であった。小百合は、一歳年下ではあったが、すでに赤木圭一郎や小林旭主演の映画など一〇本を超える作品に出演し、スターの道を歩みはじめていた。

高橋は、小百合を見て思った。

〈眼がクリッとしていて、ぽちゃぽちゃとした、なんとも可愛い子だな〉

撮影現場の行き帰りは、かならず両親のうち、どちらかが付き添いをしていた。撮影は極端に朝が早かったり、深夜遅くまでかかったりと時間に不規則だ。まだ一七歳の娘を、そんな修羅場に一人で放り出すわけにはいかないという思いがあったのだろう。

撮影の合い間、小百合は、いつも教科書や参考書を広げていた。かといって、芝居をおろそかにしているわけではない。セリフは、ほとんど家で覚えてきているようであった。

学生は、当然のことながら仕事と学業を両立させなければいけない。撮影に入ると、どうしても学校の出席日数が少なくなる。単位を取得するためには、レポートを提出しなければならない。高橋も、同じように撮影現場で教科書や参考書を広げることがあったが、小百合の真面目さは、その比ではなかった。暇さえあれば、勉強していた。

高橋は、あるカットで、高橋はセリフに詰まった。見たこともない難しい漢字が出てきたのだ。

高橋は、小百合に何気なく訊いた。

「これ、何と読むんだろうね」

『上を向いて歩こう』（1962年）　監督／舛田利雄　共演／高橋英樹　©日活

小百合は、台本を覗《のぞ》き込み、スラリと答えた。

「これは、××と読むんですよ」

そのようなケースが何度かあった。

父親が高校の校長を務め、厳格な家庭に育った高橋は、年下の小百合に漢字を教わるたびに冷や汗をかいた。

〈やばい、おれも勉強しなきゃ〉

高橋英樹の演技上の苦悩

高橋英樹と小百合が二回目に共演した作品は、赤木圭一郎の事故死で中断していた昭和三十七年公開の『激流に生きる男』であった。高橋は、赤木が演じていたボクサー上がりの船員、小百合は、赤木版で芦川いづみが演じていた酒場のママ役を当てられた。

七本目の作品とはいえ、まだまだ新人の高橋は、野村孝監督の演出を忠実に守り、無我夢中で懸命に演じた。

いっぽう、小百合の豊かな表現力は、高橋にとってまぶしすぎるほど巧《たく》みであった。

高橋は、あとになって赤木版の『激流に生きる男』のビデオを観た。野村監督が、赤木と芦川で撮っていたフィルムのうち、シーンとしてまとまっているものをそのまま使い、野村や芦川らのインタビューも入れて、助監督についていた吉田憲二《よしだけんじ》が監修したものである。赤木を偲《しの》ぶために特別に編集された作品であった。

高橋は、ショックを受けた。自分の演じた作品と、明らかに違っているのだ。赤木版の赤木と芦川の会話のシーンでは、ふたりを交互に映していた。ところが、高橋版の同じシーンでは高橋がしゃべっているのに、カメラは小百合ばかりを映しているではないか。

高橋は思った。

〈野村監督は、演技的に未熟なおれをほとんど映さず、演技のうまい小百合ちゃんを集中的に映すことで、なんとかおれが主役として映《は》えるように撮ってくれていたんだ〉

一八〇センチと長身の高橋は、監督やスタッフたちから「おまえさんは、本当に演技が下手だな」と面と向かって言われ、木偶《でく》の坊だ、ウドの大木だと、さんざんけなされ続けていた。

たとえ同年代の俳優と同じ表現力で演技をしていても、図体がでかいだけに、のそっと見えてしまうのだろう。高橋は、思い悩んだ。

〈子役からやってきた小百合ちゃんや浜田には、どうやったって勝てないなぁ〉

浦山桐郎監督と『キューポラのある街』

小百合は、昭和三十六年、運命の監督と出会う。それが、それまで今村昌平《いまむらしようへい》監督組でチーフ助監督を務めていた浦山桐郎監督であった。脚本は、浦山の師匠今村昌平である。

昭和三十七年四月八日封切りの、早船《はやふね》ちよ原作の『キューポラのある街』。舞台は、鋳物《いもの》の街埼玉《さいたま》県川口《かわぐち》市。キューポラとは、その鋳物工場の溶鉱炉《ようこうろ》のことである。小百合は、その鋳物工場の頑固一徹な職人の娘ジュンを演じる。小さな鋳物工場に勤める父親は、その工場が大工場に買収されたため、クビになる。

脚本は、川口市の鋳物工場を見学し、気合いを入れて書かれた。ほとんどを今村が書き、浦山も意見を入れた。

ただ、会社のすすめる浜田光夫と吉永小百合の起用については、浦山も、今村も、首を傾《かし》げていた。

小百合については、ちゃんと芝居ができるのかどうか疑わしかったのである。おたがいに、「あんなものは、売り物にならん」とまで言っていた。

とにかく小百合に会ってみることにした浦山監督は、小百合を観察するような眼で見ながら訊いた。

「もっとニンジンみたいな娘がいいんだけれど……。きみは都会的だなぁ。東京の出身か？」

小百合は、ただ黙ってうなずいた。じっと下を向いていた。

それから二週間後、ようやく小百合と浜田の出演が決まった。

浦山は、撮影所の食堂で、小百合に、基本的なところから説いていった。

「貧乏について、考えてごらん」

小百合は、自分の家も相当貧乏だと思っていた。そこで、浦山に言った。

「貧乏なら、よく知ってます。わたしん家も貧乏でした」

鋳物職人の家は、大黒柱の父親のクビで逼迫《ひっぱく》する。東野英治郎《とうのえいじろう》演じる父親は、浜田光夫演じる若い工員の克己が、就職を世話しようと奔走《ほんそう》してくれることが、気に入らない。「アカの世話にはなりたくない」と思っている。アカというのは、共産党員が振る赤旗から来ている。おまけに、長男が韓国人と親しいのも癪《しゃく》にさわる。ジュンの一家は、川口という下町の貧乏家族である。

浦山は、貧乏がわかるという小百合に迫る。

「きみんとこは、東京の山の手の貧乏だろ。もっと、どうにもならんような下町の貧乏っていうのがあるんや」

「はあ……」

小百合は、心の中で叫んでいた。

〈小学校のときは、給食代が払えませんでした。何度も学校で催促され、「忘れてきました」を何度繰り返したことか。米びつに一粒の米もない日がたびたびあった。貧乏は得意です！〉

小百合は、決めつけたような言い方をする浦山に、少々反発を感じながら、川口のロケ地に入った。

〈わたしは、あくまでわたしの知ってる貧乏を想像しながら演じよう〉

小百合にとって、考えながら役を演じるのは初めてであった。

いっぽう、浜田は、小百合とは、『ガラスの中の少女』に始まり、以後、『この若さある限り』『太陽は狂ってる』『草を刈る娘』『さようならの季節』などと続き、この作品でも小百合と共演することになった。だが、台本を渡された浜田は、その題名を見て首をひねった。

〈何なんだろう、『キューポラのある街』って……〉

浜田自身もそうであったが、映画の題名に魅《ひ》かれて映画館に足を運ぶ映画ファンも多い。たとえば、石原裕次郎主演の『嵐を呼ぶ男』などは、題名を見ただけで裕次郎の痛快なアクションシーンがイメージでき、胸がワクワクした。しかし、この題名はどうか。まったくイメージが湧かない。

『キューポラのある街』（1962年）　監督／浦山桐郎　©日活

「おれだったら、あんまり観たかねぇな」

そうつぶやきながら台本を開いた。

が、台本を読み終えた浜田は、胸が高鳴った。

〈ひょっとすると、うまくいくかもしれない〉

小百合の役は、中学三年生の少女である。自分と近い年頃である。進学の問題、生き方についてなど、小百合自身が悩んだようなことを悩んでいる。小百合はジュンと自分自身との距離がだんだんなくなってくるとともに、役柄にのめりこんでいく。

浦山はこれが監督デビューというのに、やけに堂々と落ち着いているように思った。

小百合は、浦山の粘《ねば》りに粘る演出に、全身全霊で反応していく。

夜中のロケでも、小百合の気持ちが固まってくるまで、じっくりと待った。スタッフも、その間、じっと待ち続ける。こういう撮り方は、それまで小百合が出演してきた日活のプログラムピクチャーでは考えられなかった。

浦山は、中平監督のように怒鳴りつけるタイプではなかった。が、しつこく演出した。

川口の駅前で、北朝鮮《きたちょうせん》に帰っていく同級生のヨシエをジュン役の小百合が見送るクライマックスのシーン。小百合は、そのシーンについて『夢一途』に書いている。

『川口市に住む大勢の在日朝鮮人の方たちが出演してくださいました。「マンセイ（万歳）」、マンセイ」と声が飛び交い、小旗が振られて、朝鮮の歌が力強く歌われました。

ヨシエちゃんのお父さんは朝鮮人、お母さんは日本人です。お母さんは日本に残ることになりました。ヨシエちゃんとその弟サンキチに別れを言おうとお母さんは駅に駆けつけます。でもヨシエちゃんは、頑《がん》として母親を追い返してしまうのです。

「母ちゃん、つらいだろうけど我慢して」

と。

ヨシエちゃんを演ずる鈴木光子《すずきみつこ》ちゃんの瞳からポロポロと涙がこぼれました。その別れは、お芝居ではなく、まさに本物の別れのようでした。

何故、この人たちは離れ離れにならなくてはいけないのでしょうか。貧しすぎるからよ、ヨシエもサンキチも。

私の中で走馬灯《そうまとう》のように、空《から》の米びつを前に一家五人で黙りこくって座っていた幼い頃の光景が蘇《よみがえ》ってきます。私とジュンは一つになり、胸の奥底から、強い感動が突き上げてきました。いつしか私も泣いていました。

監督、これでいいのでしょうか……。』

いっぽう、浜田も、浦山監督の妥協のない演出ぶりにおどろかされた。たとえば、小百合の弟の腕白坊主《わんぱくぼうず》のタカユキ役は、児童劇団の子役を起用した。浦山監督は、その子役に注文をつけた。

「きみのそのままが欲しいから、そのままを出してくれ」

少しでもよそ行きの演技をすると、すかさずNGを出した。

「違うだろ、そこは。普段は、そんなことをしないだろう」

そうやって、素のままをどんどん引き出していった。その子役は、浜田が見ても、腕白坊主を見事に演じきった。

しかし、妥協をしない演出は、それだけ時間もかかった。時間をかければ、当然、製作費もかかる。フィルム代も馬鹿にならない。それゆえ、新人監督は、たいてい会社から「ひと月で作れ」と厳命される。新人監督の作品に大金をつぎ込めないのだ。

だが、『キューポラのある街』の撮影は二ヶ月にもおよんだ。浦山監督がよほど温めていた作品であると同時に、会社側も、それだけ期待していたということだろう。

浜田は思った。

〈これで客が入らなかったら、えらいことになるな〉

撮影中、浜田は小百合としょっちゅう会話を交わした。

小百合は、会話の端々で理想の男性像を口にしていた。

「わたし、ゴツゴツしている、ジャガイモのようなひとがいい」

「たとえば？」

「宇野重吉《うのじゅうきち》さんみたいなひと」

浜田は苦笑した。

〈おれと、まったくちがうタイプだな〉

『キューポラのある街』は、昭和三十七年四月八日、二本立てで封切られた。

さわやかなだけの小百合が、まさに一皮剝《む》けたという演技を身につけたのである。浦山も、今村も、正直おどろいた。渾身《こんしん》の力で頑張った吉永小百合を認めた。

今村は、浦山が粘りに粘った演出をした結果であると、浦山のデビュー作を評価した。

公開当初は、それほど注目を集めていなかった。が、日本も高度成長の時期にあたり、映画の中でジュン一家が逆境にもめげず一生懸命頑張って生きていく姿が感動を呼んだ。

「あの映画観た？　いい映画だぞ」

そういった口コミによって、しり上がりに興行収入を伸ばした。

一八歳の小百合は、『キューポラのある街』で当時、史上最年少のブルーリボン賞主演女優賞の栄誉《えいよ》に輝いた。作品は、ブルーリボン賞作品賞も受賞し、日本映画記者会のベスト・ファイブでは、二位に選ばれた。浦山監督は、第二回日本映画記者会最優秀新人監督、第三回日本映画監督協会新人賞を受賞した。

小百合は、『キューポラのある街』あたりから、健康的なイメージに変わっていった。宍戸錠が感じた病的なまでの繊細さはすでになく、彼女の健康的な「大根足」が、観客に受け容れられたのである。

宍戸は、この頃から、小百合の中にある女優としての才能を、はっきりと見出していた。

〈この子は、もしかしたら、すごい大女優になるかもしれない〉

吉永小百合、浜田光夫コンビの〝日活純愛路線〟の台頭である。このときまでに小百合は、昭和三十五年十一月に封切られた『ガラスの中の少女』を皮切りに、浜田と九作品で共演している。浜田は、アクション俳優のイメージとは対極の、朴訥《ぼくとつ》な青年役を演じた。観客は、隣近所のお兄さん的親しみのある青年と、けなげに生きる美少女との純愛に、熱い共感を覚えたのだ。

宍戸は、アクション映画の衰退を目の当たりにして思った。

〈日活映画には、純愛路線は絶対に必要だ。でも、せめて一〇本のうち一本、年間六本程度にとどめてほしい〉

が、純愛路線の映画は、毎月コンスタントに作られるようになっていた。それほどに、爆発的な人気であった。これにより、アクション王国である日活の上層部は、「青春映画路線」という、もう一つの柱を立てていくことになった。

なお、浦山監督は、浜田と和泉雅子《いずみまさこ》を主演に起用した監督第二作の『非行少女』でモスクワ国際映画祭の金賞を受賞。作品は、児童映画を入れても一〇本という寡作《かさく》であったが、粘り強い演出ぶりと女優を育てることに定評があり、奇《く》しくも昭和六十年に公開された小百合主演の『夢千代日記』が遺作となる……。

第三章　体当たり演技の時代　レコードの大ヒット、独立

『寒い朝』レコードの大ヒット

昭和三十七年六月公開の西河克己監督『赤い蕾《つぼみ》と白い花』で、小百合は、主題歌『寒い朝』を歌った。佐伯孝夫《さえきたかお》作詞、吉田正《よしだただし》作曲。小百合の歌手デビュー曲である。

小百合は、その前に、昭和三十六年公開の『草を刈る娘』の主題歌を歌っている。

江守専務の「映画スターは、歌も歌えなきゃ、総合的な魅力は出せない」という方針のもとに、江守から頼まれた宣伝部長の石神清が、吉田正に小百合を預けたのである。

「どうしても、小百合を預かってください」

吉田正はテストケースとして、『草を刈る娘』の挿入歌を小百合に歌わせてみて思った。

〈この子は、童謡を歌っていたせいか、どうもバイブレーションが残る。これを消さないとうまくないな〉

この歌をデビュー盤にすることは無理だった。吉田は、小百合の童謡的なバイブレーションを消さないかぎり無理だと指摘した。しかし、日活は、一刻も早くデビューさせたかったようだ。そのことで、吉田は日活との間で揉《も》めた。

やがて、佐伯孝夫が書いた小百合の次の曲の歌詞が届けられた。

吉田は、その詞を読んでいるうち、ひとつの光景を思い出していた。それは、忘れようとしても忘れられないシベリアの抑留体験であった。抑留されていたシベリアの街や作業場で、ロシアのジェーブシカ（ローティーンの娘）が、清冽《せいれつ》な笑みを浮かべ、身も凍《こお》るような空気の中を、軽やかに通りすぎる。この世のものとも思われない透き通るような肌の白さ。苺《いちご》のような紅の唇。おとぎの国から脱け出たような美少女たち。抑留兵であった吉田は、その美しい姿をあちこちで見かけ、胸をふるわせた。

吉田は、十六歳の小百合の清純なニキビ顔を見ているうち、そのロシアのジェーブシカのことを思った。

〈小百合ちゃんを、シベリアの寒い高原に立たせ、赤いネッカチーフを頭にかぶせると、まさにジェーブシカそのものだ〉

曲は、すらすらとできた。

先に気になった童謡的バイブレーションを消すため、バックコーラスに、売れっ子コーラスグループ〝和田弘《わだひろし》とマヒナスターズ〟を配した。彼らは、吉田の弟子であった。

『赤い蕾と白い花』(1962年)　監督／西河克己　共演／浜田光夫、金子信雄、高峰三枝子　©日活

松尾和子《まつおかずこ》との『誰よりも君を愛す』など、大人のムード歌謡を歌うマヒナスターズと小百合の組み合わせは、一種異様であった。

しかし、小百合のバイブレーションの癖を消すためには、必要であった。

売れっ子コーラスグループが、なぜ新人歌手のバックコーラスをしなくてはならないのか。二コーラス目は、三原《みはら》さと志《し》のソロとコーラス。いまから思えば、とてつもなく贅沢《ぜいたく》な構成であった。

マヒナスターズは、ふつうならいやがって引き受けないところだが、吉田の弟子ということで、有無をいわさず引き受けさせられた。

そこにも、小百合の幸運はあった。

小百合は、歌った。

北風吹きぬく　寒い朝も
心ひとつで　暖かくなる
清らかに咲いた　可憐な花を

『寒い朝』は、八〇万枚を超えるベストヒットとなった。

つづく『いつでも夢を』は、『潮来笠《いたこがさ》』の橋幸夫《はしゆきお》とコンビを組ませた。

小百合のレコードの担当ディレクターが、思いついた。

「橋君も、小百合ちゃんも、両方とも青春時代の代表選手みたいなものだし、吉田先生も、両方教えているんですから、いっそ、ふたりのデュエットでどうでしょうか」

橋幸夫には悪いが、吉田の頭の中では、『寒い朝』を歌って当たった吉永小百合をイメージして曲がつくられたという。

世は、まさに六〇年安保から二年後、挫折と倦怠《けんたい》の季節の中で、西田佐知子《にしださちこ》の『アカシアの雨がやむとき』のような退嬰的《たいえいてき》な歌も世に流れていた。そんな暗い世相の中で、歌声喫茶「灯《ともしび》」を中心とした歌声運動が、さかんになっていた。いまは苦しいけれど、みんなで力を合わせ、助け合えば、明るい未来がやってくる。そんな前向きな姿勢が、多くの若者を引きつけた。一部の青年にとっては欺瞞《ぎまん》であろうがなんであろうが、歌声運動に同調した青年層は、けっこう多かった。

映画のなかの小百合はいつも駆け足をしている印象があった。そこで、小百合は、明るく元気で、前向きに生きる青年たちの生活感情に訴えることができると考えた。つまり、橋とデュエットさせれば、歌声喫茶的な雰囲気の曲になり、多くの男女がいっしょに歌える歌になるだろう。それは、吉田のプロとしての勘であった。

レコーディングは、忙しいふたりのスケジュールがなかなか合わず、先に吹き込んでおいた小百合のテープに、あとから橋が歌を吹き込んだ。当時、同時録音がほとんどで、ダビングはめずらしかった。

星よりひそかに
雨よりやさしく
あの娘はいつも歌ってる
（中略）
言っているいる
お持ちなさいな
いつでも夢を　いつでも夢を

曲の中で二人が歌う、「お持ちなさいな」は、女性言葉であり、男の子が歌っても、女の子が歌っても歌いいいように作られてあった。

『いつでも夢を』のレコードセールスは、トータルで一三〇万枚を超え、昭和三十七年度日本レコード大賞を受賞した。新人歌手が、新人賞ではなく、いきなり大賞を取ったのは、初めてであった。

同名タイトルの『いつでも夢を』は、野村孝監督で映画化もされた。

昭和三十八年に封切られた『いつでも夢を』は、歌の勢いもあり、映画も大入り満員であった。

『若い人』での体当たり演技

昭和三十七年八月、西河克己は、山崎辰夫所長、製作部長の山根啓司《やまねけいじ》とともに、山梨県の山中湖《やまなかこ》村にある石原裕次郎の別荘へとむかった。

石坂洋次郎原作『若い人』の出演依頼のためである。

『若い人』は、頭がよく美人で、勉強ができるくせにわざとしないでいる妙にひねくれたところがある高校生・江波恵子の、若い新人教師・間崎への憧れを軸《じく》に描いた青春映画である。恵子は、私生児であるがゆえにさまざまに悩み、大きな男の愛に飢《う》えていた。

東京への修学旅行の最後の夜、行方不明になった恵子を、間崎はやっと見つけ出した。

「先生、好き、このままどこかへ行っちゃおう……」

ひたむきな顔でじっと間崎を見あげた恵子は駄々《だだ》っ子のように泣きじゃくる。

そのようなことがいつの間にか〝恵子が妊娠した〟といいふらされてしまった。

だが、間崎は、若い女性教師の橋本スミ子が噂を流したのだとわかっていた。自分に対するスミ子の愛の炎も感じとっていた。それを知った恵子は、悩みに悩んだ末、「先生、橋本先生と結婚なさい」と言い放つ。ひとつの恋愛を乗り越えて、恵子は女の強い愛の信念を築き上げる物語である。

小百合にとって、石原裕次郎との共演は二度目であった。前年の昭和三十六年に、小百合は、これも石坂洋次郎原作の『あいつと私』に出演したのだった。

今回は、裕次郎とあらためて共演できる緊張感に加えて、『若い人』の江波恵子は、小百合にとってはむずかしい役であった。それまでの『草を刈る娘』などでは、小百合の地に近い性格の役であった。私生児という出生で、屈折《くっせつ》した感情で高校教師の間崎を愛するという恵子のような役は初めてであった。

西河から見ても、江波恵子役は、小百合にはむずかしかった。恵子は、とにかくなにかに苛《いら》立《だ》ち、つねになにかとぶつかる役であった。間崎役である石原裕次郎も、感情をそのままぶつける、笑う、泣く。感情の起伏を表すことは役者にとって生命線となる。しかし、喜怒哀楽の感情表現のなかでも、「怒」はもっともむずかしい。

しかも、歴史教師の橋本スミ子役の浅丘ルリ子を押さえての主役である。表には出さないものの、役柄としても恋敵《こいがたき》となる浅丘ルリ子も、小百合への対抗心を燃やしていたにちがいない。

西河から見ると、裕次郎は、そのあたりは心得ていた。やさしく小百合を包み込んでいた。

また、長崎《ながさき》のロケ地で、浅丘ルリ子は小百合に声をかけてくれた。

「小百合ちゃん、お昼をいっしょに食べましょう」

浅丘と彼女の妹といっしょに長崎名物の皿うどんを食べに行った。

皿うどんはじつにおいしく、小百合は大きな皿を残さず平らげてしまった。しかし、小百合が驚いたことに、浅丘は、瘦《や》せているのに、なんとも食欲旺盛で、浅丘の妹と二人で四人前の皿うどんを平らげてしまった。

浅丘は、笑いながら言った。

「日活の厳しい撮影に耐えるには、一に体力、二に食欲よ」

小百合も、笑いながらうんうんとうなずいた。まったくの同感であった。

小百合は、前回のように、裕次郎を前にしてアガることはなかった。しかし、演じる江波恵子という主人公は、ミッションスクールに通う女子高生。私生児として生まれたため、いやがおうでも早熟で背伸びせざるを得ない女性である。その自由奔放《ほんぽう》な発言と行動は、ときとしてひねくれた性格を帯びる。すねてみたり、意地悪をしてみたり、嫌われたりする。

いままでにない役柄に、小百合はとまどった。それまでの役は、現実生活では、逆境にあえいでいても、それをはねかえす強さと、前向きな明るさを持つ役が多かった。

小百合は、役作りに苦心した。それと合わせて、男性教師の裕次郎との絡《から》みもある。小百合は、なんとかこなしたものの、裕次郎に対して、すこし遠慮しすぎたきらいがあったと反省した。

小百合は、懸命に頑張った。西河監督に怒られることなく、長崎でのロケを終えた。

しかし、長崎でのロケを終えて東京にもどると、プロデューサーである坂上静翁《さかがみしずお》に呼ばれた。

「裕ちゃんから話があってねえ……、江波恵子の役を、小百合ちゃんにもう少し体当たりで演じてほしい。思いきりぶつかってきてくれないと、自分が演じにくいんだ。……そう言われたんですよ」

いつもは柔和《にゅうわ》な坂上の顔が、緊張しているように、小百合には見えた。

「わかりました。一生懸命にやります」

小百合には、坂上の向こうにある白壁が、ハレーションを起こしてぐるぐるまわっているようだった。監督から直接に言われるのではなく、そのような形で演技の注文を出されたのは、初めてであった。日活に入って二年半、小百合は、小百合の地に近い、ふつうの娘を演じることが多かった。これほど屈折した振幅《しんぷく》の激しい役を経験したことはなかった。

それゆえに、裕次郎からの注文は、小百合には辛かった。撮影所を歩く足取りは重かったものの、この仕事から逃げ出したいとは思わなかった。むしろ、「頑張ろう」との思いが胸の奥深くから押し上げるように湧いてきていた。

「先生、恵子好き？」

「………」

「ねえ、好き？　恵子好き？」

「ああ、好きだよ」

「駄目よ、ちゃんと恵子の目を見てくれなきゃ……」

（間崎、恵子の肩を抱き、黙って恵子の顔を見る）

東京・御茶ノ水にあるニコライ堂前の撮影であった。修学旅行の宿から、夜中にフラフラとひとりで飛び出した恵子を、間崎が探しにくる。恵子は雨にぐっしょりと濡《ぬ》れて、間崎にしがみつく。

まさに、体当たりの演技が要求されるシーンであった。

小百合は夢中であった。人工の雨に顔を激しく叩《たた》きつけられ、目を開けているのもやっとだった。そのなかで、長身の裕次郎の腕のなかに飛びこんだ。

深夜におよんだ撮影は、西河の「カット！」の声とともに終わった。『若い人』の撮影がクランクアップした瞬間であった。

江波恵子になりきれたのかどうか。小百合には、わからなかった。

しかし、裕次郎が、優しく微笑んでいた。

「小百合ちゃん、お疲れさま、よく頑張ったね」

小百合はほっと緊張がゆるみ、顔をくしゃくしゃにして笑いかけた。

以後、小百合は、石坂洋次郎原作物に何本か出演する。青春映画のスター吉永小百合にとって、石坂洋次郎作品は、教科書であった。

石坂洋次郎も、そのうち、吉永小百合をイメージして作品を書いたことさえある。

その中には、小百合にとって刺激的で、ハラハラドキドキするようなセリフがあった。

「小百合ちゃんにぜひ、この役をやってもらいたいね」

石坂作品に登場する女性のセリフは、つねに時代を先取りしていた。時代から一歩進んでいるために、その時代の世間の常識では反発を買ってしまうようなことを言ったり、したりする女性である。

しかし、そのような翔《と》んでる女性を、つねに注目を浴び、清楚《せいそ》なイメージで売っている青春スターの小百合が演じることに意味があった。小百合以上にその翔んでる女性を演じるのにピッタリの女優は、たしかにいた。しかし、あまりにも適役なため、かえって役柄が翔びすぎて反発を買っていたかもしれない。

小百合にとっては、石坂洋次郎作品は、自己を主張する女性のセリフをしゃべるので演じやすかった。演じる女性の性格が、そのセリフから、おのずと知られてくるからである。

しかし、同時期に演じたアクション映画では、小百合はまるでちがった女性の役柄に苦しんだ。

たとえば、高橋英樹主演の『霧の夜の男』や『星の瞳をもつ男』である。

小百合は、決闘《けっとう》や殴《なぐ》り合いをしている主人公役の高橋を、近くの物陰から心配そうにじっと見つめている。

そして、敵を倒した高橋に駆《か》けよる。無事を喜び、抱き合うのだが……。

小百合には、高橋の胸に飛びこんでいくときの女性の表情が、どうにもむずかしかった。それまで、愛する男が闘《たたか》っている姿を見守っているのだが、その女性は、その間どういう思いでいたのだろう、と考えてしまう。

その女性が、その間どんなことを思っていたのかは、まったくカットされている。その間を省《はぶ》いて、いきなり飛び出して行って、それなりの表情をしなければならない。そのことが、とても演じにくかった。形だけなのである。いやむしろ、その形だけの動きの中で、その女性の心の綾《あや》を表現しなくてはならない。そのことが、とてつもなくむずかしかった。

アクション映画のなかのそうしたむずかしい役どころの女性を数多く演じながら、その中で、自分の演技を磨《みが》き、開眼していった浅丘ルリ子などは、のちの小百合から見れば、驚嘆に値するほどの凄《すご》みがあると思ったのである。

浜田光夫との青春映画路線

小百合・浜田コンビは、青春映画路線に乗り、数多くの映画で共演した。

小百合は、昭和三十八年も月一本の割合で映画に出演した。それも、石坂洋次郎の青春小説の映画化を軸に『いつでも夢を』『泥だらけの純情』『俺の背中に陽《ひ》が当《あた》る』『若い東京の屋根の下』『美しい暦《こよみ》』『波浮《はぶ》の港』『真白《ましろ》き富士《ふじ》の嶺《ね》』『光る海』と、そのほとんどが浜田とのコンビ作品であった。二人が顔を合わせない日は、数えるほどしかなかった。

それらの作品のなかで、浜田の印象に強く残ったのは、昭和三十八年二月十日封切りの『泥だらけの純情』であった。

小百合も、自著『夢一途』で「コンビ二人の長所がよく出た作品として、強く印象に残っています」と語っている。浜田演じるチンピラヤクザの次郎は、不良学生にからまれている小百合演じる外交官の令嬢・真美を助けた。ところが、乱闘の最中、相手は誤って自分のナイフを刺して死に、次郎も怪我《けが》をしてしまう。次郎は自首するが、真美の尽力ですぐに釈放される。それからふたりは毎週デートを重ねる。真美は次郎に合わせてボクシングを観に行き、次郎は、クラシックのコンサートに誘われて、睡魔と戦う。

ところが、次郎はデートの資金を捻出《ねんしゅつ》するため悪事を繰り返す。組長は、次郎が真美を助けたときにヤクを落としたことを警察が嗅《か》ぎつけ、次郎を泳がしていると疑って自首を勧める。

いっぽう、真美は父親の仕事で外国に行くことになった。

追い詰められた二人は、雪山に逃れ、睡眠薬を飲んで心中する、というストーリーであった。

これまでは、同じ世界に住み、浜田より一歳年下にもかかわらず、小百合が「姉さん女房的」な雰囲気の作品が多かった。が、『泥だらけの純情』は、身分の違う若い男女の純愛を描いており、新鮮な気持ちで役柄に取り組むことができた。

雪の心中シーンは、長野《ながの》県の赤倉《あかくら》高原で撮影した。心中を決意した二人が、新雪が積もるなかをじゃれあい、最後に睡眠薬を飲んで心中するのだ。

中平康監督は、右手の人差し指をある方向に向けた。

「本番は、あそこで撮るからね。転げまわってもいいし、好きなようにはしゃいで」

リハーサルは、本番とはちがう別の場所でおこなわれた。このシーンは、誰も足跡をつけていない新雪が重要になる。本番と同じ場所でリハーサルはできないのだ。

撮影は、深い雪の中で一日中、続けられた。

スーツ姿の浜田は、ズボンの下に股引きを重ね着できるが、スカート姿の小百合は、そうはいかない。浜田は心配であった。

〈さぞかし冷たいことだろう〉

それでも小百合は、弱音を吐《は》かずに懸命に頑張っていた。

浜田は、感心すると同時に思った。

〈できることなら、おれがスカートをはいて役を代わってやりたい〉

撮影終了とともに、足がちぎれるほど冷たくなり、感覚がなくなってしまった小百合は、スノーボートでホテルまで運ばれた。

次郎の亡骸《なきがら》は、ひっそりと親の住む長屋に戻り、真美の葬式会場には、自動車の列が続く。

そして、次郎の折った不恰好な鶴、真美の折った美しい鶴が寂しげに並んでいるカットで映画は終わる……。

小百合は、『泥だらけの純情』の完成試写を観て、うれしくなった。

浜田が、チンピラヤクザの悲哀《ひあい》をイキイキと身体中で表現し、それによって小百合の演ずる令嬢までが、映画の中で上手に生かされていた。〝道ならぬ恋〟が、浜田の演技力で、鮮やかに浮き彫りにされていた。

当時の小百合は、とても不器用で、ただただ直球型のピッチャーであったという。浜田は、インサイドワークの素晴らしいキャッチャーで、いつも巧《たく》みに小百合をリードしてくれていたという。

浜田も語る。

「野球にたとえるなら、アクション映画は男性がピッチャーです。でも、われわれの映画は吉永さんがピッチャーで、ぼくがキャッチャーだった。この当時の彼女は、たしかに直球しか投げてこなかったと記憶しています。ただし、野球でも速球の素晴らしさがあるように、バッターを打ち取ろうと球を変にこねくりまわさないことも大事だったと思います」

『伊豆の踊子』と裸体

小百合は、昭和三十八年を基点に、文芸映画の代表作に主演していく。昭和三十八年の石坂洋次郎原作の『青い山脈』、川端康成《かわばたやすなり》原作の『伊豆《いず》の踊子』。昭和三十九年の三島由紀《みしまゆき》夫《お》原作の『潮騒《しおさい》』、大佛次郎《おさらぎじろう》原作の『帰郷』である。

西河監督は、昭和三十八年、吉永小百合主演の『伊豆の踊子』を撮った。

川端康成の名作を原作としている。休みを利用して伊豆を歩く一高生の川崎は、修善寺《しゅぜんじ》を発ったところで、旅芸人の一行と下田《しもだ》まで同行する約束をする。

川崎は、湯ケ野《ゆがの》で、病気で寝ている酌婦《しゃくふ》のお清を慰《なぐさ》めたり子供たちとかくれんぼをして遊ぶ踊子が、まだ汚《けが》れを知らぬ子供と知る。年下の踊子は、薫といった。下田へむかう途中、山の中で二人きりになったがドギマギしている間に時はすぎた。

下田へ着き、川崎は最後の思い出にと踊子を映画に誘ったが、薫の母親は許さなかった。これが二人の心の傷を深めるだけで所詮《しょせん》どうしようもない恋であるとわかっていたからだ。

翌朝早く、川崎は下田の港に出かけた。送りに来た踊子は何を話しかけても黙ってうなずくだけだった。川崎の出船《でふね》を見送る踊子は、船が遠く離れると懸命にハンカチを振った。彼の眼は踊子を見つめたまま急にうるんだ。

この『伊豆の踊子』は、田中絹代、美空《みそら》ひばり、鰐淵晴子《わにぶちはるこ》の三人をヒロインの薫として、三作が撮られてきた。

四作目にあたる西河の『伊豆の踊子』は、それまでの三作とちがった。まず、宇野重吉演じる大学教授が過去を回想する形で始まる。さらに細かいところでは、踊子が天城《あまぎ》をおとずれた学生と碁《ご》を打つ有名なシーンは、はさみ将棋に置き換えられている。そして、ラストには、回想が終わり、教え子の大学生が、恋人とデートに出かけるのを宇野重吉が見つめる。その恋人と薫の二役を、小百合が演じた。

高橋演じる川崎が、小百合演じる薫が芸のあと、客に酒を飲まされ、酔っ払った勢いで男女の関係になったのではないかと妄想するシーンがある。

朝、ふと窓の外を見ると、薫が川向こうの共同湯の薄暗い湯殿の奥から、突然に川岸へ飛び下りそうな格好で立ち、両手をいっぱいに伸ばして何か叫んでいる。手ぬぐいもない。素っ裸だ。それを見て、ああ、まだ子供なのだと川崎は安心するのだ。

だが、前の三作にはどれも、薫が温泉につかるシーンはなかった。小百合の『伊豆の踊子』ではじめて、主役の薫の入浴シーンを撮ったのである。

薫の裸体が映ってから、湯につかった小百合がアップになる。湯船に入ろうとする裸体は、小百合本人ではない。吹き替えである。

吹き替えを連れてきたのは、製作主任と、助監督の白鳥信一《しらとりしんいち》のふたりであった。

そのころ、新宿二丁目の飲み屋で、戦後に流行《はや》った〝額縁ショー〟に似た風俗があった。額縁ショーでは、裸婦画よろしくストリッパーが額におさまる。それに対して、新宿二丁目の飲み屋では、額縁を店内に置く代わりに、客が、フィルムの入っていないカメラから、ストリッパーをのぞき見た。白鳥らは、そこにいた肉感豊かなストリッパーを連れてきたのであった。

西河は、吹き替えであるストリッパーを見たとき、思わず肩を落とした。

「いくらなんでも、小百合ちゃんとはちがいすぎるじゃないか。もっと似た代役はいなかったのかい」

「いえ、これ以上の代役はいません」

「そうか」

ふたりが探したのだから、こうなるのも仕方ない。

西河は、そうあきらめてカメラをまわした。

だが、小百合は、西河よりも激しい衝動を受けた。試写のあと、あまりのショックに、泣き崩れた。

「わたしの胸は、あんなに大きくはありません。あれだったら、わたしは、本気で自分でやるべきでした」

自分の乳房とあまりにちがいすぎるとの思いに加え、プロ意識があったにちがいない。

小百合を見つめ続けた川端康成

小百合は、ロケ地の湯ヶ野でも、暇さえあればずっと勉強していた。宿泊先の旅館で川崎役の高橋英樹と同部屋となったベテラン俳優の大坂志郎《おおさかしろう》は、しきりに感心していた。

「小百合ちゃんは、いつも勉強しているね」

この年の伊豆は、雨が多く、ロケ隊は宿に閉じ込められることが多かった。そんなとき、西河監督は、高橋ら若手俳優やスタッフの男性陣に号令をかけた。

「いまから、マラソン大会を始めるぞ。誰が一着になるか、予想しようじゃないか」

鈍《にぶ》った身体を鍛《きた》えさせようと思ったのか、はたまたただの暇つぶしだったのかは定かではないが、競馬の予想の真似事をして遊んだ。

そんなときでも、小百合は一人で本を読んでいるか、踊りの稽古《けいこ》をしていた。が、若い小百合は、練習にとうとう耐えられなくなり、踊子の扮装《ふんそう》のまま、踊りを教える先生の目を盗み、宿にある卓球台で高橋と卓球に興《きょう》じた。

小百合は、高校に入って一週間だけ卓球部員だった経験がある。素振りはうまいものであった。つまり、素振りだけ一週間続けさせられた後、見通し暗しとやめてしまったのである。

卓球の腕前は、高橋に一日《いちじち》の長《ちょう》があった。が、小百合は、汗びっしょりとなりながら懸命にピンポン球に食らいついてきた。高橋の打つ球を必死で追い駆け、ドタバタ走り回った。

高橋は唸《うな》った。

〈なんて、負けず嫌いなんだ。この子には、遊びなんだから負けてもいいや、ということはないんだな〉

何日も部屋でジーッと出番を待っていた小百合は、すっかりストレスから解放され、いい汗をかいた。

やがて、雨が上がり、ロケ出発の声がかかった。二人は約束した。

「また、明日もやりましょう」

この日は、高橋の完全勝利であった。が、次に卓球をする機会があれば、小百合は相当腕を上げているに違いない、と感じた。

負けたことが悔しくて、東京に帰ったら近所の卓球センターで練習し、次は絶対に勝とうとする。それが小百合の真骨頂《しんこっちょう》であった。

小百合は、お母さん役の浪花千栄子《なにわちえこ》からは、三味線を教えてもらった。浪花は、小百合の顔のニキビがとても気になると言い、

「あんた、ウグイスのフンを使うて、顔を洗いなはれ。嘘みたいにきれいになりまっせ」

と、取り寄せてもくれた。浪花がロケの合い間に聞かせてくれる芸談に、小百合は何回も大笑いしたものであった。

原作者の川端康成は、『伊豆の踊子』の舞台となった天城山中のロケ先までやってきた。天城山の旅館「福田家《ふくだや》」は、川端の『伊豆の踊子』の舞台となった旅館で、西河克己監督以下撮影班も、そこに宿泊して撮影をしていた。

小百合自身は気づかなかったのだが、あとで西河が回顧《かいこ》したところによると、川端は、小百合のほうばかり見ていて、自分たち撮影班のほうには少しも言葉をかけなかったという。

撮影中、川端は、ギョロッとした大きな鋭《するど》い眼で小百合のことばかり見ていた。

高橋は、川端にあいさつをしたが、「ああ、どうも」と答えただけで顔すら向けてくれ

『伊豆の踊子』（1963年）　監督／西河克己　原作／川端康成　©日活

なかった。

高橋は、小百合と七、八本、共演したが、小百合が、いつも若手のスクリプターや照明スタッフと真っ先に仲良くなっていることに気づいた。それが、一つの作品を作り上げていくうえで小百合が大事にしているコミュニケーションの取り方であった。

俳優は、監督やキャメラマンとは、いい意味で戦いとなる。戦いを通じて、おたがいを理解し合うことができるし、仲良くなれる。が、縁の下の力持ち的存在である若手スタッフとの接点はなかなかもつことはない。

しかし、小百合は、まず若手スタッフたちと仲良くなった。言うなれば、撮影所のなかに自分のファンクラブを作ったようなものだ。そのファンクラブのメンバーは、必死になって小百合を支えた。そうすることで、スクリーンに映る小百合はより輝きを増していった。

高橋は、同じ釜《かま》の飯を食うスタッフは、みんな仲間であり、いつも楽しくやるということを大前提にしていた。夜、スタッフを引き連れて遊びに行き、羽目《はめ》を外しすぎて、翌朝、全員で遅刻することもあった。が、その作品の撮影が終われば付き合いもなくなってしまう。

しかし、小百合は、いまだに若いころからの付き合いを継続しているという。名前も、すべて覚えているらしい。それが、小百合の凄さでもあった。

小百合は、自分が出た作品には執着心をもっていた。たとえば、『伊豆の踊子』でも、宣伝用のスチールを撮ったり、宣伝部がPRのために取材記者を連れてくることがある。高橋ら男性陣からすると、それらは余計な仕事という感じであり、渋々《しぶしぶ》ながら応じた。が、小百合は率先してスチール写真を撮ったり、取材記者の質問に丁寧に答えていた。自分の作品に懸ける意気込みは、半端《はんぱ》なものではなかった。

小百合は、完成した『伊豆の踊子』を観た。

撮影当時に感じた違和感を、不思議なことに感じなかった。浪花、大坂志郎、十朱幸代《とあけゆきよ》たちが演ずる、日の当たらない場所で懸命に生きる人たちの描写も生き生きとしていて、ぐんぐんと物語に引き込まれていた。

小百合の中でわだかまりが消え、『伊豆の踊子』という映画を、小百合は初めていとおしく思うようになったという。

『愛と死をみつめて』と齋藤武市監督

吉永小百合が初めて田中絹代と共演したのは、昭和三十八年十二月公開の、石坂洋次郎原作、中平康監督の青春ドラマ『光る海』であった。

田中絹代は、黎明《れいめい》期から日本映画界を支えた大スターであり、日本映画史を代表する大女優の一人。小津安二郎《おづやすじろう》、五所平之助《ごしょへいのすけ》、溝口健二《みぞぐちけんじ》、成瀬巳喜男《なるせみきお》、清水宏《しみずひろし》、木下恵介《きのしたけいすけ》ら大物監督に重用された。一四歳で松竹に入社し、清純派スターとして人気を得て、松竹の看板女優となった。戦後は年齢を経るに従って演技派として成長し、脇役を演じることが多くなるも円熟した演技を見せた。

当時、田中はすでに五〇歳を過ぎていたが、小柄な身体の後ろから光が差して見えるほど女優のオーラにあふれていた。小百合は田中と共演する緊張感にふるえながら思った。

〈ああ、田中さんは本当にすごい女優さんだ……〉

その後も田中と小百合は、昭和四十五年のNHK大河ドラマ『樅ノ木《もみのき》は残った』、昭和四十六年〜四十七年の朝日放送『女人平家《にょにんへいけ》』など、おもにテレビドラマで共演した。

小百合がどんなに朝早い時間に仕事場に行っても田中のほうが早く来ていた。女優の鑑《かがみ》のような田中を見て、小百合は自らを恥《は》ずかしいと感じるほどだった。

小百合は、昭和三十九年九月、またまたスクリーンを沸《わ》かすことになる。

その前年の八月、軟骨肉腫《なんこつにくしゅ》という難病に冒《おか》され二一年の生涯を閉じた大島みち子の恋人との三年間におよぶ往復書簡が、恋人河野実《こうのまこと》の手で、『愛と死をみつめて』という題の単行本になった。

兵庫《ひょうご》県立西脇《にしわき》高等学校に通うミコ（大島みち子）は、顔に軟骨肉腫ができる難病に冒さ

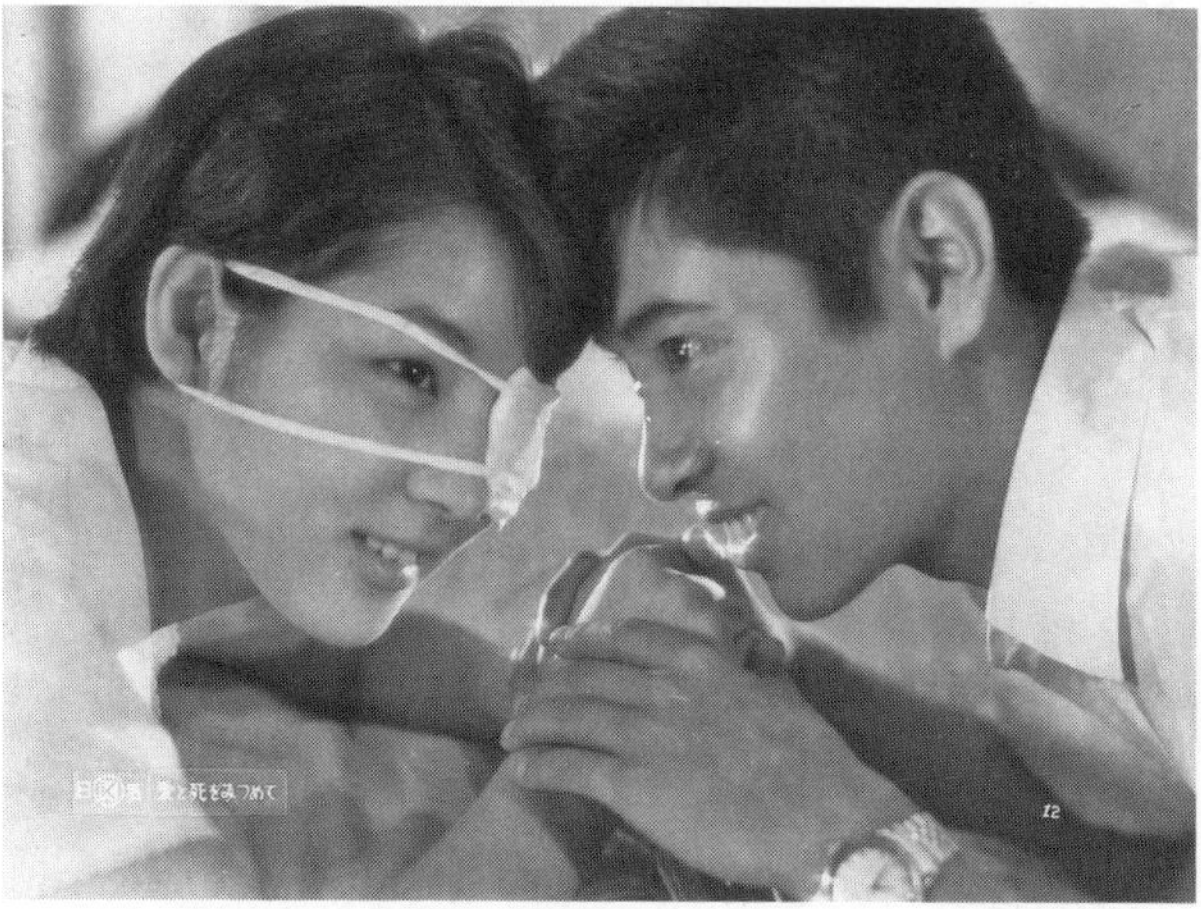

『愛と死をみつめて』（1964年）　監督／齊藤武市　共演／浜田光夫　Ⓒ日活

れていた。阪大病院に入院した際、同じ病棟で長野県出身の浪人生マコ（河野実）と出会い、互いに一八歳のタイガース・ファン同士で意気投合し、文通を始める。

その後ミコが同志社大学、マコが東京の中央大学へ進学してからも文通は途切れず、ミコの病気が再発して再入院した後も、マコは夏休みに大阪駅ホームのビール売りのアルバイトを続けてミコを励ます。

夏休みが終わって、東京に戻ったマコとの文通が闘病生活の大きな支えになっていく。マコはその後もアルバイトをして長距離電話で励ましたり、旅費を工面して阪大病院を訪れるなどし、二人の愛は深まるばかり。しかしミコは手術で顔の半分を失い、さらに病気は悪化していく。そして、マコの二二歳の誕生日の前日に、自らのメモリアルデーを刻んで、この世を去って行く。

TBSでは、橋田壽賀子《はしだすがこ》が脚本を書き、東芝日曜劇場で、前・後編の二回に分け、ドラマ化された。その昭和三十九年四月の放送を境に、単行本は売れに売れ、一三〇万部のベストセラーとなった。当然、その映画化が待たれていた。日活は、いちはやくこの作品に目をつけたが、遺族の反対でのびのびになっていた。

TBSで放送されたときから準備にかかっていた。テレビでは、ミコこと大島みち子を、大空眞弓《おおぞらまゆみ》、マコこと河野実を、山本学《やまもとがく》が演じた。

映画版の脚本は、八木保太郎《やぎやすたろう》。八木は、テレビと同じく山本学でいこうとした。

監督の齋藤武市は、浜田光夫以外にはない、と思っていた。が、八木は、浜田を知らない、と言う。日活の上層部も、山本を使いたい意向だった。八木にも言った。

八木は、不安がった。

「浜田ってどうなんですか。よく知らないんですけど」

「ぼくは、よく知っていますよ。この役は、どうやっても浜田以外ではできない役です」

「あっ、そうですか。齋藤さんがそう言うんなら、それでいいんじゃないですか」

齋藤は、日活の上層部にも伝えた。

「八木さんも、そう言っておられるし、浜田君でいきます」

やっと撮影にこぎつけたのが、昭和三十九年の夏。ミコに吉永小百合、マコに浜田光夫と決まった。

小百合は、『愛と死をみつめて』の原作者大島みち子の日記を通して無言のうちに教えられたという。みち子の強さに魅かれた小百合は、この役を精一杯に演じた。生命の尊さを、一人でも多くの人に考えてもらいたいと思ったという。それまでの小百合は、なんとなく美しく死にたい、大人になる前に天国に行きたいというような、乙女チックな甘い思いを心のどこかにもっていた。

しかし、みち子の日記を読んで、変わった。強く生きることが、残された者の義務なのだと肝に銘じた。

ふだん撮影日数が短く、一六日で終わっていたことから、「背番号16」と呼ばれていた齋藤監督としてはめずらしく長く、撮影には二一日もかかった。

朝八時に、齋藤監督とメインスタッフが日活撮影所のセットに入る。小百合と浜田が入り、リハーサルをする。リハーサルがいいかげんできたころに、本番を撮る。その繰り返しである。

齋藤監督は、そのころ、よく小百合に話していた。

「芝居っていうのは、ふたつある。ひとつは説明の芝居。もうひとつは、表現の芝居。説明の芝居っていうのは、わたしは悲しいから泣いている、口惜しいから怒っている、そういう芝居だな。でも、表現の芝居っていうのは、もうひとつ抜けて、悲しい芝居のときに笑う。笑っているのに、お客が観ると、悲しくなる。小百合ちゃん、そんな芝居のほうが上等だよね」

以前は、そう言っても、よく伝わらなかった。しかし、『愛と死をみつめて』の撮影では、そういう話をしても、小百合に通じるようになった。

ラスト近く、ミコの病が進行して、片いっぽうの眼が見えなくなってくる。腫瘍《しゅよう》が脳にきて、ミコの命が、限られてくる。

クライマックスシーンは、二台のカメラが設置され、一五分間の長いワンカットとなった。

たとえば、火事場のシーンだと一発勝負になる。二台、三台とカメラを用意しなければ、重要な場面を取り損ねてしまう危険もある。この当時、二人だけのシーンは、一台のカメラで一回、一回、シーンを切って撮影していた。二台のカメラで、それぞれを撮影すると、どちらかのフィルムがかならず無駄になってしまうからだ。しかし、齋藤監督は、それでは臨場感《りんじようかん》が伝わらないと考え、二台のカメラを設置し、小百合と浜田の表情を同時に撮ることを決めた。

「マコ、元気になれないで、ゴメンネ」

ミコは、病気の悪化を聞いて病室に駆けつけたボーイフレンドのマコに謝る。

マコは、いっしょに登るはずだった信州《しんしゆう》の山の写真をミコに見せる。写真を見せて登山をしているつもりでしゃべっているうち、ミコが、不意につぶやく。

「あれ？　ずいぶん霧《きり》が出てるのね」

マコは、ハッとする。霧だと見えたのは、ミコの視力が衰《おとろ》えてきたからなのだ。

とっさにマコは、嘘をつく。

「これ、（写真の）傷でしょ、白いのは」

マコの表情を見て、ミコは悟《さと》る。

悲しそうにマコに言う。

「嘘の嫌いなマコ。なんで嘘つくの」

齋藤は、そこで、小百合に注文を出す。

「小百合ちゃん、そこは、笑いながらマコを責めるように言ってごらん」

すると、小百合は、そのとおりに演じた。

笑いながら、ミコは言う。

「嘘の嫌いな、マーコ。なんで嘘ついた？　嘘の嫌いなマーコ、なんで嘘をついた？」

それを聞いたマコは、泣きたいほど悲しい。泣けば病気の深刻さを認めてしまうし、そんなことはない、と怒ると、かえってわざとらしい。怒ることも泣くこともできない。その場に凍りついたような不安定な感情。

齋藤監督は、浜田にも要求した。

「眼で笑って、腹で泣け。そういう芝居やってみろ」

難しい要求であった。浜田は、眼で懸命に笑おうとした。が、役柄に入り込んでおり、どうしても涙がにじんできてしまう。

浜田は、心の中で繰り返した。

〈映画を観てくれるひとが泣くんだ。おれたちが、泣くんじゃない〉

浜田は、眼であいまいに笑う。だけど、腹の中では、笑えない。そこにマコの悲しみがにじむ。

マコもミコも、まわりを取り囲んでいるスタッフも、みんな泣いていた。

撮影中、浜田は、ふと不思議な感覚をおぼえた。ミコは、マコの愛に支えられて難手術を繰り返し、顔の左半分の切除までおこなう。そのシーンの直前、眼帯をしていない小百合の右側の顔を見たとき、思わず見惚《みほ》れてしまったのだ。

〈なんて綺麗なんだ……〉

これまで数多くの作品で小百合と共演してきたが、その小百合の顔が一番綺麗であった。

齋藤は、撮影所に行くのが楽しくてしかたがなかった。「渡り鳥」シリーズは、ヒットした。しかし、松竹のときから撮りたいと思っていたのは、こういう純愛路線の映画だった。それが、吉永小百合、浜田光夫という類《たぐい》まれな素材を得て、ぞんぶんに撮れると思ったのだ。

齋藤は、『愛と死をみつめて』を撮っている間に、吉永小百合という女優に惚れぬいた。許されるのなら、誰の手にも渡したくない、と思った。それほど監督と女優の間に火花が散った作品だった。

ふだんは、どうということはないのに、カメラをのぞき、その顔に惚れる。いわゆる芝居面が人の心を打つのである。

『愛と死をみつめて』は、昭和三十九年九月十九日、東京オリンピック開幕の直前に封切られ、大ヒットした。テレビの家庭への進出で、少しずつ翳《かげ》りが見えてきた映画界であったが、空前のヒットとなり、各地で続映された。

小百合は思った。

〈やはり、ただの難病映画ではなく、主人公が強く生き抜いた姿を見て、観客は共感し、涙してくれたんだな〉

息つく間もなく、小百合は、『うず潮』に出演し、原作者の林芙美子《はやしふみこ》の故郷、尾道《おのみち》ロケに参加した。

そして、ロケの帰り道、山陽《さんよう》本線から加古川《かこがわ》線に乗り継ぎ、兵庫県西脇《にしわき》市にある大島みち子の実家を訪ねた。みち子の父親、母親、妹が小百合を迎えてくれた。

「今日一日、みち子になってください」

みち子の母親がそう言い、みち子の着ていたという赤い絣《かすり》の着物を出してきた。

小百合は一日だけみち子になって、家族とすき焼きをつつき、みち子の部屋に泊まった。

翌朝になると、秋のひんやりとした風にコスモスが揺れる道を、映画のなかで歌った西脇高校の校歌を小さな声で歌いながら、妹と手を繋《つな》ぎ歩いた。

加古の流れの水澄みて……

純愛路線が確立されると、女優たちにも陽の目が当たるようになってきた。撮影スタッフたちは、売れない女優にも気を遣《つか》うようになった。スタッフが、「『大部屋』と呼んではいけない、『女優室』と呼びなさい」と周囲の者たちに注意をするほどであった。彼女たちは、そんなふうにしてくれた小百合を愛した。彼女たちや、小道具たち日活のスタッフは、小百合を応援する「百合の会」を結成した。

早稲田大学への入学

吉永小百合は、「サユリスト」なる熱狂的ファンを得る華やかな芸能生活の成功のいっぽうで、どこか、もの足りない自分を感じていた。自分というものの不安定さ。自分が自分でない怖さ。なにより、小百合にとって不安だったのは、このままなにも映画以外のことを勉強しないで年齢を重ねていくことだった。現実問題として撮影が忙しく、駒場高校から転入した私立精華《せいか》高校を卒業できなかった。

生来、負けずぎらいであった。弱い自分に負けたくない小百合としては、是非とも学業をつづけたかった。そこで、文部省の大学入学資格検定を受けた。が、物理の試験に失敗してしまい、たった一科目のせいで、結局資格はもらえなかった。

が、翌年、早稲田《わせだ》大学の入学資格試験に挑戦し、合格する。そして、昭和四十年早稲田大学第二文学部西洋史学科を受け、合格した。

日活のトップスターである吉永小百合が早稲田大学生になるということは、事件であった。

撮影所の環境が変わったことも小百合にとって大学を受ける決心をさせた。それまで真夜中でも撮影をしていたが、組合ができ、残業や徹夜での撮影ができにくくなったのである。夕方五時には、撮影終了という日が多くなった。六時からの講義であれば、なんとか間に合う。怠け者と自認している小百合は、このままぼんやり過ごしていると流されてしまうことを恐れた。

〈ここで、堰《せ》き止めて、なにかをしないと駄目になっちゃう〉

大学では、すぐに一般の友達ができた。ローティーンからハイティーン時代を芸能界で過ごした小百合には、ふつうの学校の友達がいなかった。早稲田では、そんな友達を得た。

彼らは、撮影で授業を受けられないときは、ノートをとってくれた。喫茶店でダベった。山に登った。小百合は、撮影所の空間では得られない空気を感じとることができた。

小百合は、クラブ活動では、なんと馬術部に入った。元気いっぱいの二〇歳。怖い物知らずの小百合は、朝六時前に家を出て、東京都西東京《にしとうきょう》市東伏見《ひがしふしみ》の馬術場に向かった。先輩たちの乗る馬の手入れをして、新入生として馬に食べさせる草を刈る。小百合は、昭和三十六年に『草を刈る娘』に出演していたので、昔とった杵柄《きねづか》だった。他の新入生たちより上手に草を刈ることができた。

が、かんじんの乗馬だが、新入部員が多く入ったのに、馬の頭数が少ない。一〇分間だけしか乗せてもらうことができない。小百合は、鞍《くら》にしがみつき、先輩の号令にオロオロしながら、貴重な時間が過ぎてしまう。それでも同期生たちと役割を分担しながら動きまわり、汗だらけ、泥まみれになるのは、とびっきり楽しかったという。

八時には東伏見を出て、東京調布にある日活の撮影所へ急いだ。車の中で朝食のパンをかじり、メイクアップをして九時開始のスタジオに飛び込む毎日であった。

夕方五時には、撮影終了。高田馬場《たかだのばば》にある大学に向かう車の中で化粧を落とし、校門前の立ち食いソバ屋でお腹を満たして教室に入る。あとは早朝からの疲れが出て、睡魔との戦いであった。手をつねったり、頰を叩いたり、ガムをかんであくびを堪え、必死の努力で一〇時までの講義を受けた。

帰ってから翌日の撮影の予習などをしようとすると、すぐ深夜になってしまい、一年目からまたまた学校にも仕事にも、行く末に不安を感じるようになってしまった。

小百合は思った。

〈このままでは、すべてが中途半端になってしまう。何かをやめなければいけない〉

小百合は、泣く泣く馬術部をやめた。

渡哲也との急な共演話

昭和四十一年九月十七日、吉永小百合と渡哲也の初共演作『愛と死の記録』が公開された。

当初、小百合の相手役は浜田光夫で決まっていた。吉永・浜田コンビの映画は、昭和三十五年に『ガラスの中の少女』で初共演して以来、アクションものに代わる日活純情路線として爆発的な人気を得ており、二人はこのときすでに三〇本以上もの映画で共演していた。

ところが、浜田の身に思わぬ災難が降りかかった。

昭和四十一年七月二十五日、浜田が仕事終わりに仲間と名古屋《なごや》市内のサパークラブで飲んでいると、酔った客が役者仲間に絡み出し、突然、空き瓶で役者仲間を襲撃した。そして隣にいた浜田の右目に、空き瓶のガラスの破片が直撃、傷口からドロッとした透明な液体が流れ出た。痛覚が麻痺するほどの衝撃を受け、右目がまったく見えなくなってしまった。

ガラス片が黒目を直撃したうえ、レンズ部分の水晶体に到達し、眼球破裂、水晶体を保護する「房水《ぼうすい》」が流出していた。黒目を〇・三ミリ間隔で三二針も縫《ぬ》い上げる眼球縫合《ほうごう》手術がおこなわれた。浜田は失明の恐怖と闘いながら八時間にもおよぶ手術に耐え、奇跡的に失明を免《まぬが》れた。

小百合は、名古屋の病院に浜田を見舞った。浜田は、眼の上を包帯でぐるぐる巻きにされていた。

小百合は、スーッと血の気が引く思いがした。しかし、浜田は、気丈《きじょう》にも笑おうとする。明るさを失うまいとする。小百合は、救われた気がした。辛いのだろうけど、強いて笑顔を作ろうとする性格のよさ、強さに安心することができた。その浜田の出演が無理になったことで急遽《きゅうきょ》、渡哲也に白羽の矢が立った。

昭和三十九年、スカウトを受けて日活に入社した渡哲也は、デビューから一年余りの間に一二本の映画に出演していたが、まだまだ駆け出しの新人同様で、看板スターの小百合には一度も会ったことがなかった。それが、いきなりの共演話である。これには驚くしかなかった。

しかも『愛と死の記録』は、文部省主催の芸術祭参加作品で、脚本は民藝《みんげい》の大橋喜一《おおはしきいち》と小林吉男《こばやしよしお》が共同で執筆。スタッフも蔵原惟繕監督以下、助監督が斎藤光正《さいとうこうせい》と木下喜源、撮影が姫田真佐久《ひめだしんさく》、照明が岩木保夫《いわきやすお》、録音が紅谷愃一《べにたにけんいち》など、一線級が勢揃いしていた。

小百合を力一杯抱きしめた渡哲也

渡は、さすがに不安だった。

〈ぼくなんかにできるんだろうか。小百合さんも、長年コンビを組んでいる浜田さんとならツーカーで演技できたにちがいないのに〉

経験も浅いうえに、これまでのアクションものとはまったく路線の異なる純愛ものである。消極的だった渡に、宣伝部の人や、演技課の人が強く勧めてくれた。

「引き受けたほうがいい。ぜひ、やりたまえ」

そこで承諾したのだが、まったく自信はなかった。

映画の舞台は広島だった。のちにノーベル賞作家となる大江健三郎《おおえけんざぶろう》の『ヒロシマ・ノート』の中で紹介された実話であった。渡が演じる印刷会社勤務の青年・三原幸雄は、小百合演じるレコード屋に勤める和江と恋に落ちる。だが、幸雄は四歳のときに被爆して両親を失い、自らも原爆症を発症していた。二人が出会ったときは一時的に小康状態を保っているに過ぎなかった。幸雄は、結婚をあきらめ、和江を忘れようとする。和江もそれを察知する。

和江は、幸雄に言う。

「ウチ、待っとるよ。いつまでも待っとるよ」

原爆病院に入院した幸雄を、和江は毎日看病し、回復を祈って千羽鶴を折り続けた。

しかし、幸雄は八月の終わりに病死してしまう。二〇年経ってなお、罪もない清き若者たちを苦しめ続ける原爆の恐ろしさ。小百合の相手役というプレッシャーに加え、テーマは非常に重く、難しい役であった。

暑いヒロシマの夏を映すために、長期ロケが敢行《かんこう》された。真夏の広島は、とにかく暑かった。広島の凪《なぎ》は夏の風物詩といわれるほどで、海風と陸風が入れ替わる朝と夕方に風が止まってしまう。特に陸地の気温が高くなると凪が顕著になるため、夕凪のときに暑さがいっそう厳しく感じるのである。

小百合から見て、渡は、あれよあれよという間に、日活俳優となったものの、この先俳優を続けていくかどうか、まだ迷っていたようであった。小百合は思った。

〈演じることが恥ずかしいのかもしれない〉

一日の撮影がようやく終わり、夕食をとって風呂に入る。が、これで終わりではなかった。ホッとしたのもつかの間、夜は翌日に撮影するシーンのリハーサルが待っている。

渡は、これまで前日リハーサルなど一度もしたことがなかった。しかも俳優、スタッフ全員参加の本番さながらの演習である。

リハーサルには、旅館大広間が使われた。明日の撮影に使う小道具を運びこみ、ロケ地に見立てておこなう。蔵原監督は非常に細かく注文をつけてくる。渡は必死になってそれに応えようとした。

その甲斐《かい》あって、監督から「それ、いいね」と褒《ほ》められるようになった。ところがいざ本番になると、リハーサルで褒められた演技を再現することができない。時間が経ってしまうと、同じように演じることがどうしてもできないのである。

ロケ現場にはつねに小百合ファンが大勢詰めかけていた。渡はこんなにたくさんの見物人に囲まれて演技をするのも初めてだった。渡は殺到するファンたちから小百合の身を守るため、ガードマン役としても立ち回った。

渡の出番のない日もあったが、蔵原監督は休ませてくれなかった。

「ロケで使わせてもらう原爆ドームと原爆病院を、見学してこい」

原爆ドームでは幸雄が被爆者であることを打ち明けるシーンを、原爆病院の屋上では入院した幸雄に和江が「うち、もうあんたの妻よ」と語りかけるシーンを撮影する。いずれも映画の中できわめて重要な場面である。事前にロケ地を見学しておけば、それが演技に反映されるだろうという蔵原監督の配慮であった。

原爆病院は昭和十四年、日本赤十字社広島支部病院として開院したが、爆心地より約一・六キロに位置しており、鉄筋コンクリート構造三階建ての病棟は外郭《がいかく》を残して大破した。赤十字病院では、直後から病院に押し寄せてきた被爆者への治療が開始され、昭和三

『愛と死の記録』（1966年）　監督／蔵原惟繕　共演／渡哲也　©日活

十一年九月に広島赤十字病院の構内に日本赤十字社広島原爆病院が開かれた。

病院の撮影は屋上のみで、病室はセットであったが、渡は病院の中も見学した。こうして渡はハードなスケジュールをこなしながら、しみじみと思った。

〈ああ、映画って、こんなふうにして作るものなんだな……〉

ある日、撮影を終えて夕食と風呂を済ませた渡は、リハーサルがあるにもかかわらず、押し入れの中で横になっているうちにそのままぐっすりと眠り込んでしまった。みんなで旅館中を探したところ、渡は、部屋の押し入れの中で寝ていた。小百合が見るところ、一日の撮影が終わったら少しはのんびりして役から離れたいと思ったのであろう。

さんざん探し回った助監督に、渡は大声で怒鳴られてしまった。

「渡くん、リハーサルだってのに、何やってるんだ!」

が、渡だけでなく、さすがの小百合も夜のリハーサルはきついようだった。二人は、「リハーサルです」と招集がかかると、声をそろえて歌いながら現場入りした。

「とてもがまんが　できなかったよ～」

この頃ヒットしていた北島三郎の『函館《はこだて》の女《ひと》』の歌詞の一節である。

プロの俳優である以上仕事はきっちりとこなすが、夜のリハーサルはしんどい。小百合と渡は、こんなふうにいっしょに歌うことで俳優としての責任と厳しさを共有し、笑い飛ばしていたのである。

小百合は、渡とセリフを合わせると困惑した。それまでのコンビの浜田は、小百合の演技をどう受けとめてくれるかが想像できた。しかし、渡の場合、小百合の演技に対するリアクションが想像できなかった。それで、小百合のほうがプレッシャーを感じた。

撮影が進んでいくにしたがって、渡と小百合の二人は、お互いに少しずつ気心が知れる存在になっていった。

いよいよ原爆ドームでの撮影が始まった。渡は必死に演じたが、蔵原監督はなかなかOKを出してくれなかった。

監督が、渡に怒鳴った。

「和江に対して、自分が被爆者であるという訴え方が弱すぎる。もう、こうなったらきみは吉永さんを力一杯抱いていろ！」

渡は監督に言われるまま、馬鹿正直に小百合を力一杯ぎゅっと抱きしめた。このとき、渡は二四歳。元空手部所属の豪腕《ごうわん》に思い切り抱きしめられたら、小百合はたまったものではなかっただろう。あくまで演技として力一杯抱きしめていればいいのに、当時の渡にそんな器用さはなかった。

小百合は抱きしめられながら自分のセリフを言い、役を演じきった。きっと、絞《し》め殺されるように苦しかったにちがいないのに、渡に文句一つ言わない。

いっぽう小百合は、演じているうちに、和江にぐんぐんと魅《ひ》きつけられ、原爆ドームの中で幸雄と抱き合うシーンでは、われを忘れて彼の胸にしがみつき、いつまでも涙が止まらなかったという。

小百合は、思いきり演じられたという満足感で撮影所に戻り、オールラッシュを観た。終わった直後、誰とはなしに拍手が起こった。スタッフの一人一人にも、良いものを作ったという自信が溢《あふ》れていたのだ。

小百合は、迷惑をかけてばかりいる渡の演技を何でも受け入れ、やりたいようにやらせた。渡は、幸雄を最後まで演じきることができたのは、小百合のおかげだったと感謝している。

中には本当に危険なシーンもあった。二人でピクニックに行く場面では、渡がオートバイにまたがり、後ろに小百合を乗せてノーヘルで運転した。帰りはどしゃ降りの雨の中、スタントマンも使わずにオートバイを走らせた。

もしあのとき、オートバイがひっくり返っていたら、大女優に大怪我を負わせるところだった。のちに渡はそのシーンのことを思い返してゾッと鳥肌が立った。

ところが、オールラッシュ後に、原爆ドームが何度も映りすぎる、芦川いづみの演じる近所のお姉さんの顔のケロイドが刺激的すぎると会社上層部から、カットするよう命じられた。

渡は「そういうものか」と思っただけであったが、小百合はカットに反対していた。渡は思った。

〈吉永さんは、やはり映画人だ。本当に映画を愛している人なんだな……〉

小百合には、そのシーンをカットされたことが、信じられなかった。

〈原爆をテーマにした映画を作っていて、なぜ原爆ドームがいけないの。なぜケロイドの顔を拒否するのでしょうか〉

原爆という忌《い》まわしいものを受けたのは、日本人で広島と長崎の人たちだけなのだ。その事実を直視したうえで、一つの恋愛映画が出来上がったのだ。どうして隠さなければいけないのか。

〈偉《えら》い方の個人的な考え方なのでしょうか。それとも、もっと上の偉い方の見解なのでしょうか〉

小百合は、呆然《ぼうぜん》としたまま試写室を出た。スタッフの人たちや渡と言葉もなく芝生《しばふ》に座り込んでしまった。

数日後におこなわれた初号試写では、やはりケロイドが映る部分と、原爆ドームの全景のいずれもがなくなっていた。そして、カットされたまま公開されていった。

しかし、小百合は、カットされたシーンへの不満はあったものの、出来上がった作品は、素晴らしい、と感じた。

『愛と死の記録』は、のちの「原爆詩の朗読会」など吉永小百合の平和活動のきっかけとなる作品となった。

渡は、この映画で、昭和四十一年度第十七回ブルーリボン賞新人賞を受賞した。まだ今のように映画賞が多くない時代の受賞である。渡はうれしかった。

〈ああ、これで、ぼくも俳優としてやっていけるかもしれない。吉永さんのおかげだ〉

小百合は思った。

〈渡さんは、きっと役者として成功するにちがいない〉

遠すぎた『野麦峠《のむぎとうげ》』

昭和四十二年の春、『野麦峠の唄』というタイトルが記されたテープが小百合のもとに届けられた。テープは、ドキュメンタリー演出家の曽我部《そがべ》博士《はかせ》から送られてきた。

小百合の『夢一途』によると、それは、民謡のように素朴な歌とナレーションとで構成され、曽我部自身がギターを弾き、歌っていたという。明治時代、飛騨《ひだ》の高山から野麦峠を越えて信州・岡谷《おかや》の製糸工場に出稼ぎに行った女工たちの姿を歌ったものであった。

〈いつかこの話を、映画でもやりたい〉

こういう作品で、当時の自分自身の中途半端な演技を、振り払ってしまいたいと本能的に感じていたという。

父親の芳之は、小百合が二〇歳を過ぎた頃から、小百合のマネージャーとして表面に出て、日活との交渉やテレビ出演の決定などに奔走《ほんそう》していた。しかし、映画の面ではなかなか思うにまかせず、もっと本格的な作品を小百合にやらせたい、と考えていたようであった。

芳之は、「野麦峠の唄」に対する小百合の思い入れを見て、この作品を映画化しようと考えた。日活に企画を持ち込むのではなくて、吉永事務所の自主製作として世に問いたいと思い始めていたのであった。

「君のために、映画を作ろう」

芳之は、小百合にそう言った。

が、いかんせんプロデューサーとしては素人である。芳之は、さっそく宇野重吉にどうすれば実現できるのかを相談に行った。

宇野重吉がゼネラル・プロデューサーを引き受け、宇野の案で、シナリオは八木保太郎、監督は内田吐夢《うちだとむ》と決まった。内田は、『血槍富士《ちやりふじ》』『大菩薩峠《だいぼさつとうげ》』『宮本武蔵《みやもとむさし》』『飢餓海峡《きがかいきょう》』などの傑作を撮っていた。

〈日本の映画界の大巨匠が引き受けてくださった。もう後戻りできない……〉

三月十三日の小百合の二四歳の誕生日に製作発表をおこない、映画『野麦峠』はクランクインに向かって進み出した。

小百合は、テレビの連続ドラマの収録と労音《ろうおん》（勤労者音楽協議会）の公演で忙しく、父親としっかりした会話ももたぬまま、時がたっていった。

しかし、出来上がった脚本は、小百合の考えていた『野麦峠』とは違うものであった。

小百合は、『夢一途』でこの映画の挫折《ざせつ》について、こう語っている。

『しかし、どうしても踏み切ることができませんでした。そのまま進んでいくことが、私の中では不可能でした。

「このまま、中止してください」

「何故、今頃そんなことを言うんだ」

「私の考えていた『野麦峠』と違うの」

「……そうか……」

父は、苦渋《くじゆう》に満ち、これから先、どうやって収拾したら良いか、必死で考えていました。

「私が、宇野先生にお逢いして、お詫《わ》びしてきます」

柿ノ木坂のお宅で、宇野さんに私自身の気持を伝えたのは、その日の午後です。

「小百合ちゃんが、そういうふうに決めたのなら、仕方がない。でも吐夢さん、八木さんには、きちんと謝りなさい」

静かに、そうおっしゃいました。

めちゃめちゃに叱られ、怒鳴られても当然のことを私はしました。それなのに宇野さんは私を励ますように、門の外まで見送ってくださったのです。

宇野さんはじめ、多くの善意ある方々に、私は大きな罪を犯しました。すべて私の中に潜《ひそ》んでいた、私の罪です。

流されていく自分を、黙って見ている私。

はっきりした意思表示がなかなかできない私。

心も身体も、疲れすぎている私。』

もし女優でなければ、活動家になっていた？

小百合と渡哲也は、西河克己監督の昭和四十一年十月二十九日公開の『白鳥』、西村昭五郎《にしむらしょうごろう》監督の昭和四十二年一月三日公開の『青春の海』で共演する。

渡は、その直後の昭和四十二年十月、石原裕次郎、北原三枝主演の『赤い波止場《はとば》』のリメイク『紅《くれない》の流れ星』が公開され、押しも押されもせぬアクションスターの道を進んでいく。

そのころ、小百合が通う早稲田大学は、学費値上げ反対闘争に端《たん》を発して、学園闘争に突入していた。文学部の校舎にも、バリケードが築かれ、何度も授業が休講になった。

活動家学生は、セクトごとに分かれたさまざまなヘルメットをかぶり、タオルで覆面《ふくめん》をした。ゲバルト用の木材――通称「ゲバ棒」を握りしめ、構内で、ジグザグデモを繰り返す。マイクでのアジテーション、クギを折り曲げたような独特の字体による立て看板。垢《あか》や埃《ほこり》にまみれ、くすんだような闘争スタイルと、必死の形相で、体制打破を訴える活動家の姿は、人生に真正面から取り組もうとする小百合の姿勢に通じるものがあった。

後年、小百合は述懐《じゅっかい》する。

〈もし女優という職業でなかったならば、活動家になっていただろう〉

小百合は、どちらかというと体制は嫌いであった。

『あゝひめゆりの塔』撮影中の火傷《やけど》

舛田利雄監督は、昭和四十三年九月に公開された吉永小百合主演の『あゝひめゆりの塔』で監督を務めた。この作品は、太平洋戦争沖縄戦に臨時看護婦部隊として従軍し、全員が戦死した沖縄師範女子部生徒の、いわゆる「ひめゆり部隊」を描いたものである。昭和二十八年に香川京子《かがわきようこ》、津島恵子《つしまけいこ》たちが出演し、今井正が監督した『ひめゆりの塔』の再映画化であった。

米軍の沖縄攻撃のなかで、看護隊として働き、次々と友達が銃弾に倒れていき、残ったわずかな学生や先生も、最後は手榴弾《しゅりゅうだん》で自決してしまうという、戦争の恐ろしさを訴える内容のものであった。

小百合は、脚本を読んでいても、なぜこんなひどいことが……と胸が詰《つ》まり、怒りが込み上げてきたという。

共演の和泉雅子、音無美紀子《おとなしみきこ》、伊藤《いとう》るり子《こ》たちも、同じ思いだったと思うという。いつもの青春映画と違って、衣裳に爆弾を仕込んだりして、とても危険な撮影だったが、小百合は、ある種の興奮状態にあったので、怖さも感じなかった。

壕の中で卒業式を挙げるシーンでは、みんなポロポロと大粒の涙を流していた。一人、二人と友達が息をひきとっていくシーンでは、号泣した。

いちばん大変だったのは、泉でのシーンであった。ほんの束の間の憩いのとき、女子学生たちは水の中に入っていく。身体を洗い、髪をすすぎ、辛い勤務から解放された瞬間、米軍のグラマン機が少女たちを狙う。みるみるうちに透き通った泉が血の海に変わる。

ロケは、富士山の麓《ふもと》の泉でおこなわれた。身を切るように冷たい湧き水で、入って五分と経たないうちに身体がしびれていった。が、誰ひとりとして弱音を吐かない。小百合は自分の心に、何度も何度も、言い聞かせた。

〈ひめゆり部隊として、尊い青春を犠牲にしてしまった娘さんたちのことを思ったら、絶対に我慢できる……〉

アメリカ軍に追いつめられたひめゆり部隊が自然洞窟であるガマの中で同級生、教師との辛い別れのときに、小百合は、水筒の水を一口飲み、お酒に酔ったふりをして沖縄の古い民謡「浜千鳥節《はまちどりぶし》」を歌う。

旅や浜宿《やどう》い　草ぬヤレ　葉《ふぁ》ど枕
寝《に》てん忘《わし》らん　我親《わや》ぬヤレ
我親ぬ御側《うすば》
千鳥《ちじゅ》や　ヤー浜居《う》でチュイチュイナ

歌の意味は、旅に出て浜辺に宿り、草の葉を枕にして寝るとき、思い出されるのは故郷で暮らしている父母のこと……である。旅愁《りょしゅう》の歌である。

小百合は、泣きながら歌った。同級生を演じる少女たちもみな、泣いていた。父も母も弟も、戦争の犠牲になって、もうこの世にはいない。過酷《かこく》な運命のなかで、短い生涯を終える少女を、ただ懸命に演じた。

ロケ隊は、三島から伊豆半島の南端、石廊崎《いろうざき》に移動した。最後まで生き残った先生と生徒一〇人が、手榴弾で自決するシーン。夕景の明かりの関係で、時間がなく、失敗は絶対に許されなかった。しかもいちばん大事なラストシーンであった。

『あゝひめゆりの塔』（1968年）　監督／舛田利雄　共演／和泉雅子、音無美紀子、梶芽衣子　©日活

スタッフが息を殺して小百合たちを囲み、見守っている。絶壁に激しくぶつかる波の音だけの世界である。

断崖に立つ二人をロングショットで撮る場面で天気待ちとなった。空は、どんよりとした雲に覆われ、なかなか太陽が顔を出してくれない。

舛田監督は、その間を利用し、演技の注文をつけるため彼女たちのもとに向かった。小百合より二、三歳年下で、いつもなら「監督さぁーん！」とキャンキャン騒ぐ女優が、じっと下を向いたまま泣いている。

舛田は声をかけた。

「どうしたの？」

彼女は、無言で小百合のほうを指さした。舛田が眼を向けると、小百合は肩を震わせながらボロボロと涙を零《こぼ》しているではないか。遠くからのロングショットなので、顔の表情まで映らない。が、尊い青春を犠牲にしたひめゆり部隊の女子学生の心境になり、入り込んでいるのだ。

その姿を見た女優も、小百合に影響され、感極《かんきわ》まってしまったのだ。

撮影が始まり、小百合は、撮影用の手榴弾を握りしめ、雷管《らいかん》を抜くために、口に運んだ。口で雷管を抜いて手榴弾を胸に当て、小道具が仕掛けをした爆発のボタンを押さなければいけない。胸には防弾チョッキを着込んでいた。

しかし、小百合は、雷管を抜くやいなや、興奮してボタンを押してしまった。弾は、爆発し、小百合は、頬に鋭い痛みを感じた。

「あっ、危ない！」

スタッフの声は、もう小百合には聞こえなかった。ふらふらと夢遊病者のように、断崖を歩いて海へ向かって行った。

「失敗してしまった。大切なシーンなのに、失敗してしまった……」

小百合は、うわ言のように呟き、泣いていた。助監督が駆け寄り、小百合をしっかりとつかまえなかったら、海へ落ちていたであろうという。

興奮状態の継続は、ここまで人間に異常現象を起こさせるのであろうか。小百合自身でさえ、信じられない行動であった。

小百合の頬は火傷を負い、そのままでは撮影が続けられなかった。

「早く手当てしろ！　日が落ちる」

急いでバンソウコウを大きく貼《は》り、その上からドーランを塗《ぬ》った。幸い、日に焼けた感じを出すために男性用の色の濃いドーランを使っていたので、なんとかカモフラージュできた。

あわてて撮影をやり直した。が、小百合は、ふたたび、まったく同じミスをしてしまった。あまりの緊張のため、また発火ボタンを早く押してしまったのだ。頬には新しい火傷が刻まれた。

「傷なんか消してる場合じゃないよ。早くしろ！　早く！」

舛田監督は、小百合が、その入り込んだままの情感を保ちながら、太陽が雲間からのぞくのを待ちつづけている姿を見て、思った。

〈この子は、まちがいなく伸びる〉

大混乱のなか、大きく広がる太平洋の向こうに日が隠れる寸前に、なんとか自決のシーンを撮り終えたのであった。

個人事務所として独立

年間一〇本は下らなかった小百合の主演映画は、だんだん減っていった。昭和四十二年から四十三年にかけて、『青春の海』『恋のハイウェイ』『君が青春のとき』『斜陽《しゃよう》のおもかげ』『君は恋人』『花の恋人たち』『青春の風』『だれの椅子《いす》？』『あ、ひめゆりの塔』に出演したが、二〇歳を過ぎ、大人の女性を演じなければならない時期がきたのに、小百合の成長は、止まってしまったという。企画もこれといったものがなく、中途半端な作品が多くなっていった。

吉永小百合は、昭和四十四年、早稲田大学第二文学部西洋史学専修を次席で卒業した。

ひとつの映画会社のトップスターでありつづけながら、学業もこなし、大学を卒業した女優というのは、ほとんど例がない。

個人事務所をもった小百合は、その年、日活との間に、一種の優先契約を結び、日活以外の他社作品にも出られるようになった。

昭和四十五年、松竹の『風の慕情《ぼじよう》』に出演した。松竹伝統の女優を大事にする姿勢は生きており、小百合は、雛壇《ひなだん》にまつられたように丁寧な扱いを受けた。

それはそれで結構であるが、なんとなく居心地が悪かった。日活時代に、男の俳優や、スタッフの中にほっぽり出されるようなたくましい雰囲気が板についてしまっていたのだ。

新人のころ、男のスタッフ同士が殴り合い、血だらけの喧嘩をするのを見て、怖いと思った小百合は、後年には、「いいかげん、やめなさいよ」と間に入って仲裁《ちゆうさい》できるようなたくましさを身につけていたのである。

松竹のように大事にされると、気持ちが落ち着かず、演技に対しても、積極的になれなかったのだ。

第四章　人生の転機　様々な出会い、結婚

過密スケジュールで声が出なくなる

吉永小百合には、昭和四十六年の十月から放送される吉屋信子《よしやのぶこ》原作『女人平家』への出演が決まっていた。連続二〇回、京都の撮影所で八月から撮り始めることになったテレビドラマであった。

そこへ、夏から放送するホームドラマ『花は花よめ』の話が飛び込んできた。下町の芸者の役で、見初《みそ》められて三人の子持ちの男やもめのところへお嫁に行き、姑《しゅうとめ》、小姑《こじゅうと》にいびられながらも一家の大黒柱になっていく役だ。吉永の仕事もだんだんと、テレビドラマが主流を占めるようになってきた。

そのとき、吉永には、仕事が多ければ多いほど、将来に対する自分の言いようもない不安感が薄れるように思えた。そして大変なスケジュールになることを承知しながら、新し

い仕事を引き受けてしまった。
『夢一途』によると、一週間にしっかりと八日間分、働いた。
月曜――『花は花よめ』ＶＴＲ撮り。
火曜――『花は花よめ』ＶＴＲ撮り深夜終了。車の中で仮眠しながら京都に向かう。
水曜――朝、京都撮影所着。ただちにメイク。鬘《かつら》をつけて『女人平家』撮影。
木曜――『女人平家』撮影。
金曜――『女人平家』撮影。
土曜――午前中『女人平家』撮影。終了後、新幹線に乗り、日本テレビの稽古場へ直行。
　　夕方より『花は花よめ』リハーサル。
日曜――昼から『花は花よめ』リハーサル。
　この殺人的なスケジュールは、子供の頃から忙しく働いてきた吉永の中でも、類を見ないものであった。一年間、よく最後までやり通せたものだという思いもするという。
　このようなスケジュールになってから二ヶ月目。吉永は、『花は花よめ』の本番を終え、共演者たちとスナックに行った。児玉清《こだまきよし》、原知佐子《はらちさこ》、松山政路《まつやませいじ》といった楽しい面々でワインを飲み、ギターに誘われて、深夜まで歌いまくった。日頃の疲れなんて、吹っ飛んでしまうほど、楽しかった。久しぶりに楽しかった。
　翌日は少し喉《のど》が痛く、声が出づらい感じがしたが、車で予定どおり京都に向かった。

ところが、マイクを持つ録音部から、何度も注文がきた。

「すみません、もう少し声を張ってください」

こんなことは初めてであった。

そのたびにお腹《なか》からふりしぼるようにして声を出してみても、有声音にならない。スースーと息の漏れるような掠《かす》れ声になってしまっていた。

吉永は、風邪かもしれないと思い、撮影所近くの病院に行って注射を打ち、薬をもらった。

が、次の週も、その次の週も、声は戻らなかった。

『花は花よめ』は放送を開始し、誰もが楽しめるドラマとして好評を博していたいっぽうで、前から決まっていた『女人平家』の方は、ドラマとしてはきちんと出来ているものの、視聴率が上がらなかった。

また、『女人平家』の方は、古語のように難しい言葉づかいでセリフをしゃべらなければならず、ごまかしが利《き》かない。はっきりしゃべろうとすればするほど、有声音の出ない吉永の発音は聞き取りにくいものになった。

京都でも東京でも、仕事の時間をやりくりして内科や耳鼻咽喉《いんこう》科の病院をあちこち回り、なんとか早く声を取り戻そうと努力をし続けた。最後に東京の大病院で調べてもらったら、ポリープもできていないし、声帯にも異常がない。

一週間くらい、声をまったく出さなければ、治るとの診断が下った。吉永は京都と東京の両方のスタッフに頼み、入院することにした。

安静だけを命じられた入院生活は、吉永に不安を募《つの》らせた。役者にとって声は命。

〈一週間して、元どおりの声になっていなかったらどうしよう。このまま仕事がなくなってしまったら、わたしはどうすればいいのか……〉

毎日見舞いに来る両親や事務所の人たちと筆談で話をしていても、そんなことばかり考えていた。

一週間後に、おそるおそる声を出してみた。が、やはり駄目であった。相変わらずの無声音なのだ。

しかし、もうこれ以上、ドラマのスタッフや共演者に迷惑をかけるわけにはいかない。とりあえず吉永はまた、週八日間分の仕事に戻った。

家のお手伝いさんが『女人平家』のオン・エアを観ていて、吉永に言った。

「声が出ていないですね」

彼女にしてみれば、それは、気の毒にというニュアンスの労《いたわ》りの言葉だったのかもしれない。しかし、吉永には、それはひどく応《こた》え、歯を食いしばって自分の部屋に駆け込むと、ワンワンと泣いた。

泣いているときは、大きな声が出ている。そう気づくと、そのことがまた悔しくなって、さらに泣きわめいた。

『女人平家』で共演していた劇団四季の浜畑賢吉《はまはたけんいち》が、引きつったような顔で台詞をしゃべる吉永を見るに見かねて、声をかけてくれた。

「いい先生がいるのですが、一度診てもらいませんか」

その先生は音声学や言語障害の権威で米山文明《よねやまふみあき》先生という方であった。

「何か心配事があるのではありませんか」

吉永の声帯を診たあと、先生はまずそう言った。

「人間の声は、声帯の開閉によって出るようになっています。あなたの声帯はとてもきれいで、それ自体なんの異常もありませんが、声を出す際、隙間《すきま》が開いたままになっています。完全に閉じないから有声音が出ないのです。大脳からの命令が、神経を伝わって声帯を開閉させているのですが、あなたのは、その伝達神経が鈍くなっていて、麻痺《まひ》に近い状態になっているんですよ。そのような状態になるのは、たいてい精神的な悩み事がある場合、ストレスが非常にたまってしまっている場合、それに肉体的な疲労が重なったときなのですね」

じっくりと時間をかけて吉永の声の状態を説明する先生に対して、吉永は、今置かれている自分の立場や、仕事の状態を思わず語り出してしまった。

『男はつらいよ』渥美清《あつみきよし》との出会い

吉永は、そんな状態で『男はつらいよ　柴又慕情《しばまたぼじょう》』に出演した。

「男はつらいよ」シリーズは、B級娯楽映画でいいから本当に面白い映画を作ろう、という山田洋次監督の思いを託した映画であった。今でこそ、日本映画史に残る「男はつらいよ」シリーズであるが、当時は、B級娯楽映画としてのスタートであった。

当時の松竹は、年に約五〇本ほどの映画を作っていて、撮影所もすごく忙しい時代であった。松竹の専門の上映館で、二週間で次々と映画が交代していく。なかには間に合わせの粗雑《そざつ》な映画も多かった。

山田監督は、その状況を苦々しく思っていた。

〈この粗末な映画で入場料をとるのは商業としても、不誠実じゃないか。自分たちでB級作品と称して卑《いや》しめるのはやめて、楽しめる娯楽映画をこそ誠実に作らなきゃいけないんじゃないか〉

山田にとっても、渥美清との出会いは、運命的なものであったという。

渥美は、三枚目を演じていても、決して卑しくない。むしろ上品さが漂い、滑稽でありながら姿が美しく、艶《つや》がある。

「男はつらいよ」シリーズで国民的スターになった渥美だったが、それ以前も色々な喜劇映画、たとえば東映の「喜劇列車」シリーズや松竹の「拝啓天皇陛下」シリーズで活躍したコメディアンではあった。

当初の『男はつらいよ』では、吉永小百合をヒロインに起用するということは考えられなかった。当時の吉永は、日活青春映画の大スター。スケジュール的にも、映画の格としても、キャスティングすることは難しかった。

だが山田は、ひそかに思っていた。

〈『男はつらいよ』も、いつか吉永小百合の出演するような映画になればいいな〉

そして、遂に、その九作目、昭和四十七年八月五日公開の『男はつらいよ　柴又慕情』で実現した。

山田は、吉永が大船《おおふな》撮影所に登場した日、撮影所全体で彼女を拍手で迎えたことを今でもよく覚えている。

この作品は寅次郎が、旅先の金沢で三人の女性旅行客と出会う。そんな彼女たちと仲良く記念写真に収まることになった寅次郎は、「はいチーズ」というところを「はいバター」とやってしまったことで大ウケ。これですっかり彼女たちと打ち解けたのだが、その中の一人で宮口精二《みやぐちせいじ》演じる著名な小説家高見の娘である吉永演じる歌子に強く心惹かれてしまった。

『男はつらいよ　柴又慕情』（1972年）　監督／山田洋次　共演／渥美清

旅から単身帰った寅次郎は、歌子への募る想いから鬱《うつ》状態に。

そんなある日、歌子がとらやを訪問。寅次郎はすっかり上機嫌になった。

が、最終的に、歌子の口からは恋人との結婚話がさくらに打ち明けられるのであった。

山田監督から見て、吉永は謙虚な人だった。真摯《しんし》に演じる美しい吉永を相手に、主演の渥美清は、気持ちよく失恋を演じることができた。

吉永から見て、山田監督は、とにかくよく考え続ける人だった。一度考え始めると、撮影が一時間くらいストップしてしまう。こういうとき、渥美はスタジオからスッと姿を消す。渥美はすでに山田監督とは長い付き合いなので、撮影再開までに時間がかかることをよく知っていたのだ。

いっぽう、何も知らない吉永は、〈いったい監督はどうされたのかしら……〉と、ひたすら待ち続けるしかなかった。

吉永は最初、考え込む山田監督の姿を見て、とてもピリピリと神経質な人だというイメージを抱いた。が、その誤解も、間もなく解けた。山田監督は「もっと良くする方法があるのではないか」「もっと違う表現があるのではないか」と厳しく自身に問うていたのだ。『男はつらいよ』のようなコメディ映画でも、山田は「絶対に一番いい答えを見つけてやろう」という強い気持ちを抱いていた。吉永はそのことに驚きと感銘を受けた。

インパクトが強すぎる佐藤蛾次郎《さとうがじろう》

佐藤蛾次郎は、『男はつらいよ』の「源公」の役を自分でも気に入っていた。めったやたらに画面に出ないし、セリフもほとんどない。しかし、源公は、ポイントポイントのシーンで、なんでもない背景のように出てくる。しかし、それには、なみなみならぬ山田監督の計算があった。

『男はつらいよ』のファンクラブの集まりで、ファンのひとりが山田に質問した。

「山田さん、渥美さんと蛾次郎さんのときには、撮影が簡単でいいでしょ」

山田監督は延々と反論した。

「とんでもない。これがとても難しいんですよ」

そばにいた蛾次郎は、実感としてわかっていたのでうなずいた。

吉永小百合がマドンナとして初めて登場する『柴又慕情』での撮影シーン。吉永演じる小説家の娘歌子と寅次郎が、江戸川の土堤《どて》で、楽しそうに語らっている。その前を、源公が転がっていく。ふたりの仲がよいのを嫉妬《しっと》するかのように横切るだけなのだ。山田監督は、その転がり方に、なかなか納得しない。もっと早くとか、もっと遅くとか、注文がうるさい。二〇回近くもやって、やっとＯＫが出た。

ところが、ラッシュを見た山田監督が、首をひねった。

「だめだ。これでは、お客さんは、源ちゃんが転がっているほうを観てしまって、寅と歌子の話を聞かない。撮り直そう」

結局、その転がるシーンは、カットになった。新たに撮り直したシーンでは、源公は、土堤の遠くのほうで手を振って入るだけになった。

それでも、山田監督は、首を傾《かし》げた。

「やっぱり、源ちゃんに目がいってしまうなあ。蛾次郎は、インパクトが強すぎるなあ、目立ってしまう」

蛾次郎は、そう言われて、できるだけインパクトが強くでないように心がける。しかし、やっぱり目立ってしまう。

山田監督は、いつも蛾次郎に言った。

「芝居をするな、蛾次郎。自然にしろ。特に源ちゃんは、歯車がずれてる役なんだ。はっきり言うと、頭が悪い。でも、蛾次郎は、つい蛾次郎が出てしまう。そうじゃない。頭の悪い源ちゃんになりきれ。テレビの芝居をするな。ふつうにしてなさい」

しかし、そのふつうに演じることがむつかしい。

源公は、よく寅次郎のするドジなことを笑う。その笑いにも、山田監督は、注文をつける。

「そんな笑いは、ないだろう。ワーッというように笑わないよ。そんなときには、フッと吹き出すように笑うだろう。その笑いね、自然だよ。はい、もう一回」

魚が魚を演じるスゴさ

渥美は、『婦人公論』の昭和四十八年三月号で、寅次郎と狂気について興味深いことを語っている。

『寅さんって男、ボクに似てるかな。ウーン、ある、と思いますね。でも、あの通り全部じゃない。あの通りだと性格破たん者、生活破たん者だよね。だから、演《や》るとき、ギリギリの線で演っている。まあ、もし、ボクは役者という商売がなかったら、具合のワルイ人物になっていたと思うな。そう、寅さんみたいな。その、ヘンな自信みたいのものはある。だから、ぼくにとってウマイなりわいがあったということですよね。

狂って演ってますからね。あれは、やはり、ワンカット、ワンカット狂った状態に自分をもっていって演ってる。こう、熱気が伝わってくるでしょ。どこか、ほんまもんのところがある。またそれを出すためには、狂わなきゃ演れない。こう、年寄りがいろりばたに座って自分の来《こ》し方《かた》行《ゆ》く末《すえ》を、ゆっくりと語っているのとは違うんだ。ね、映画観てもわかるでしょ。寅がね〝エ、何か言った？〟〝エ、またおれのこと何か言ってたな〟なんてね、コンプレックスの入りまじった、それでいてオレは田舎者じゃない、〃こっちは町っコよウ〃という、あの狂ったような言葉のやりとり。芝居だけというダンドリじゃ、できないんだな。

池ン中に泳いでいるコイはね、たとえどんな不器用なコイでも、コイでなくちゃダメなんだ。モグラだったら、池ン中に長い間、漬《つ》けられてたらダメなんだよ。だから、やはりオレん中にも、車寅次郎の中にも、同じ魚類であるという、同性質な、逃げることのできないものがある。オレは、けして、鳥ではないモグラでもない、ジャポンと池につけられて初めて、ピラピラピラピラ泳いでいる魚なんだよね。けして、鳥が魚を演じてるんじゃないんだね。やはり、魚が魚を演じているという、スゴさはあるんじゃないかねえ』

吉永は、ロケ先で、渥美清のアフリカ紀行の話を聞いた。

「夜中にしょんべんをしようと外へ出てみると、星が、無数の星が、すぐ近くで瞬《また》いているんですよ。じーっと見上げていると、あんまりいっぱい星があって、思わず、身ぶるいしちゃってね……。流れ星が、幾つも幾つも落ちていった……」

目を瞑《つぶ》ると、吉永もアフリカの大地に立って夜空を見上げているような錯覚《さっかく》にとらわれる。旅をしたいという思いが、込み上げてきた。

「役者なんて定めのないもの。先のことはわかりませんよ。僕はひと月、ふた月先の仕事だって決めずに、のんびりしていたいんだよね。そんなとき、何かがふっとわかる気がするんです。気がするだけなんですが……」

もっと身軽になって、自由に生きてみたい。しかし、どうしたらその糸口を見つけることができるのか。吉永は次第に出口を探そうと、真剣に思い始めていたという。

岡田太郎《おかだたろう》との結婚

吉永と岡田太郎の出会いは、昭和四十一年四月に放送された、吉永が初のテレビドラマ出演をした『また逢う日まで』であった。岡田太郎は、フジテレビのプロデューサーであった。

当時、吉永は、「じゃがいものような男性が好き」と口にしていた。たとえば、俳優の宇野重吉のような〝味〟のある顔である。が、石坂浩二《いしざかこうじ》によると、吉永の夫である岡田太郎は、もっと鋭い顔つきをしている。

岡田は、総理府からテレビ業界に転身し、昭和三十三年にフジテレビに入社以来、ドラマの演出家として一時代を築いたやり手である。

石坂は、岡田の演出で、「女優」シリーズなどの作品に多数出演した。一緒に仕事をして、感じた。

〈岡田さんは、映像に対してものすごく鋭い人だ〉

普段は温厚な岡田が、本番になると急に顔つきが変わる。

岡田は、悩む吉永を励ました。

「声が出ないということは、病気なんだ。病気なのだから、ほんとうは治るまで休めば良いと思う。それができないのだったら、声がほとんど出なくても、とにかく一生懸命、あなたのできる限りの努力をしなさい。そうすれば、観る人にも、きっとあなたの気持ちが通じると思う」

吉永には、初めの頃は、一五歳年上の岡田はひどく年上の人にしか見えなかった。が、声を失った吉永を元気づけてくれたその一言を聞いて以来、吉永のなかで、彼に対する思いが大きく膨《ふく》らんでいったという。

吉永は、岡田太郎への思いについて『夢一途』にこう書いている。

『私は、積もり積もった精神的な疲労を取り除くために、彼をとり、過去を捨てようと決心しました。アイドルであった私、スターと呼ばれた自分を捨てて、もう一度人間としてのスタートラインに立ち、新しい一歩を踏み出す……。困難が待ち受けていることはわかっていましたが、それしか自分自身を立て直す方法は見つかりませんでした。

両親に反対され、結局、私は家を出ました。

言葉足らずの私は、親を説得する術《すべ》がなく、いちばん過激な行動をとってしまったのです。今から考えると、日々心に思っていたこと、疑問に感じていたことを、それ以前から親と話し合っていたら、こんな結果にはならなかったと思います。私の意志薄弱が招いた事態と言わざるを得ないのかもしれません。』

昭和四十八年の夏、吉永にとって新しい生活が始まった。吉永二八歳、岡田四三歳のときに結婚。一五歳も年上の男性と結婚したことに、世の「サユリスト」たちは嘆《なげ》いたものである。

吉永によると、母親の和枝は、岡田が一五歳も年上だったこと、離婚歴があることから、この結婚には大反対であった。

父親の芳之は、まだ聞く耳をもっていたようだったが、完全な〝かかあ天下〟という力関係から、和枝が「反対」だと言えば芳之は黙って従う雰囲気で、協力してもらえそうもなかったという。

吉永は、『夢一途』で新婚生活のとまどいと新鮮さについてふれている。

『もう長い間、私は身のまわりのことをしたことがありませんでした。事務所の女性たちは、私の台本をとり、化粧カバンを持ち、衣裳にアイロンをかけていました。家では、母親が私のために食事を作り、お手伝いさんは私の脱ぎ散らかしたドレスを片づけていました。

しかし、生活が変わって、私は食料品の買出しから料理、掃除、洗濯などいっさいを一人でやらなければならなくなりました。銀行へ行くのも、恥ずかしながら初めての経験でした。どこに行っても、何をしてもわからないことだらけでしたが、一方で、何もかもが私の目には新鮮に映りました。

仕事は一年間、完全に休むことにしたので、もう少しのんびりできるかと思いましたが、さにあらず、一人でてんてこ舞いをしているうちに、あっという間の半年が過ぎてしまいました。そして正月を迎えました。

「お雑煮《ぞうに》は、鶏《とり》のダシで、サトイモ、大根、小松菜などが入っているのが好きだ。お餅は焼いた後、よく煮てくれ」

そういう注文が出て、大晦日《おおみそか》からダシを取ったり、野菜を下ゆでして本番に備えました。

さて元旦の朝、餅を鍋に入れて煮込み、お椀《わん》に盛ろうとして鍋の蓋を開けると、たくさん入れたはずのダシ汁が、ほとんど無くなっていました。餅がみんな汁を吸ってしまったのです。やっとのことでお椀一杯に盛りつけました。しかし「おかわり」と言われた時には、もうどうすることもできず、仕方なく、焼いたお餅だけを食べてもらいました。

魚を焼けば、網にくっついて、お客にはとても出せないようなものが出来てしまうし、大根をおろしていて、熱が入り、自分の指をおろしたことさえありました。

そういう生活の中で、私は少しずつ精神的な疲れを癒《いや》すことができるようになり、声の調子も次第に回復していきました。』

『男はつらいよ』に再起用される

短い一年の休暇が過ぎ、吉永は、仕事を再開した。

岡田太郎は「女性は、結婚後も仕事を持つべきだと思う」と日頃話していた。子供の頃から仕事をしていた吉永にも、社会に出て働いていない自分というのは考えられなかった。しかし再び、コマネズミのように働きずくめで、人間らしい生活の時間をもてないような日々になるのは、いやであった。ゆっくり、のんびり、仕事しようと思った。結婚以前に決まっていたものを、大幅に遅らせてもらい、TBSのテレビドラマ『下町の女』に出演した。

昭和四十九年八月公開の一三作目の『男はつらいよ　寅次郎恋やつれ』にも、ふたたび歌子役でゲスト出演した。再起用を考えたのも、山田監督であった。渥美清演じる寅次郎と吉永演じる歌子をもう一度、共演させたかったのだという。

『柴又慕情』で、名もない陶芸家との歌子の結婚に強く反対する父親を必死で説得して、恋する女性のために一肌脱いだ寅次郎だったが、その歌子と島根《しまね》県津和野《つわの》で偶然に再会した。懐かしい思い出話に花を咲かせた。しかし、そこで歌子から思わぬ話を聞かされて寅次郎は愕然《がくぜん》とする。苦労の末に結ばれた夫とは早々に死に別れ、未亡人として婚家で姑らとともにつつましく生活をしているというのだ。

歌子は図書館に勤めながらひっそりと暮らしていたが、その姿に哀れみを感じた寅次郎は、歌子を元気付けるために、とらやに招待した。

歌子はとらやに下宿し、久しぶりに楽しい時間を過ごすようになった。が、歌子は伊豆大島《いずおおしま》にある心身障害児の施設で働くことになった。

新婚の吉永にとっては、ずいぶん皮肉な設定だと苦笑したという。

混乱の中で結婚し、慣れない家事に没頭し、すっかり所帯やつれした吉永が、ふたたびスクリーンに映し出され、われながら驚いたという。

『動乱』で高倉健と初共演

昭和五十五年一月十五日に公開された『動乱』は、吉永小百合と高倉健の初共演作品として話題を呼んだ。『動乱』は山田信夫《やまだのぶお》の脚本を森谷司郎《もりたにしろう》が監督した歴史ドラマで、五・一五事件から二・二六事件までを背景に、寡黙《かもく》な青年将校とその妻の愛を二部構成のスケールで描いた大作である。

吉永は、ふたたび映画への情熱をよみがえらせてくれる作品にめぐり逢《あ》えたことを喜んだ。

春夏秋冬、一年間を描く作品であるため、吉永も高倉も、一年まるまるこの映画のためだけに捧《ささ》げることになった。吉永にとって一年かけて映画を撮るというのは初めての経験で、三週間で一本撮っていた日活時代とは大違いである。

ロケは最初から稚内《わっかない》近くにある極寒のサロベツ原野でおこなわれる厳しいものであった。

吉永は高倉との初共演について『夢一途』で記している。

『この映画の撮影は、北海道の北の端、サロベツ原野で初日を迎え、私は長襦袢《ながじゅばん》一つ、しかも裸足《はだし》でカメラの前に立っていました。寒風が容赦《ようしゃ》なく襦袢の裾《すそ》をめくり、冷たい雪が私の頬《ほお》を打ちます。

不覚にも私は、その一週間前のスキー旅行で風邪をひいてしまったため、寒さがいっそう身に滲《し》みて耐えられずに、昼休みになると一目散にロケバスに駆け込みました。スタッフも次々とバスに入って来て、着ぶくれした身体をシートに沈め、温かいカレーライスを頬張りだしました。

ところが、原野にポツンと立っている人がいます。車に入って暖を取らず、立ったままカレーを食べている人――軍服に身を包んだ高倉さんでした。

何故、こんな厳しい寒さの中で、あんな所に……。私には、高倉さんの行動が理解できませんでした。少しでも暖まって、午後からの撮影に備えたほうが良いのではと、心配しました。

しかし、その夜、昼間とはガラッと変わり、リラックスして食卓前でスタッフと話されている高倉さんを目のあたりにして、私は気づいたのです。

高倉さんは、陸軍の将校になりきるために、身を切るような寒風の中、ずーっと立っておられたのだ。

役になりきる――気持を集中させる――。

俳優としての強い姿勢に、私は圧倒されました。

「あんたも風邪なんかひいてる場合ではない。気を引き締めてこの仕事に取りかからなければ、私のパワーについて来られませんよ」

高倉さんが時折、私に向けてくださる笑顔は、そう語っているようでした。

薫は、スクリーンでは久々に巡《めぐ》ってきた、私にとって愛《いと》しい女です。これから一年間、この薫とともに生きようと思い、北風が窓を打つ音を聞きながら、眠りに就きました。』

吉永は、高倉の俳優としての強い信念や、一つの役を自分の中で熟成させていく過程、映画俳優としての集中力などを学んでいった。

薫は、貧農の娘。借金のカタに売られ、苦界《くがい》に身を沈めていたところを、宮城に救われる。しかし、宮城は薫を形だけの妻として迎え、革命を企てる。薫は心から宮城を慕《した》い、黙ってついて行こうとするが、ある日、感情を一気に爆発させる。吉永は、静岡・浜岡《はまおか》砂

『動乱』(1980年)　監督／森谷司郎　共演／高倉健　©東映・シナノ企画

丘で撮ったこのシーンが好きであった。
宮城「一緒に東京へ帰ろう」
薫「東京に帰って、何があるんですか」
宮城「――――」
薫「（激しく泣いて）食事を作って、お掃除をして、夜が来たら独《ひと》りで眠って――、わたしの体は汚れているから、だから抱けないんですか？」
宮城「――――」
薫「（財布から小銭を摑《つか》んで突き出す――）このお金でわたしを買って――東京へ来いというなら、わたしを抱いて――」
薫、羽織を脱ぎかける。宮城、薫の頰を強く打つ。
海鳴り。
薫、慟哭《どうこく》する。
宮城大尉《たいい》の表情に、初めて人間的な弱々しさが浮かぶ。
宮城「――一緒に帰ってくれないか」
薫「――――」
宮城「そばにいてほしいんだ」
運命に流されてきた女が、初めて自分の気持ちを激しく表して、男に迫る。

吉永は、このシーンがあるから、女は生き生きとした人間に描かれ、二人の別れがより哀しくなると思った。気どりを捨て、思いきりいやらしく演技しようと思った。自分の過去をさらけ出して、男を苦しめ、決着をつけようとする女を、大胆に演じなければと思ったという。

しかし結果は、一途な女ごころは出たものの、苦界《くがい》に身を沈めていた女の、拭《ぬぐ》い去れない垢《あか》のようなものは、出せず仕舞いであったと思った。

〈まだまだ自分には、太地喜和子《たいちきわこ》さんに言われたような×《バツ》の芝居は出来ないのだ〉

吉永は、がっかりしたが、未熟な吉永の演技を高倉ががっちりと受け止めてくれ、印象的な場面にはなったという。

太地の言う×の芝居というのは、昭和五十三年公開の『皇帝のいない八月』の完成披露試写会後の夜の飲み会で出た太地の言葉であった。

「吉永さん、あなたはいつも○《マル》のお芝居をしているのね。今度の役もそう。でも、たまには、×のお芝居をしたほうがよくなくって？」

「×のお芝居？」

「つまりね、いい子のお芝居でなくって、悪い娘、ダメな女を演るのもおもしろいものよ」

六月三十日。その日は二・二六事件の主謀者として処刑される将校とその妻・薫の別れのシーンを撮影していたが、吉永にとって忘れられない日になった。

シーンと静まり返った夜の大泉撮影所。

吉永は『夢一途』にクライマックスシーンの撮影現場について記している。

『ただ一度の軽いテストが行われ、高倉さんと私は呼吸を計《はか》りました。その間、監督は眼鏡を光らせ、じーっと私たちの芝居を見据えていました。

森谷監督は、いつもドシッとカメラを据え、俳優に自由に芝居をさせてくださるのです。

控室で待っている間、私の気持はその日の大切なシーンをどう演じれば良いかわからず、迷い続けていました。しかしテストで、胸の奥深いところから出てくるような高倉さんの台詞を聞いているうち、すーっと心が透明になっていったのです。

「本番！」

力強い監督の声に、私は大きく深呼吸をして、無心で高倉さんを見上げました。

明日、処刑される夫のために、着物を縫ってきた妻は、静かに夫の肩に着物をかけ、しつけ糸を抜く。

夫は黙って、立っている。

妻は、やがて耐えきれなくなり、夫の足元で着物の裾を握りしめて、咽《むせ》び泣く。

夫はそっと妻を立たせる。

「私を許してほしい。君を妻にしたことを……。君を独りで残していくことを……、許してほしい」

高倉さんの瞳が、濡れていました。

私は、高倉さんの手をとり、万感《ばんかん》の思いを込めて私の唇を押し当てました。

「私は幸せでした。あなたの妻になって……」

高倉さんの胸の中に顔を埋め、泣きました。

「カット」の声は、私には聞こえませんでした。われを忘れ、いつまでも泣き続けていました。


長い、長いワンカットが終わりました。息を詰めて二人の芝居を見守っていたスタッフの間に、安堵感《あんどかん》が漂い、少しずつ空気が動きだし、話し声が聞かれ出した頃、私は、やっと薫からわれに返りました。

深夜の撮影所には、いつまでも今のシーンの余韻《よいん》が残り、誰ひとり、「お疲れさま」と言って去っていく人はいませんでした。みんなの気持ちが一つになって、この難しいシーンを撮り上げたのです。

忘れていた映画の醍醐味《だいごみ》が、熱く五体をおおい、私はそっと涙を拭《ぬぐ》いました。』

そうして寒い中、長い長いシーンを撮った。が、最終的には二・二六事件に関与した家族からのクレームにより、ほとんどがカットになってしまった。残念だがやむを得なかったという。

吉永は、撮影の合間に高倉といろいろな話をした。高倉は演劇論をぶつようなことはしないが、これまでに撮影した映画のエピソードなどを話してくれた。

吉永は、体力作りについて高倉に訊いた。

「腹筋は、一日に何回くらいしたらいいんでしょう?」

高倉が答えた。

「現状維持には、一日一〇〇回ですね」

その話を聞いて以来、吉永は一日一〇〇回の腹筋を日課とし、それは今現在も続けている。現状維持で一〇〇回なら、高倉はもっと回数をこなしていたのかもしれない。

『動乱』は、大ヒットした。吉永は、自分の映画が当たったことを、これほど喜んだことはないという。映画館の前に並んでいる人を見て、震えが止まらなかった。

吉永は、この映画に出演し、自分に言い聞かせた。

〈もう一度、映画の世界で地に足をつけて頑張ってみよう〉

生きざまがにじみ出す、俳優という仕事

日本映画界を代表する撮影監督のひとりである木村大作《きむらだいさく》は、吉永小百合の出演する多くの映画でキャメラマンを務めている。

木村が最初に撮影に携わった吉永の出演している映画は、『海峡』である。その後も、『華の乱』『天国の大罪』『霧の子午線《しごせん》』『時雨《しぐれ》の記《き》』『北のカナリアたち』に参加している。

木村は、俳優にとって重要なことは、世間でよく言われているような役になりきって演じるということではないと指摘する。そういったことよりも、俳優にとって、もっとも大切なことは、その俳優がどう生きているのか、だという。どんな役を演じたとしても、その人の日常や人生がにじみ出てくる。それを隠すことはできない。

木村は思う。

〈この二〇年くらいの小百合さんの日常が、小百合さんの出ている映画には表れている〉

木村は、高倉健の出演する映画も多く撮影している。その木村は、日本の映画界において、俳優の枠を超えて、一人の人間を撮っていると思えるのは、吉永小百合と高倉健の二人だけだと語る。

〈二人の映画を観に来る観客も、人間・吉永小百合、人間・高倉健のことを見たくて映画

館に来ている〉

木村によると、吉永は、撮影時に現場の状況、スタッフの雰囲気などに絶えず気を配っている。

そうしたことに気を配らない役者も多い。むしろ、関係ないという顔をしてすましている役者の方が多いくらいだ。が、吉永は違う。非常に神経を使い、スタッフに対しても、吉永小百合の映画を撮るために集まってきてもらっているという意識を欠かさない。その姿勢は、もちろん木村たちスタッフにも伝わってくる。そのためスタッフも、吉永に対しては、自然と敬意を払い、礼儀正しく接している。

また、木村大作によると、吉永は、映画づくりが非常に好きだという。映画女優として、映画という文化をものすごく大切にしている。その吉永の姿勢が木村たちスタッフにも伝わってくる。

〈小百合さんのためにも、いい映画にしなきゃ〉

木村も自然にそう思うようになり、いっそう気合いが入る。

『海峡』とジョギング

東宝創立五十周年記念作品として制作された『海峡』は、青函《せいかん》連絡船洞爺丸《とうやまる》事故から約三〇年にわたる青函トンネルの工事に執念を燃やす国鉄技師らの物語を描いた映画である。『八甲田山《はっこうださん》』や『日本沈没』の森谷司郎が監督を務め、キャストも非常に豪華であった。高倉健が主演を演じ、吉永は、三浦友和《みうらともかず》や森繁久彌らとともに出演している。

前作の『動乱』と同じ森谷監督で、高倉健と再びコンビを組めると聞いた吉永は、喜んで引き受けた。

昭和五十七年十月公開のこの映画は、本州から北海道まで開通した青函トンネルを掘り続けた男たちの物語である。吉永は、〝トンネルさん〟と呼ばれる高倉健演じる阿久津剛技師を慕い続ける牧村多恵を演じることになった。

多恵は、福井《ふくい》の旅館の女中をしていて、自分の不注意から火事を出してしまう。犠牲者が何人も出て、多恵は自分を責め、死のうと思いつめて竜飛岬《たっぴみさき》の断崖《だんがい》に立つ。阿久津がそれを目撃して、多恵を救い、岬の灯台に連れて来る。

「虫けらだって、みんな生きているんだ」

そう励まされて、多恵はうつろな世界から現実に戻り、ワーッと泣き伏《ふ》してしまう。

撮影は、昭和五十六年の十二月、青森《あおもり》県竜飛岬でスタートし、一ヶ月のロケののち、東京に戻り、セット撮影が始まった。

阿久津に命を救われた多恵は、もう一度生きてみようと思い始めて竜飛に住みつき、二五年間、ただの一度も好きだと言わずに阿久津を慕って生きる。作業中のトンネルには女は入れない。阿久津の心の中にも入り込めない。多恵は、それでも耐えて生きていく。

吉永の中で、そんな多恵がどうしても肉体化できず、悩んだという。

『海峡』の撮影は、青森県の北端の竜飛岬周辺でおこなわれた。撮影中は、竜飛岬にある民宿に宿泊した。高倉健演じる阿久津剛を、その妻で大谷直子《おおたになおこ》演じる佳代子が迎えに行くシーンがある。最初にそのカットを撮った。

そして、昼食になり、弁当と豚汁が支給された。このとき、木村は、空の様子を見て、別のシーンを先に撮影したほうが良いと思い、森谷監督に提案した。

「監督、こっちのシーンを先に撮りませんか」

森谷監督も、その提案を了承してくれた。

木村は、吉永に事情を説明することになった。

「すいません、こういうシーンがあるので、今日の天気だと先にこちらを撮りたいので、最初撮る予定だったシーンは後日にしてもいいですか」

すると吉永は、気さくにすぐに応じてくれた。

「わたしは大丈夫ですよ」

撮影のスケジュールが急に変更になった場合、なかには怒ったり、不機嫌になる女優もいる。が、吉永は、絶えずその作品全体のことを考えている。木村たちの事情を汲《く》み、了承したのだった。

そのシーンのロケ地へは、バスで移動しなくてはならない。木村は、スタッフたちにバスに乗るように指示をした。が、みな、豚汁が配られるのを待って動かない。このままでは撮影が遅れてしまう。

木村は、豚汁の鍋があるところまで行き、鍋を蹴っ飛ばした。鍋が転がり、中の汁や具がぶちまけられる。

木村はどなった。

「もうねえぞ。バスに乗って、移動中にメシ食え」

スタッフたちは、木村のその様子を見て、怒りながらも、バスに乗って移動。その結果、素晴らしい条件での撮影ができた。

木村によると、『海峡』の頃の吉永は、まだ三〇代だったこともあり、光り輝くような美しさだったという。

吉永演じる牧村多恵が自殺をこころみ、崖の上に立っているシーンがある。その崖の上は、風速七〇メートルくらいのすさまじい勢いの風が吹くところであった。だが、吉永は、むしろ高いところが好きなので、気にすることもなく、その先端に立っていた。

が、スタッフは気が気でない。もし一瞬でも強い風が吹いたら、何があるかわからない。そのため、スタッフは、吉永が強風に飛んでいかないように、地面に杭《くい》を打って、吉永にロープをくくりつけることにした。観客には、そのロープが見えないように撮影したつもりであった。が、木村によると、あとで画面を見たとき、そのロープが画面にチラッと映っていたという。

木村が語る。

「お客さんにはわからないと思うけど、クロウトが見れば、小百合さんにロープがついているのがわかるよ。そのくらい風が強かったんだから」

木村は、民宿の一部屋に、録音技師と照明技師と三人で宿泊した。その隣の部屋が吉永であった。撮影が天候などの理由で中止になったときに、部屋で他のスタッフと木村たちが談笑していた。すると、隣の吉永の部屋から三味線の音がよく聞こえてくることがあった。『海峡』には、三味線を弾くシーンはない。

吉永は、その後、三味線を弾くような役が来ることに備えて、稽古《けいこ》をしていたようだった。実際に吉永は、『海峡』の撮影の前と後の時期にNHKのドラマ『夢千代《ゆめちよ》日記』『続夢千代日記』で主演を務め、置屋《おきや》の女将《おかみ》の役を演じている。

また、『海峡』の撮影中に、あるとき、木村が撮影を終えて、夕方、宿舎に戻ってきた。そのとき、宿舎の民宿の二階の窓からなんとなく外の景色を見ていた。外には、雪がまだ残っていて、またさらに雪が降りそうな気配の天気であった。

木村がよく見ると、二人の男女が走っているのが見えた。どちらも、トレーニング用の運動着を着て、それぞれが別のコースを走っていた。

左側を走っているのは、主演の高倉健であった。

そして、少し離れたところを小さな女性が走っていた。なんと吉永小百合ではないか。

別に一緒に走っているわけではない。それぞれが少しの距離を置いて、黙々とトレーニングしているのがわかった。二人とも、プロ意識が高く、撮影の合間に、竜飛岬の寒さに慣れようと、ランニングをし、体力作りに励んでいたのだった。

木村は二人のひたむきな姿勢に感動した。

〈やっぱり、健さんも小百合さんも、プロ意識が徹底しているな〉

なお、吉永によると、この撮影中、高倉が毎朝早く走っているのを見て、彼女も走り始めたという。

吉永は、その後も、体を鍛えるために走っていた。が、住んでいる自宅が日本一空気が悪い場所であった。走ると、喉がゼーゼーして、風邪っぽくなる。

東京で走るのは難しいと思って、平成元年ごろから水泳に切り換えた。

気になった多恵の役柄

吉永は、多恵という役が難しくて、うまく演じられなかった。多恵が恋心を抱いている阿久津が二五年間もお酒を断って青函トンネルを掘っているんだから、阿久津を思う多恵も絶対にお酒を飲まないと思った。ところが、女同士二人でお酒を飲むシーンがあった。

吉永は、どうしてもそこが気になったので、森谷監督に言った。

「多恵は、お酒を飲まないのでは」

最終的には、「形だけ」ということでお酒を飲むシーンを撮った。が、吉永は、とても中途半端でうまくいかない。吉永は、森谷監督に頼んだ。

「すみません、もう一度お願いします」

「どうしたんだ、小百合ちゃん。なぜ⁉」

「うまくできなかったんです。ごめんなさい」

吉永の中に多恵がいないまま、無理に、形だけで演じたように思えた。首から上だけの演技だ。吉永はそんな自分の内面にぞっとして、思わず、監督のOKの声の後に声を上げていた。

吉永は、そのときの心境を『夢一途』に記している。

『本番中の熱気が失《う》せて、空気がさあっと冷ややかなものに変わっていき、森谷監督が睨《にら》むようにして私の前に立ちました。

ああっ、いけないことを言ってしまった——私の身体の中を、一瞬のうちに後悔の気持が突き抜けました。言わなければよかった……。

——本番というものは一回だけだ。何か不都合があったら、本番の途中でストップをか

けてくれ――森谷監督は日頃、厳しくスタッフに言っていました。（中略）

森谷監督は、どうしようかと迷っている様子で、じっと動こうとしません。

気まずい沈黙でした。私はもはや監督の顔を見ていることが出来ず、うつむいてしまいました。

「監督、もう一度行きましょう」

見るに見かねて、高倉さんが助け舟を出してくださり、森谷監督は口を尖《とが》らしたまま、二度目の本番に入りました。

みじめでした。プレッシャーが強くかかり、二度目はもっとギクシャクしてしまいました。撮り直してよかったと監督に思わせることが出来なかったどころか、それみたことかと思われたに違いありません。

無性に自分に腹が立ち、私はすごすごとスタジオをあとにしました。』

森繁久彌から学んだこと

吉永は、この撮影中、老齢だが腕利きの調査坑《ちょうさこう》を掘るトンネル屋である岸田源助役の森繁久彌から大きな勉強をしたという。森繁は、この過酷な撮影でどんなに疲れていても、率先してスタッフみんなと夕食をともにしていた。そして冗談を言って笑わせ、明日に明るさを残してくれた。映画づくりに和がいかに大切なものであるか、吉永にひしひしと感じさせてくれた。

芝居はどんなときでも何通りもの方法を持ち、まさに変幻自在だ。吉永は、初めて柔の芝居というものに触れることができた。三〇〇本近い映画の重い重い経験を見せつけられたのだ。

森谷監督は、一本気で、怒りんぼうであったが、心の温かい人物であった。陽気なお酒で、夜はいつも吉永たちを笑わせてくれた。

『海峡』のときには、実は、もう森谷監督の身体をガンが蝕《むしば》んでいたのかもしれないという。

吉永には、病室でベッドに身体を横たえ、「小百合ちゃん、よく来てくれた」と、手でゴシゴシ目のあたりをこすっていた森谷監督の最後の姿が、目に焼きついている。

森谷監督は、昭和五十九年十二月二日、逝去《せいきよ》した。五三歳の若さであった。

吉永は、森谷監督から映画への夢を授かった。吉永には、森谷監督の作品に「もう一度出演したかった……」という思いが強く残っている。

『夢千代日記』と松田優作との共演

吉永は、NHKのテレビドラマ『新夢千代日記』で、松田優作《まつだゆうさく》と共演することになった。夢千代は、広島の原爆での胎内被爆という宿命を背負いながらも、山陰のひなびた温泉町でひたむきに生きている芸者である。松田は、ウェルター級プロボクサーと明治の歌人・前田純孝《まえだすみたか》の二役であった。

その撮影直前に、松田がスタッフを殴ったという話が吉永の耳に入っていた。吉永は、さすがに松田との共演に戦々恐々としていた。

が、『新夢千代日記』の原作者であり、脚本も手がけていた早坂暁《はやさかあきら》が、吉永に言った。

「大丈夫だよ。彼は、小百合さんに対して暴れたりはしないよ」

撮影が始まってすぐ、衆議院議員選挙がおこなわれた。

昭和五十八年十二月におこなわれたこの衆院選で、吉永が親しくしていた作家の野坂昭如《のさかあきゆき》が新潟《にいがた》県三区に出馬し、政界の首領といわれていた田中角栄《たなかかくえい》に歯向かったのだ。吉永は、黙って見ておれず、野坂の応援演説に向かった。その応援演説がニュースとなった。

その次の日、『新夢千代日記』のリハーサルがおこなわれた。松田は吉永のところにやって来るや、大きな手を差し伸べ、握手をしながらにっこりした。

「選挙の応援、感動しました」

吉永は、うれしかった。

〈この方、わかってくださってるんだ〉

それから、松田とのコミュニケーションはよくなった。

『細雪《ささめゆき》』と市川崑《いちかわこん》監督のイズム

石坂浩二が初めて吉永小百合と共演をしたのは、昭和四十三年五月に放映されたTBSのテレビドラマ『はーいただいま』だった。まだ、カラー放映がお正月の一本だけ、という白黒時代のことである。このときの石坂は、吉永のボーイフレンド役。石坂の甘いマスクと清潔感は、吉永の相手役にぴったりであった。

映画の初共演は、吉永の松竹映画初出演作で、昭和四十五年公開の『風の慕情』である。このときすでにテレビドラマで共演していたふたりは、一緒に芝居をすることに慣れていたという。

昭和五十八年公開の『細雪』でも、石坂は、吉永と共演した。監督は市川崑、原作は谷《たに》崎潤一郎《ざきじゅんいちろう》の同名小説である。戦火がしのびよる日本で、徐々に没落《ぼつらく》していく大阪船場《せんば》の名家・蒔岡一族には、美しい四姉妹がいた。長女役が岸恵子、次女が佐久間良子《さくまよしこ》、三女が吉永小百合、四女が古手川祐子《こてがわゆうこ》である。

石坂は、次女（佐久間）の夫でありながら、三女の雪子（吉永）に思いを寄せる貞之助役を演じた。

吉永にとっては、九四本目の映画であった。

吉永は、最初に『細雪』のシナリオをもらったとき、自分の演じる三女の蒔岡雪子は、消極的な性格のうえ、台詞も少ない。全然、面白くないと思っていた。が、市川監督にやりましょうと強く薦められ、市川監督とは初めてでもあり、何事も経験だというので引き受けることにした。

市川監督は、『細雪』の冒頭シーンに、もっとも時間をかけた。場所は、桜咲く京都の嵯峨《さが》の料亭。四人姉妹がそろって食事をしている。その四人姉妹が紹介される。石坂も、そのシーンに登場する。

雪子役の吉永は、友禅《ゆうぜん》の水色の訪問着に、帯をきりりと胸高《むなだか》に締《し》め、スタジオに通った。

市川監督は、照明に凝《こ》りに凝った。

「外に桜の花が満開に咲いていて、その花びらの薄紅色が、障子と、四姉妹の顔に映えているように映したい」

が、色のついた照明を当てると、人間の顔が紫色に見えたり、畳が赤く見えたりする。

撮影後、ラッシュを見てはＮＧが繰り返された。吉永は、せっかく自分では雰囲気よく芝居ができたと思ったのに、撮り直しになり、がっくりしたこともあった。

きちんと正装して、一日中姿勢を崩さず、ひたすらスタジオの隅で出番を待っていたのに、助監督に言われた。

「すみません、今日はここまでにします。明日一番手で、雪子のアップから入りますから」

吉永は、さすがにプウッと頰をふくらませてしまったという。

さっそく、慣れぬ直接行動に出た。

「わたし、午前中はどうしても調子が出ないので、せめてアップは、二番手にしてください」

三〇分ほどして、助監督からの返事がきた。

「……お気持ちはわかるのですが、監督に言える人がいなくて……」

こんな些《さ》細《さい》なことを、わざわざ監督のところにまで行って直訴する勇気は、吉永にもない。

〈明日も被害者はわたしだが、仕方ない〉

なんとか気持ちを取り直して、撮影所をあとにした。

石坂も、忍耐強く監督がＯＫを出すのを待った。石坂は、映画に出演するときは、他の仕事は極力避ける。が、仕事のあとに仲間と飲みに行ったときなど、日常に戻る時間は当然ある。

巨匠といわれる監督は、一つのシーンにこだわったり、最低でも三ヶ月以上の撮影期間を設ける。その間、どれだけモチベーションを保ち続けられるかが、俳優の勝負どころとなる。結局、冒頭のシーンは、一ヶ月かかった。

石坂はこのとき、自分を戒《いまし》めた。

〈何度も同じシーンをやり直していると、台詞は寝ていても言えるようになる。どんなにNGが出ても、気の抜けた芝居をしてはならない〉

『細雪』には、吉永と石坂の、艶っぽいシーンもある。吉永が着替えをする。すぐそばには石坂がいる。いまにも石坂が抱きしめるのでは、という雰囲気になる。

佐久間が偶然、ふたりのやりとりを部屋の外から覗き見ている。佐久間はそのまま台所へ行き、燃え立つ嫉妬心を抑えるため、思わず台所の机の上に置いてあるキウイフルーツを握りつぶし、その実にかぶりつく……。

石坂の芝居は、臨機応変である。何回か演じていくうちに、何か掴めてくるものがあり、その後はパッと役に入り込める。ときに、入り込めるのが遅くて、七転八倒するときもある。

が、吉永の演技は、最初から見事だった。「朝が弱い」と言っているわりに、朝一番だろうが、深夜の撮影だろうが、まったく変わらぬ引き締まった芝居をする。

石坂は、吉永の様子を見て気づいた。

〈彼女は、撮影の前に、しっかりと役を作っているんだ〉

市川監督は、現場でいろいろ指示を出す。言ったことが変更になることも多い。そのため、役者があらかじめ役を作ってきても、まるきり無駄になってしまうことが多い。にもかかわらず、役作りをしてくる吉永は、もっとも市川の言葉に振り回される可能性が高い。にもかかわらず、吉永はサラッと言う。

「市川先生は、何でも教えてくださるから、前の晩に何もしないですむの。楽でいいわ」

たとえ役作りをしていても、それを決して口には出さない。石坂は、吉永の芝居への情熱と、芯の強さを強く感じた。

吉永は、このときは、原作を読んでも雪子という役がそれほどハッキリしないし、やってもあまり面白くないのではないかと思って逃げ気味だった。まあやってみようという気になって、でもやっぱり監督のイズムが最初はわからなかった。モザイクのようにワンカットワンカット撮影してはめ込んでいくので、俳優は何を撮られているのかよくわからないような部分があった。

山田洋次監督の場合は、もう最初から順番で、役者の芝居をメインに考える。でも市川監督は、役者の芝居よりは光とか影とか、とにかく映像を積み重ねることによって一つの作品を作っていく。

〈心は必要ないのか〉

そう思ったが、それは逆で、吉永たちに形で演じさせるのであった。

二ヶ月、三ヶ月と撮影が続けられ、市川監督のジグソーパズルを積み重ねるような細かいカット割りに、吉永も少しずつ慣れていった。

雪子は極端に口数が少なく、何を考えているのかわからないようなところをもった女だ。そのために、ほかの姉妹や義兄たちがしゃべるのを聞いているリアクションの芝居が多く、視線の微《かす》かな移動、唇の動きなどが要求された。

監督はいつもテストの前に、吉永のすぐ近くまで来て、吉永の目を見つめ、小さな声で細かい演技をつけてくれた。

「そこで、静かに肩を落として」

「まばたきなしで、じっと見つめてや」

ある日、ラッシュを観て吉永は驚いた。

雪子は、義理の兄（長女の夫）・辰雄の利己的な態度を非難し、なじる。辰雄は必死で自己を弁護しようとする。が、雪子は、辰雄を見据えて、蔑《さげす》むように唇をゆがめて笑う。ゆがんだ笑いは、映画の中で初めて吉永が見せたものであった。自分でも、ドキッとするほど、意地の悪い表情なのだ。どうしてこんな表情をつくれたのか、自分でも半信半疑のまま、試写室を出た。

「あなた、今の表情、凄みがあって、おもしろかったわよ」

長女役の岸惠子が、ポンと吉永の肩を叩いてくれた。吉永は、ニヤリとひとり笑いをしてしまった。

吉永は、のち昭和六十三年五月に公開された自身が主演した同じ市川崑監督の『つる―鶴―』のラッシュを観て、ショックを受けた。つるの足は細くなければならない。しかし、自分の肉づきのよいふくらはぎが、くっきりと映し出されている。着物の丈が三センチ短かったのだ。リハーサルで動いているうちに、ずり上がったのかもしれない。

吉永が共演していた樹木希林《ききききりん》にそう話したら、『細雪』を例に出し、説教された。

「『細雪』の中で、妹に爪《つめ》を切ってもらうシーンがとてもよかった。あなたの顔と足のアンバランスなところが魅力あったのよ。色っぽかった。バランスのとれた身体なんて、ちっとも魅力がない。だって人形じゃないの。つるだって、首が太くて、足が太いところがおもしろいのよ」

この励ましは、温かかったという。

吉永は、『細雪』が完成し、劇場の大きなスクリーンで試写を観たとき、市川監督の魔術にかかった自分をそこに見出した。今までの直接話法のような表現ではなく、蛇か猫のように、ぬめぬめとして揺れている女を演じている自分が、そこにいたのであった。

撮影中は、気に入らないことが多くて落ち込んだこともあったが、出来上がった作品の優雅さと、自分の雪子役にすっかり嬉しくなった。大きな出逢いであったという。

『天国の駅』と女優としての新たな挑戦

昭和四十三年公開の『年ごろ』で映画監督デビューし、『俺たちの荒野《こうや》』『神田川《かんだがわ》』など東宝青春物を重ね、昭和五十八年にフリーになった出目昌伸《でめまさのぶ》監督のもとに、映画プロデューサーの岡田裕介がやってきた。

「これ、ぼくが脚本を書いたんです。読んでみてください。この主人公を、吉永小百合さんでやりたいと思っています」

その脚本は、戦後初の女性死刑囚となった連続殺人犯の小林カウをモデルにしたものであった。金の亡者のカウは、食事も切り詰めた。身体の調子が悪くてもどしたとき、それもとっておいてふたたびおじやにして食べた。また、警察で取調べ中、机の下から手を伸ばして刑事の股間をまさぐったという。一事が万事、その調子であった。

出目監督は、あまりに奇想天外な企画に腰を抜かしそうになった。しかも、カウ役は吉永小百合だという。

「小百合さんに、そんな役をさせるの？　できないよ。それに、誰が本（脚本）を書くの」

「早坂暁さんです」

出目監督は、早坂暁の名前を聞くまでは、絶対に実現しない企画だと思っていた。

「ほう、早坂さんね。それなら、おれも、ちょっと考えてみよう」

いっぽう、吉永のもとには、最初、『ひとりぼっちの死刑台』という題名の企画書と、そのモデルとなる小林カウ死刑囚の資料が届いた。

読み終えた吉永は、まさしく開いた口がふさがらないというのが実感であった。

そこに書かれた女性像は、もはや吉永が理解できる、できないの範囲を大きく逸脱《いつだつ》していた。吉永は、さすがに尻込みをしてしまった。

それからしばらくして、早坂のシナリオ一〇枚が出目監督のもとに届いた。題名は『天国の駅』と変わり、主人公の小林カウの名は、林葉かよになっていた。林葉は、結城つむぎの美人織女として評判だったが、夫の栄三は下半身が麻痺《まひ》した傷痍《しょうい》軍人だった。初夜を迎えないままに出征し、不具になってしまった栄三は、なにかとかよに辛く当たった。

そんなかよに巡査の橋本が接近し、満たされない日々に悶々《もんもん》とするかよは、橋本と深い仲になる。妻の浮気を知った栄三は、狂ったようにかよを責め、かよは耐えかねて夫を毒殺。

だが、女の身体と金を手に入れた橋本はそれに満足することはなかった。貪欲に欲望を

『天国の駅』（1984年）　監督／出目昌伸　共演／西田敏行　©東映

満たすため、幸子という若い女を同居させる。

やがて、橋本の本質に気づいた女ふたりは、奇妙な連帯感から温泉郷で人生の再スタートを切る。が、執拗《しつよう》な橋本の出現が静かな温泉地での悲劇の連鎖を生んでいく。

美しさゆえに男たちの欲望に翻弄《ほんろう》されたヒロインが、打算や駆け引きのない純粋な愛情を見出すまでの切実な葛藤《かっとう》を描いていた。

吉永も早坂のシナリオを読んだ。死刑台に向かう直前のかよから書き出されていた。

『わたし、きれいですか』

口紅だけを引いたかよが訴える。

早坂ならではの温かみが滲《にじ》み出て、カウの資料を読んだときほどの嫌悪感はなく、むしろ殺人を犯してしまった者の哀しみが、吉永の胸に伝わってきた。

いっぽう吉永には、企画とは関係なく、東映のスタッフとまた仕事をしてみたいと思う心もあった。東映のスタッフはとても活気があって、吉永に日活の昔を思い出させてくれた。

早坂は、吉永と親しかった。出目監督は、早坂が吉永の女優としてさらなる飛躍を願い、あえて汚れ役を演じさせようと考えたのだろうと思った。吉永もまた、その思いを受け入れたのだろう。

出目監督は思った。

〈小百合さんは、いままで雨にも負けず、風にも負けず、太陽に向かってたくましく生きていく女性を演じてきた。四〇歳を迎えるにあたって、一つの転機と考えたのだろう〉

清純派脱却へ

撮影は、紅葉のシーンからクランクインした。

下半身麻痺の夫を演じる中村嘉葎雄《なかむらかつお》、津川雅彦《つがわまさひこ》をはじめ共演者たちは、これは面白い作品になりそうだと大変な入れ込みようで、吉永の方が逆に引っ張られる形で、撮影は進んでいった。

吉永は、この作品で初めて「ツキ」というものを意識した。

まず、いつもは遅くて有名な早坂脚本も、このときばかりは順調な速度で完成し、そのおかげで出目昌伸監督も満足な準備ができた。

舞台となる温泉地は、群馬《ぐんま》県四万《しま》温泉を中心に、静岡の修善寺、栃木《とちぎ》県塩原《しおばら》などを転々とした。そして継ぎはぎだらけだが、一九五〇年代の温泉地を見事に再現することができた。

「あのときばかりは、なぜかスムーズでしたね。自分でもよくわからないんですよ」

ある日、早坂は、笑いながら吉永に言った。

かよが、機《はた》を織りながら、ひそかに自慰をするシーンがある。吉永は、右手が利き腕だから、右手を使って始めた。が、カメラは、左側に据えられている。

出目監督は、より具体的に吉永に指示した。

「よく見えないので、左手でやってください」

吉永は、ためらうこともなく、あっさりと答えた。

「わかりました」

かよは、着物に左手を差し入れ、うっとりともだえはじめる。右足の指で、左足をせつなそうになぞることでよろこびを表現した。その秘めた自慰を、窓の外から三浦友和演じる巡査の橋本がのぞいていて、たまりかねて家に入り、かよを犯す。

出目監督は、懸命に演じる吉永を見て、思った。

〈あの清純派の小百合さんが、こんな激しいシーンを演じてくれるなんて思いもしなかった〉

出目監督は、この作品を通じて吉永の意外な一面を見た。吉永は、それまでの作品ではおしとやかな女性を演じてきた。出目監督は、吉永自身も、そのような人物だと思っていた。

しかし、実際の吉永は、乗馬、ゴルフ、スキーなどが趣味のスポーツウーマンであった。

吉永は、野球好きでもあった。その影響なのか、芝居がうまくいかないと、大きな声でアピールした。

「タイム！」

出目監督は、それまで多くの女優と仕事をしてきたが、たいていの女優は気分が乗らないとき、「ちょっと待ってください」と言って演技を中断する。「タイム」と言ってストップする女優は、吉永がはじめてであった。

出目監督が心配だったのは、かよの二人目の夫である旅館大和閣の主人の福見康治を演じる津川雅彦とのベッドシーンであった。出目監督は絵コンテを描いた。

東宝時代、脚本を読み、納得したにもかかわらず、いざ現場に入ると「そこまでは嫌だ」とごね始める女優がいた。それに懲《こ》りた出目監督は、ベッドシーンの撮影はすべて絵コンテを描き、どこまで肌が露出するかを事前に説明することにしていた。

ある夜、かよは福見に抱かれるが、まったく反応しない。不思議に思った福見が、その理由を訊いたところ、福見に不信感をおぼえていたかよは、別れを口にする。怒り狂った福見は、かよの首を絞める。かよは、その場を逃げ出そうとするが、ふすまの前で福見に摑まり、自慰行為を強要される。

かよは、必死で耐えようとするが、しだいに快楽をおぼえる。そのまま布団に寝かされ、後背位となり、かよが喘《あえ》ぎ声を上げるというシーンであった。

そのシーンの撮影の二日前、地方ロケの旅館で、出目監督は吉永に絵コンテを見せた。

「東京に帰ったら、撮影所で、こういうシーンがあるんだけど、小百合さん、やってくれますか? ぼくは、こういうカットを撮りたいと思っているんだけど……」

吉永は、出目監督の描いた絵コンテをじっくりと眺めた。

しばらくした後、顔を上げ、にっこりと微笑んだ。

「わたし、やります。わたしも、そういう歳ですから、全然ご心配なく」

出目監督は、ひとまずほっとした。

いよいよ、その撮影の日がやってきた。津川は情熱的な役者だ。演技はしだいにエスカレートしていった。が、吉永は、嫌がるそぶりを少しも見せずに、それに応えた。

出目監督が、もう一つ心配だったのは、かよが殺人を犯すシーンであった。西田敏行《にしだとしゆき》演じる知的な障害を持つ雑用係の田川一雄、通称ターボは、津川演じる福見に首を絞められ、殺されそうになる。

福見は、「かよに危害がかかる」とそそのかし、ターボに精神科病院に入院していた妻の辰江を殺させる。

福見は、次にターボが邪魔になりターボを殺そうとしたのだ。

福見からターボ殺しを手助けするよう命じられたかよは、とっさに火鉢《ひばち》から火箸《ひばし》を抜き、ターボではなく、福見の腹をブスリと刺すというシーンであった。

女優の殺人シーンは、どうしてもダンスを踊っているようになってしまう。鬼気迫るものが感じられない。ましてや、吉永は清純派で売ってきた。それまでの女優人生のなかで、おそらく殺人シーンは初めてではないだろうか。

しかし、出目監督の心配は杞憂《きゆう》に終わった。吉永の表情は鬼気迫るものがあった。

スタッフの一人が、息を呑んだ。

「凄い表情ですねぇ……」

出目監督は、その声を聞き思った。

〈おれだけでなく、みんながそう感じてくれたのだから、良かったんだ〉

殺人を犯したかよとターボは、警察の手から逃げ回る。

ターボを演じる西田敏行は、撮影直前に心臓を悪くして、出演はとても無理だといわれていた。

それなのに、吉永をおんぶするシーンがあった。吉永はいっぱい着ている。どんなに重かったかと思ったが、しかし、西田はそんなことは一切口に出さなかった。

ターボはかよに告白する。

「神様よりも、雪よりも、きれいだよ」

かよは、こういうターボこそ、本当の愛だと思う。焚《た》き火のシーンで、かよがターボに言う。

「わたしが好きだったら、抱いて」

かよに恋心を抱いていたターボは、かよの胸に飛び込む。

西田は、その撮影の前、感激していた。

「小百合さんと、こういうシーンが撮れるというのは、役者冥利《みようり》につきますよ」

西田敏行の涙

ロケ地では、西田敏行のひとり舞台であったという。昼はちょっと頭の弱いターボ役でみんなを笑わせ、夜は宴会係の独演といった具合だ。

撮影時には、スタッフもキャストも一緒に泊まって大広間で箱膳《はこぜん》で食事をしていた。食事が終わって、西田が当時流行っていた「夢芝居」の歌をユーモラスに歌った。吉永も西田の歌に合わせて、当てぶりで手ぬぐいを頭からかぶって西田の歌に合わせて踊った。西田のまわりを明るくするキャラクターもあり、とても楽しかったことを覚えている。

その、いつも笑っている西田が、一度だけ涙を見せたことがあった。

かよとターボは連続殺人を犯し、警察の手から逃げ回り、何かを求めてさまよう。そして山の頂にたどり着いたとき、山の向こうに幻の天国を見つけ出す。この重要なシーンは八ケ岳《やつがたけ》で撮影されたが、その日のスタッフは前日までの馬鹿騒ぎと打って変わって、全員、黙々と動いていた。

かよとターボが駅で捕まる。文字どおりのクライマックスシーンの撮影のときのことだ。そのシーンは雪が降っていることが望まれたが、その日の天気は晴れ。しかし決行することになった。そして吉永たち俳優は、準備ができるまで、宿で待機することになった。

吉永は、うまくできるかと緊張しながらも、一生懸命、精神統一を図っていた。しかし、待てど暮らせど迎えが来ない。だんだん日が暮れていき、吉永は気が気ではなくなり表に出てみると、運転手が黙って待っていた。

「あの……」

「準備できしだい、来てくれとのことです」

「どのくらい待たれてたのですか?」

「一時間あまりです」

「そのことを早く伝えてくださらなきゃ、わたしたちにはわからないじゃないですか」

吉永たちは、大急ぎで現場に向かった。

スタッフ全員、懸命に動いたが、あっという間に日没になり撮影不能となった。

何カットも撮り残して、落胆したスタッフは、吉永に白い目を向けている。

「わたしのせいじゃありません。わたしはずーっと待っていたんです」

吉永は堰《せき》を切ったように叫び、その場を立ち去った。

そして夜も眠れぬまま、次の日の朝になった。外はきれいな雪が絶えまなく降っていた。

スタッフ全員、昨日の重い雰囲気と打って変わって、歓喜とともに表へ飛び出した。昨日の分も撮り直して、本当に、きれいなシーンを撮ることができた。もし遅刻しなかったら、運転手が吉永を早く呼びに来ていたら、この雪はない。

吉永には、この作品がツイているとしか、考えようがなかった。

かよは虹を見つけて感激するのだが、当然のことながら実際に虹は出ていない。あとで編集で合成することになる。それゆえ、いったん「よーい、スタート」をかければ、その雰囲気になるまで「カット」の声はかけられない。出目監督とすれば、もっともいい表情の部分だけを使いたい。

このセリフのないシーンの撮影は、長時間におよんだ。

やがて、高揚してきた吉永は、実際には出ていない虹に感動し、涙をこぼし始めた。

いっぽう、知的障害者のターボは何もわからないので、ここで泣く必要はない。ところが、西田の頬にも涙が伝わっているではないか。吉永の迫真の演技に、つい引き込まれたのだ。

そんな西田の姿を見て、吉永の表情はさらに叙情的《じょじょうてき》になった。二人の芝居の息がぴったりと合ったのだ。

出目監督はようやく声をかけた。

「はい、カット！」

放心状態の西田は、出目監督に言った。

「あの吉永さんの芝居には、まいりました……」

スタッフの映画に対する姿勢は、西田にもひしひしと通じたようであった。

「映画の人ってすごいですね」

西田がひとり言のようにポツリと言った言葉が、吉永に聞こえてきた。西田は、それまでNHKの大河ドラマ『おんな太閤記《たいこうき》』で準主役を務めるなど、テレビ出演が主だった。

出目監督は心の中で思った。

〈監督冥利につきる〉

クランクインする前、出目監督は、はたして吉永がどこまで汚れ役を演じてくれるのか心配していた。が、いざ撮影に入ると、むしろ吉永の、新しい役柄の自分に挑戦しようという熱意に煽《あお》られたような感じであった。

早坂暁の脚本も、さすがであった。下手をすると吉永の清純ものになりかねない、という恐れもあったが、男たちの愛と欲望に翻弄されるかよが、打算や駆《か》け引《ひ》きのない純粋な愛情を見出すまでの切実な葛藤を描いた。吉永もまた思い切って演じてくれた。

完成試写後、出目監督は吉永に声をかけられた。

「監督、ちょっとよろしいですか」

二人は別室に移動した。吉永は遠慮がちに言った。

「死刑のシーンなんですが、再考をお願いできませんでしょうか」

吉永演じるかよは、絞首台《こうしゅだい》への階段をゆっくりと登る。刑事たちに見守られるなか、首に紐《ひも》をかけられる。童謡の「汽車ポッポ」を小声で口ずさみながら最期を迎える。その際、死刑執行に立ち会った一人が、般若心経《はんにゃしんぎょう》を唱える。吉永は、その音なり、カットの長さが気になるというのだ。主人公の死にウエイトを置いたほうがいいと主張するのは、当然のことであった。

じつは、出目監督にも迷いがあった。そのシーンの撮影前日の夜、出目監督は一人で大泉にある東映東京撮影所に出向いた。セットを確認するためである。ステージの薄暗い電気をつけると、すっかり完成した絞首台が眼に飛び込んできた。絞首台への階段数のこととも、死刑が確定してから実際に執行されるまでのプロセス（階段）の数でもあるともいわれている十三階段は、じつにリアルに作られていた。死刑台の真上には、円状の紐がぶら下がっている。

出目監督は、ぞっとした。

〈なんか、嫌だな〉

死刑囚といえども、かよを安らかに眠らせてあげたい。なんとか、まろやかに終わらすことができないものか。そんな鎮魂《ちんこん》の思いで、般若心経を唱えるシーンを撮影することにした。

しかし、さじ加減を失敗すると抹香臭《まっこうくさ》くなってしまうのではないか、という不安も確かにあった。

出目監督は、吉永の指摘に素直に応じた。

「ぼくも、迷っていたところなんです」

出目監督は、般若心経を唱える俳優の声を入れ直し、トーンを下げた。

吉永によると、監督は「わたしも迷っていたところです」とやさしく聞き入れたので、なんなくことは終わったが、自責の思いは今でも尾を引いているという。

俳優が編集にまで口を出すのは、どう考えても行き過ぎだ。しかし、節度を失わせるほど、そのときの吉永は、この作品に対してある責任のようなものを感じていた。

出目監督は、いま語る。

「試写の段階で編集的なことで感想を漏らす俳優はあまりいません。『これじゃ客が来ないから、こうしてくれ』と言うのは、会社の重役たちです。でも、このことについて、僕は小百合さんに対してなんとも思っていません。かえって、良かったなと思っています」

吉永にとって、主演の映画は九年ぶりのことであった。撮影の後半頃から、少しずつ責任感を自覚するようになった。

プレッシャーといったほうが当たっているかもしれない。そんな責任感から、吉永は宣伝キャンペーンにも積極的に協力し、全国、回れるだけ回った。そんなにキャンペーンで、あちこち行ったのも初めてであった。

この映画で、宣伝のためにも主題歌を吹き込んでみてはという話が持ち上がり、吉永は、声の不安を感じながらも、やってみる決心をした。若い頃は、映画の主題歌を中心に多くのレコードを出したものである。『寒い朝』に始まり、吉田正門下の一人として、歌手活動も精力的にこなしていた。

『いつでも夢を』『伊豆の踊子』『勇気あるもの』など一〇〇曲以上の歌を吹き込み、アルバムも二〇枚を数えた。

しかし、声が出なくなったとき、当然歌もうたえなくなった。演技をするよりもっと残酷に、歌のアルバムは閉じなければならなかった。

〈しかし、あれからもう一〇年経つ。ひょっとしたら……〉

吉永はそう思っていた。

今回は、吉永にとって、大ファンの井上陽水《いのうえようすい》が作曲してくれることになり、吉永は、大変乗り気であった。

井上に個人レッスンを受けているうちに井上の美声に、「やっぱりわたしではなく、彼のほうがずっといいのでは」と何回も落ち込んだが、そのつど井上の言葉に助けられて、持ち直していった。

レコーディングの日。吉永は、恥ずかしいほどアガってしまい、声の震えが止まらなかった。

何十回リテイクしたかも覚えていない。それでも最後にやっと多賀英典《たがひでのり》ディレクターのOKが出たときは、妙な満足感が吉永をおおっていた。

「夢さぐり―天国の駅」という題名にした。

悪乗り気味に、TBSのベストテンにも特別出演した。しかし突然、声の出が悪くなり、レコーディングのようなごまかしも効かず、ほんとうに焦《あせ》った。そして、そのとき、吉永は、劇中やむを得ない場合以外は、人前で歌うことはやめようと決心したのだった。

その甲斐もあってか、昭和五十九年六月に公開された『天国の駅』は、大ヒットした。

吉永には、林葉かよにわからないところが多くあった。それまで吉永の演じてきた女性像とは、あまりにもかけ離れた人物だったからかもしれないという。

吉永は、『天国の駅』のような悪女の路線は、年を重ねるとできないであろう、あの年だからこそ、できたものだと思う。

笑福亭鶴瓶との出会い

笑福亭鶴瓶が、吉永小百合と初めて共演するのは、平成二十年に公開される山田洋次監督作品の『母べえ』だが、鶴瓶が吉永と会ったのは、それよりかなり前のことになる。場所は、TBS系列の在阪放送局、毎日放送の食堂で、まだ鶴瓶が二〇代の頃であった。

当時、吉永は、TBS系列の日曜夜九時から放送されていた東芝日曜劇場に頻繁《ひんぱん》に主役で出演していた。その日は、毎日放送のスタジオで収録があったようだった。

そのとき、吉永は食堂で、テレビ局のスタッフたちに気さくにお茶を淹れていた。偶然、その食堂に収録の空き時間に立ち寄った鶴瓶にも、吉永は親切にお茶を淹れてくれた。

鶴瓶は、恐縮しながらも、吉永の淹れてくれたお茶を飲んだ。

鶴瓶は思った。

〈吉永小百合や。やっぱり、すごいきれいやなあ。夢やないやろうか〉

その後、鶴瓶が吉永に会ったのは、ラジオ番組でだった。ちょうど、吉永主演の映画『天国の駅』が公開される時期で、そのキャンペーンの一環として、鶴瓶がパーソナリティを務めるラジオ番組に、吉永がゲストで出演したのだった。

鶴瓶は、すでに『天国の駅』を観ていた。そのため、番組中に映画のラストシーンの再現を吉永に頼んだ。吉永は快諾してくれた。

鶴瓶は、吉永を追う刑事役の丹波哲郎《たんばてつろう》のセリフを言うことになった。鶴瓶は、自分なりに感情を込めて言った。

「どこまで行こうと思ってたんだね」

すると、吉永は、映画のそのシーンと同じように十分な間を空けて、

「天国です」

と応えてくれた。

もちろんラジオ番組なので、言葉だけで、ほんの一瞬のお芝居である。だが、吉永は、本気でそのシーンを再現してくれた。

鶴瓶は感動した。

〈なんだろう、吉永さんって。すごいなあ……〉

吉永は、『天国の駅』では、色気のあるすさまじいシーンも演じていた。鶴瓶は、もし、自分がもっと早く役者業にも取り組んでいれば、西田敏行の演じていた田川一雄、タ一ボ役を演じたかったという。

『おはん』と大女優たち

石坂浩二が『細雪』に続いて吉永と共演したのは、昭和五十九年十月公開の同じく市川崑監督の『おはん』である。生活力のない三二歳の夫・幸吉を陰で支える妻・おはん。幸吉は芸者のおかよと馴染《なじ》みになったことから、おはんは実家へ身を寄せ、幸吉はおかよと暮らし始める。

が、偶然再会したふたりは、また縒《よ》りを戻し、今度はおかよの目を盗み密会するようになる……。

吉永はおはん、石坂が幸吉、大原麗子《おおはられいこ》がおかよをそれぞれ好演している。

幸吉は、女性たちを翻弄しながらも、彼女たちに求められる魅力もそなえた男である。

石坂は、役どころの難しさに、原作者の宇野千代《うのちよ》に訊ねたことがある。

「先生、この幸吉という男は、どう演じたらいいでしょうか」

宇野は言った。

「わたしが知っている男に、そういうタイプがいたのよ。憎めない男なのよ」

それを聞いて石坂は、さらに困ってしまったという。

いっぽう吉永に対して、宇野千代は、きっぱりと言った。

「『おはん』は最高の小説です。自分のものも、ほかの方のも含めて、一番だと思っています」

宇野は、そう言い切って、吉永にニッコリ笑った。その笑顔は清々しく、吉永にはたまらなく魅力的であったという。

吉永は、おはんを耐えるだけの女ではなく、内面に強い意志を秘めた女として演じたいと、強く思うようになった。しかも、それが宇野千代のようにチャーミングになるように……。

吉永によると、市川監督は、この映画の中に文楽《ぶんらく》を巧《たく》みに取り入れたい意向のようであった。そして吉永は、おはんという女の深さをどう表現すればいいか悩んだ末、あたかもその文楽の人形のように、人形遣いである市川監督に動かされるままに、演技してみようと思った。意思をもたない、表情の動かない人形になることで、かえっておはんの深さを演じられるのではないかと感じたのであった。

情念の淵《ふち》で、たゆたっているおはん……。

「そこで微《かす》かに揺れて……」

「切なくヒイと泣いてほしいんや」

という監督の注文どおりに、動いた。

石坂によると「おはん」という女は、ただ健気《けなげ》なだけでなく、男の前で自分を作って見せるようなしたたかさも持ち合わせている。それを演じる吉永は、夫役の石坂の前で、匂《にお》うような色気を出してくる。

石坂は、吉永の艶のある演技を見て感心した。

〈吉永さんの中で、「おはん」という女が戦っている。あの色気は、その結果出てくるんだ〉

吉永は、市川監督を最初は難しい監督だと思ったが、その考えが変わってきた。

〈覚えてしまえばもう大丈夫。人形浄瑠璃《じょうるり》の遣《つか》い手が監督で、わたしは人形に徹《てっ》すれば、すごくうまくいく〉

いっぽう、おかよ役の大原麗子は、大原の生来の天真爛漫《てんしんらんまん》さをそのまま役に投入している。役作りをする必要がない。

石坂は、ふたりの対照的な性格の女優を見比べて思った。

〈なるほど。それでキャスティングも、こうなったのか〉

吉永は、プライベートを周囲にほとんど漏らすことがない。それは、昔から共演を重ねてきた石坂に対しても同様だった。

いっぽう、大原はおしゃべり好きで、言わなくてもいいようなことを口にしてしまったり、「食事に連れていって」と気軽に声をかけるタイプである。

『細雪』の撮影中、岸恵子は、石坂に、日本人とフランス人の違い、その中で苦労した経験や、最近の恋愛話などをしてくれたことがある。逆に、佐久間良子は寡黙《かもく》で、吉永タイプといえる。

石坂は、女優のタイプをこう見ている。

〈女優には、自分をオープンに出すタイプと、出さないタイプと、ふたつにはっきりと分かれている〉

ただし、吉永は芝居の話ならいくらでもする。だから、ふたりがよそよそしい関係である、というわけでもない。

素の吉永は、絶世の美女であり、大女優であり、やはり近寄りがたさはある。が、「おはん」を演じた吉永の色気は、逆に男が手を伸ばせばすぐに届くようなものだった。

『細雪』の中の岸惠子の持つ色気は、触れられない近寄りがたさがある。佐久間良子も、男が手を出せば拒絶されそうな色気だ。逆に、末っ子の古手川裕子は、芬々《ふんぷん》たる色気を発している。

『おはん』の吉永の色気は、むしろ女の脆《もろ》さであり、男を引っ張るのではなく、男にだまされていく。石坂は思う。

〈吉永さんは、映画全体をまずとらえてから、細部まで分析し、結果的に「思わず男に尽くしてしまう」というところにポイントを置いて演技したんだろう〉

吉永は、『おはん』で共演した大原麗子は、自分にはまったくないあでやかに跳ねるようなハイテンションなものを持っていると感じた。大原は、女の子の可愛さというか、華やかさとかそういうものをとても多く持っていた。

二人が対峙するシーンは、一回だけであった。石坂演じる生活力のない中年男の幸吉が倒れて、一度別れた吉永演じる妻おはんが看病する。そこに大原麗子演じる芸者のおかよがやってきて訴える。

「うちの人を、返してほしい」

おかよがオロオロする幸吉を連れて行ってしまう。

『おはん』では、石坂と吉永の濃厚なラブシーンもある。ラブシーンは、カメラアングルをあらかじめ決めておく。そのため、立ち回りと似ていて、演者は段取りを間違えてはいけない。『おはん』の場合は、カメラを一ヶ所に固定し、そこからカットなしで撮ることに決まった。

吉永と石坂は事前に、ラブシーンについて、ゼスチャー交じりで話し合った。

石坂が言う。

「ぼくは、ここでこうしますから」

吉永も、それに答える。

「あ、そうしてくださったら、わたしはこうします」

吉永は、ラブシーンの打ち合わせも、変に照れたりせず、「こうしてください」とハッキリ石坂に告げた。

石坂も、具体的なことを言ってくれるほうが、大いに助かると思った。女優から、「お好きなように」と言われるのが、一番困ってしまう。

撮影はうまくいった。ところが、すべて撮影し終わり、ラッシュの段階で、ラブシーンに問題が出た。吉永の衣擦《きぬず》れの音や、畳のこすれる音が大きすぎて、NGになってしまったのだ。ガサガサという雑音ばかりが目立っている。

吉永も、NGと聞いて、少し怒ったようだった。音の大きさなど、撮影直後にマイクロフォンで聞いて、それが使えるか使えないか、その日のうちに判断できるものである。撮影が無事終わり、ほっとしているところへNGが出たのでは、たまらない。

吉永と石坂の耳に、スタッフ同士の話から「アフレコ……」という言葉が漏れ聞こえてきた。

吉永は言った。

「アフレコなんて、絶対にできません」

石坂もうなずいた。

「これは、アフレコは無理でしょう」

台詞のアフレコは、気持ちがないと合わないものである。自分でどのように演じていたか、生理的にもう一度演じなければできるものではない。

結局、吉永の「もう一度、やりましょう」の一言で、撮り直しが決まった。

石坂は、吉永がいつまでも主役を張っていることに対して、芝居というものへの好奇心がまったく薄れていないためだと思っている。目線やちょっとしたしぐさなど、一つひとつを工夫することに慣れているから、それが苦労にならないのだろう。もし、歳を取ってから工夫しなければならないと、それは苦労になる。

石坂も、芝居が好きだ。最も楽しいのは、演技をする俳優たちを目の当たりにできることである。こんなすばらしい仕事は、ないと思う。石坂は台本を読みながら、いつも想像する。

〈この演技、あの女優さんはどんなふうに演じるんだろう〉

石坂は、自分が想像したとおりの演技を相手がすると、楽しく思う。逆に、「こんな演じ方もあるのか」と少し意外に思うような芝居を見せられるのも、また楽しい。

石坂は思う。

〈吉永さんは、もしかしたら、芝居をしている人の中にいて、さまざまな人の反応を見ているのが好きなのかもしれない〉

おはんは、幸吉に手紙を書き残す。

「ほんにわたしほど、仕合せのよいものはないやろうと思うてますゆえ、どうぞ何ごとも案じて下さりますな」

そして、町を去って行った。

町を去ったおはんは、鄙《ひな》びた田舎駅の停車場に一人たたずんでいる。山梨県の奥深く、JR身延《みのぶ》線の波高島《はだかじま》という小さな駅がロケ地に選ばれた。

美人画の竹久夢二《たけひさゆめじ》の絵にヒントを得て染めた着物で身を包み、青い傘を手に、吉永は、プラットホームのベンチに座った。

市川監督が、吉永に近づいて来て、吉永の目を覗き込み、小さな声でいつもどおり演技をつけてくれる。

「しばらくじっと一点を見ていて、それからふっと顔を上げ、仏さんのように微笑《わら》ってね」

仏のような微笑――。人形遣いから人形への難しい注文であった。

〈このときのおはんは、どんな心境だったのでしょうか。この笑いは、どんな意味をもつのでしょうか〉

吉永は人形だ。が、このときのおはんの気持ちを探らずにはいられなかった。

愛する子供を失い、夫との別れを決意して、たった一人でこれから生きていこうとするおはん……。

人生を諦めた寂しい笑いか、今までの人生に充分満足したという笑みかもしれない。

あるいは、恨《うら》み言のひとつも言わず、仕合せでしたと夫に文を送ることによって、夫の心を打ちのめした女の、報復の微笑だったとも吉永には思えた。

そんなとき、ほんとうに突然、吉永の中に宇野千代のあの微笑《びしょう》が出現した。吉永は、あの微笑をそっくり真似してみることにした。

仏のようにばかりでなく、ある意味での男への復讐の笑みであってほしい、と吉永は演じたつもりであった。そうでないと、おはんは浮かばれない。何も考えない、耐えるだけの女になってしまう。人形になったつもりで演じていたのに、最後はすっかり、おはんの支持者になっていた。いや、宇野千代の支持者になっていた。

それは吉永自身が独立して何年か経ち、少しずつでも自我のようなものが芽ばえてきた証《あかし》だったのかもしれないという。

石坂も、吉永演じるおはんが、誰もいない駅のホームで、ポツリとたたずんでいるそのシーンに吉永の演技の真骨頂を見た、と思った。

〈所在なげにたたずむこの芝居は、吉永さんの天性のものが基礎となり、さらに、いままでの女優としての経験を通して、磨きあげたものの上に、成り立っているのだ……〉

吉永は、『おはん』と『天国の駅』の演技によって、昭和五十九年度の第八回日本アカデミー賞で、最優秀主演女優賞を初受賞することになった。

第五章　映画女優　殻《から》を破るということ

原爆への関心

吉永が原爆詩を朗読することになった最初のきっかけは、広島の原爆症の青年とその恋人を描いた昭和四十一年公開の『愛と死の記録』であった。

それまでも日活では、今村昌平監督の作品や、『キューポラのある街』など、ときおり、社会派の映画を製作していた。が、『愛と死の記録』では、公開時にすでに戦後二一年も経っていたが、いろいろカットされてしまった。芦川いづみが顔にケロイドをもつ女性の役をやっていたが、「ケロイドが映るのは良くない」と言われたり、「原爆ドームが何回も出てくるのはどうか」と言われていた。それも、会社の上層部の発言であった。

吉永は、気持ちを込めて演じていたため、それらの反応がすごく残念で、撮影所の食堂のすぐ近くの芝生にみんなで座り込みみたいな真似をしたこともあった。

その後は、原爆症を発病した女性を描いた昭和五十六年のＮＨＫドラマ『夢千代日記』に出演した。

作家の早坂暁は、一五歳のときに海軍兵学校に入って半年後に終戦を迎えたが、被爆直後の広島の惨状を目の当たりにしていた。『夢千代日記』は、早坂のそのときの思いが詰まった作品である。

この『夢千代日記』の放送が終わったあとに、被団協（日本原水爆被害者団体協議会）の関係者から吉永に依頼があった。

「こんな詩があるんだけど、読んでほしい」

用意された二〇編くらいの中から、吉永は原民喜《はらたみき》の「永遠《とわ》のみどり」ほか六編を選び、昭和六十一年に渋谷の山手教会という小さな教会で朗読した。

「永遠のみどり」は、次のような詩だ。

『ヒロシマのデルタに
若葉うづまけ
死と焔の記憶に
よき祈よ　こもれ
とはのみどりを

とはのみどりを
ヒロシマのデルタに
青葉したたれ』

吉永は、詩を朗読しながら、自分自身がとても心を動かされた。

〈核兵器を二度と使わないようにという思いを伝えるには、いろいろな方法がある。一番いいのは直接的に語ることでしょうが、これだけのすばらしい詩があるわけだから、わたしは、俳優としてそれを読んでいきたい〉

吉永は、その後も広島の安田《やすだ》学園や東京ＹＭＣＡの集会などで、子供たちを相手に朗読を続けていった。

『映画女優』原節子《はらせつこ》と田中絹代

昭和六十一年三月十三日、吉永小百合は四一歳になった。

「永遠の処女」と謳《うた》われた『東京物語』などの名作に数多く出演している原節子は、四二歳で引退している。無言の引退と完璧な隠棲《いんせい》により、原はそのカリスマ的な美しさを観客の目に焼き付けたまま伝説の女優となった。

が、吉永は引退は考えなかった。原が生きた頃と現在は時代がちがう。たとえ吉永が引退したとしても、原のように表舞台から綺麗に姿を消すことはできず、どこにいても否応なしに目立ってしまうだろう。

〈それならば、身を隠すよりもスクリーンの上で自然に年を重ねていくほうがいいのではないか〉

それに、この頃の吉永は映画がより好きになっていた。引き際を考えるよりも、「今はやめたくない」という気持ちのほうがずっと強かった。

やはり名女優といわれる田中絹代に吉永が初めて会ったのは、昭和三十八年の日活の撮影所で、『光る海』のスタジオであった。田中の前で芝居をしていた吉永は、その小さな身体から滲《にじ》み出る貫禄《かんろく》にすっかり圧倒され、身体中が震えっぱなしであった。

小さな身体のはずの田中が、大きく大きく見えたことを、今でも覚えているという。

「吉永さん、わたしのお部屋にいらっしゃい」

ある日、吉永は、田中の控室に呼ばれた。田中の優しい笑顔に、吉永はいっそう緊張してしまった。

「あなたに、この鏡をさし上げます」

田中は、そう言って、キラキラと妖《あや》しく光るピンク色の手鏡をくれた。

二度目の共演は、NHKの大河ドラマ『縦ノ木は残った』であった。田中はテレビドラマには初めての出演であった。

田中は、原田甲斐の母に扮《ふん》し、両親を失った吉永演じる宇乃という娘を預かって、教育する。

田中が、NHKの若いディレクターに対して、

「先生、ここはどういたしましょう」

「先生、このセリフは？」

と話しかける。吉永はこのことに驚いた。

吉永は、田中のことを、いつも「田中先生」と呼んでいた。吉永ばかりではなかった。映画業界の人はすべて、彼女のことをそう呼んだ。

その「先生」が、三〇も年が若い人に向かって先生と……。どうしてそんなに謙虚になれるのか。当時、二四歳だった吉永は、不思議な思いがしたものであった。

吉永と田中絹代との三度目の仕事は、『女人平家』で、京都の撮影所でおこなわれた。

吉永は、平清盛《たいらのきよもり》の娘、田中絹代は、吉永のめのと（乳母）の役であった。

板の間にワラの円座が敷かれ、姫君役の吉永は、その上に着物を大きく広げて座った。しかし乳母には円座がない。ゴツゴツした板の間に、直《じか》に座るのだ。吉永は、申し訳なくて、姫なのにいつも肩をすぼめて座っていた。

そして、その頃の吉永は疲れきっていて、九時開始の撮影と言われて必死で起きても、

八時にしかスタジオに入れなかった。

田中は、『女人平家』の仕事の間、つねに七時過ぎには撮影所に入っていたようであった。

吉永が「おはようございます」とかすれた声で言いながらメイクアップ室に入って行くと、田中はいつもすっかり扮装《ふんそう》を終えて、ゆったりと腰をかけていた。吉永は、恐縮しっぱなしの毎日であった。

市川崑監督から『小説・田中絹代』を映画化したいという話をもらったのは、『おはん』が封切られた頃であった。

女優が女優を演じる、しかも歴史上の人物、古い時代の女優ではなく、現に吉永もよく知る田中絹代を演じる――。吉永には、はばかるものがあった。

田中は、人生すべてを映画女優として生きていた。

『楢山節考《ならやまぶしこう》』の老婆《ろうば》の役では、自分の差し歯を四本も抜いて演じた。

『サンダカン八番娼館・望郷』では、年老いた感じを出すため、撮影の間中、腕をゴムできつく縛り、血管を浮き上がらせたそうだ。

脳腫瘍の症状が進み、視力が衰えてきたとき、

「目が見えなくなっても、やれる役があるだろうか」

と、ベッドの上で気を揉んだと聞いている。気魄《きはく》の女《ひと》だ。吉永のように、人間として

も、女優としても、水の流れる如く生きている者とは、何もかも違っていた。

吉永は悩んでいた。

〈魔術師市川監督とは何本でも仕事を御一緒させていただきたい。でも、田中絹代さんは、わたしと違う——〉

心が揺れ動いている吉永に、市川監督は、けしかけた。

「あなたと僕とで、田中絹代でもない、吉永小百合でもない、一人の映画女優をつくってみようよ」

そのひと言で、やらないで後悔するより、当たって砕けてみようとヤケ気味の決心をした。

新藤兼人《しんどうかねと》が書いた『小説・田中絹代』を読み、あらためて思った。

〈いやー、やっぱりすごい方だ〉

劇中劇として用いられた『浪花女』では、田中は、溝口健二監督とものすごくぶつかり合いながら、素晴らしい作品を作っていた。

吉永は決意した。

〈じゃあ、わたしも市川監督にぶつかっていくような気持ちでやろう〉

『映画女優』というタイトルに決まった。

脚本中の田中絹代は、けものの匂《にお》いのする女として描かれていた。けものの匂い……、それは吉永の中にはみじんもない。どうやって、そういう感じを出したら良いのか、見当すらつかなかった。

そんなすごいものは、実際の田中絹代の気魄の向こう側にしか存在していない。せめて努力することしか吉永にはない。吉永の中のありったけの気魄を込めてこの役にぶつかっていった。

『映画女優』のなかで、絹代は、溝口がモデルの溝内監督と出逢い、しごかれ、対決し、大女優へと飛躍していく。

吉永も、絹代に倣《なら》って、撮影中、今回ばかりは市川監督と真剣勝負をした。この映画に賭《か》ける監督の気魄に負けまいと思った。『おはん』のときのように人形になるのではなく、挑むように監督の目を見つめ、食いついていった。

こよなく映画を愛する市川監督は、この映画の横糸として日本映画史を織り込んだ。そのおかげで吉永は、映画の先輩たちが辿《たど》って来た道と日本の名画の数々を、資料や参考試写を通じて初めて知ることができた。ほんとうの映画人魂のようなものに触れ、映画への熱い思いが今までにも増して、吉永の中で燃え上がるようになった。

この映画に出演するまで吉永は、原節子の道を選ぶか、田中絹代のような生き方をすべきなのかと絶えず迷っていた。

美しいまま、若い頃のイメージを大切にして引退する――原節子が引退したのは四二歳であった。

田中絹代は、残酷なまでに老いをさらけ出し、六七歳の最後まで映画女優として見事に生きた。

『映画女優』は、昭和六十二年一月十七日に公開された。吉永は、街の映画館に七回も通ってこの映画を観た。観客の一人として、その画面に映る映画女優の自分を見つめ、それから先の行方《ゆくえ》のわからない道を、身の引き締まる思いの中で考えていた。

〈とにかく今、引退を考えることは止めよう。幾つになっても、女にはその年なりの魅力があるはず。難しいけれど、この先も女優として歩いて行こう。そして『映画女優』として一生を終えたい。田中絹代さんのように壮絶には生きられそうにはないけれど……。けものの匂いは漂いそうにないけれど……〉

深作欣二《ふかさくきんじ》監督と松田優作

吉永が与謝野晶子《よさのあきこ》を演じる主演映画『華の乱』は、昭和六十三年十月に公開された。大正末の東京を舞台にした物語は、永畑道子《ながはたみちこ》の『華の乱』と『夢のかけ橋』を下敷きにした文芸ロマンの趣《おもむき》。与謝野晶子のほか、夫の鉄幹《てっかん》（緒形拳《おがたけん》）、作家の有島武郎《ありしまたけお》（松田優作）、雑誌記者の波多野秋子《はたのあきこ》（池上季実子《いけがみきみこ》）、大杉栄《おおすぎさかえ》（風間杜夫《かざまもりお》）、島村抱月《しまむらほうげつ》（蟹江敬三)、松井須磨子《まついすまこ》（松坂慶子《まつざかけいこ》）……と実在の人物が次々に登場する。

中学時代から晶子や鉄幹を愛読してきたという深作欣二監督は、クランクインの一年前から関係の文献を読みあさり、撮影に備えるという万全の態勢。すっかり大正づいていた。

「晶子と有島の秘められた愛が主軸となりますが、わたしが狙っているのは、魅力的な人物を輩出した大正という時代、人々が懸命に生きた時代を描くことにあります。虚々実々《きょきょじつじつ》の大正グラフィティと言いましょうか」

吉永もまた、以前から大正時代に興味を抱いていた。日活時代に瀬戸内晴美《せとうちはるみ》著の『美は乱調にあり』を原作とする大杉栄の妻の伊藤野枝《いとうのえ》を演じる話があったし、晶子の歌集『みだれ髪』も大好きであった。女性が新しい生き方をしようとした時代に、あこがれを抱いていた。

晶子については、「奥の深い人でわたしが演じるなんておこがましい」と言いつつ、「一一人の子供を育て、気ままな夫に尽くし、なおかつ自分の仕事を成し遂げて新しい恋もする、そんな女としてのたくましさ、骨太さをどう出すかが勝負」とやる気十分であった。『映画女優』の田中絹代から『つる―鶴―』を経て、再び実在の晶子へ。吉永は、史実にあまりこだわることなく自分の晶子を造形したいと思った。

その点は深作監督も同様で、「母親から女へ変身する瞬間のダイナミックな爆発をいかにして引き出すか、それがわたしの課題」と言う。

吉永は、深作監督の映画をあまり観ていなかった。『火宅《かたく》の人』や『蒲田《かまた》行進曲』などは観たことがある。素晴らしい感性を持っていて、映画を面白くするテクニックも卓越《たくえつ》していると思っていた。

吉永は、まわりの人たちから、深作監督の評判を耳にしていた。

「深作組の撮影は、深夜まで時間がかかって大変だ」

『華の乱』の最初の撮影のシーンは、吉永演じる晶子が真夜中、歌の師であり、妻のある緒形拳演じる与謝野鉄幹のもとに、恋しさのあまり桜吹雪の下を、人力車で駆けつけるシーンだった。

三月に撮影を開始する予定だったが、桜の咲く時期を待ち、四月の始め頃に桜吹雪のなかを走っていくことになった。

ところが、いざ撮影が始まると、どんどん時間が押していく。夜の十二時近くになってしまう。

吉永は、前もって深作監督に伝えていた。

「妙齢ですし、夜の一二時をまわると、ちょっと辛いので」

だが、深作監督は、いっそうボルテージが上がったような口調で言う。

「吉永さん、こんな楽しいことやってるんだ。もっと遅くまでやりましょう」

吉永は、深作監督にそこまで言われたなら仕方がないと思い、真夜中まで懸命に演じた。

深作監督は、しょっちゅう「これじゃないんじゃないか」と、何度もポジションを変えて撮る。吉永は、そういう姿に深作の監督としての執念を感じた。

吉永は、書斎でぼんやりとたばこを吸う冒頭のシーンでは、撮影の数日前から薬用たばこで練習を重ねて本番に備えた。

前にも触れたが、有島武郎役の松田優作は、テレビドラマの撮影時に暴力事件を起こしたことがあり、気難しい一面を持っていることで有名であった。この映画でキャメラマンを務めた木村大作によると、その松田優作も、吉永の前では、気をつけの姿勢であった。

木村は、松田が俳優というよりも、人間・吉永小百合に対して敬意を払っているような印象を受けた。

『華の乱』では、丘の上で、夕日をバックに馬の側で吉永と松田が抱擁するシーンがある。木村によると、北海道ロケで撮影されたこのシーンは、雲のいい状態を撮影するために八日間もかけて、一六カットも撮ったという。

このとき、木村は夕方になるたびに、松田優作に断りを入れた。

「前に撮ったカット以上に凄い綺麗なカットが撮れるかもしれないから、またよろしくお願いします」

すると、松田はユーモアを交えて言った。

「大作さん、気にしないでください。僕は毎日吉永さんとキッスができるから、こんなうれしいことはないですよ」

そう言って、松田がニヤッと笑ったのが、実に印象的であったという。連日の撮影の甲斐もあり、このシーンは、綺麗な夕焼け雲をバックに二人が抱き合う素晴らしいシーンとなった。

吉永も、もう二度と叶《かな》うことのない夢の共演だったと振り返っている。

北海道ロケで、晶子に扮する吉永が得意の乗馬を披露した。

ロケ現場となったのは、羊蹄山《ようていざん》をのぞむニセコの花園牧場。物語の後半、鉄幹との生活に行き詰まった晶子が、松田優作演じる作家の有島武郎を北海道まで追い掛け、命を燃焼させる。史実にはないが、晶子の切羽詰まった心境を語る重要な場面だ。

松田と並んで、優雅な〝横鞍《くら》乗り〟を見せた吉永は、白い帽子にロングスカートというスタイル。馬に跨《またが》らないで、両足を片側に置き、横向きに乗るのだ。

が、すべてに完璧を求める深作監督と松田優作だけに、吉永には相当なプレッシャーがかかった。

吉永が早稲田大学の馬術部をやめて一五年後、馬術部時代のキャプテンが北海道の大自然の中に競走馬の牧場をつくり、乗馬のための施設もあった。

吉永は、休暇をとって、毎年のように馬に乗りに行った。日高《ひだか》の丘や海辺で馬を駆った。広く美しい大地や白樺林の中を走った。下手だけど気持ちだけは馬と一体になり、懸命に先輩についていった。

吉永と松田優作の二人は、大きな川の浅瀬を馬で走ることになった。川底には石がたくさんある。

〈馬が足を滑《すべ》らせたら、どうしよう〉

しかし、やるしかない。トントントンと速歩で進むと、思いのほかリズムよく走らせることができた。吉永は、映画の一シーンなのに、松田優作との乗馬に幸せを強く感じたという。

さすが乗馬歴二三年のベテランである。速度を上げても姿勢が崩れない。

「やっぱり北海道で走ると快適ですね」

余裕を見せて言った。

「世間に逆らっても自分の生き方を貫いた晶子に共感を覚えます。彼女のたくましさ、強さを自然体で出せたら……」と、すっかり晶子になりきっていた。

ニセコには温泉があった。吉永は、松田優作が風呂に長く入っていたという話を聞いて、のちに思った。

〈もしかしたら、ご病気のことがあって、そうやって体を温めていらしたんじゃないかし

ら〉

あとでわかったことだが、松田はこの撮影のころから尿が出なくなり、腹がパンパンに張っていたという。

ある日の夕方、京都市内のロケを終えてから、深作監督は疲れを知らぬかのように、みんなに呼びかけた。

「さぁ、これから、セットで撮ろう」

吉永は、まったく休みがないので、深作監督に言った。

「今晩ぐらいはのんびりしましょう」

その晩、吉永は、深作監督、木村大作、松田優作との四人で京都のクラブに酒を飲みに出かけた。深作監督は上機嫌で、吉永とジルバを踊った。吉永も、あまり上手ではないが、深作監督もそんなに完璧ではなかった。

吉永が深作監督と一緒に酒を飲んだりしたのはそのときだけであった。

『華の乱』は、深作、優作、大作というひときわ個性の強い「三作」が集まっており、最後まで何事も起こらずにすむか……と危惧《きぐ》されていた。が、「三作」は最後は意気投合し、クランクアップに漕《こ》ぎつけた。

大変な撮影であったが、吉永は感動した。

〈個性的な俳優がたくさん出ているけど、監督のきちっとした思いや骨組みがあるから、

しっかりとまとめられ、見応えのある映画に出来上がった〉

ただ、吉永は、何ヶ月も夜遅くまで出ずっぱりで、さすがに疲れ切っていた。

〈深作監督との仕事は、もうこれっきりでいいわ〉

深作監督は、平成十五年一月十二日、亡くなった。

その後、吉永はしみじみと思った。

〈やはり、深作監督ともう一本やっておけばよかった……〉

吉永は、松田優作とは、完成披露のあとに、六本木のバーで酒を酌《く》み交わした。

「また、一緒に演りましょうね」

話は盛り上がった。

だが、その日の別れが、吉永にとって松田優作との永遠の別れとなった。

松田は『華の乱』公開後、アメリカ映画『ブラック・レイン』にも出演し、念願のハリウッドデビューを飾った。この映画の撮影時に自分が癌《がん》に冒されていることを知るが、延命治療を拒《こば》み、出演しつづけていたという。

松田は、平成元年十一月六日、膀胱癌《ぼうこうがん》で死んだ。四〇歳の若さであった。

吉永は、松田の死をしのびながら思った。

〈もしも、優作さんが生きていらしたら、何本もご一緒したかった。優作さんとなら、もうちょっと乱れちゃうような役もできたんじゃないかしら……〉

『天国の大罪』とオマー・シャリフ

平成四年一月十四日、東映の岡田裕介プロデューサーは、吉永小百合の一〇三作目の主演映画『天国の大罪』を、この年の秋に公開することを発表した。

舛田利雄監督が、吉永主演の映画のメガホンをとるのは、昭和四十三年公開の『あゝひめゆりの塔』から二〇数年ぶりとなった。

吉永は、麻薬シンジケートと対決する女検事・衣畑遼子に扮する。が、捜査のミスで弁護士に転じ、松方弘樹演じる検事時代の上司との不倫の子を出産する。

ところが、その赤ん坊が誘拐される。子どもを助けるために、チャイニーズ・マフィアのボスに依頼し、それをきっかけに二人は愛人関係となる。不倫、妊娠、出産、本格アクションなど初の役柄に挑む。これまでの清楚《せいそ》なイメージとは大きく違う内容であった。

舛田監督は思った。

〈小百合ちゃんは、この作品で自分の殻を破ろうとしているのだろう〉

チャイニーズ・マフィアのボス蔡文華は、『アラビアのロレンス』『ドクトル・ジバゴ』など数多くの大作に出演した国際的大スターのオマー・シャリフに決まった。

シャリフはエジプト人だが、七ヶ国語が話せた。吉永演じる女検事・衣畑遼子は、シャリフと英語で話し合う。吉永は、この映画のために、英語の先生について学んだ。中途半端なことは嫌いなのだ。半端な英語では、シャリフに失礼だと思ったのであろう。

舛田監督は、シャリフに吉永を紹介した。

「彼女は、かってアイドルでもあった」

シャリフは、眼を細めて言った。

「わたしの妻も若い頃は、エジプトで吉永さんと同じようにアイドルでした」

そして、満足げに続けた。

「想像していた以上にかわいい。日本人形のよう。英語もパーフェクトで、いい映画ができるよ」

吉永は、クランクイン前の記者会見で語った。

「今までの自分の役柄とはちがう。いいことにも悪いことにも、とにかく一途な女性。女としての振幅の広さを演じたい。歳が違いすぎて恥ずかしいのですが、『羊たちの沈黙』のジョディ・フォスターのような感じが出せたらいいなと思います」

松方弘樹は、『天国の大罪』で吉永小百合と共演することになった。

昭和三十五年、高校三年生のときに東映に入社し、『十七歳の逆襲　暴力をぶっ潰せ』でデビューした松方は、このとき、すでに三二年ものキャリアがあった。が、意外にも、吉永小百合と映画で共演するのは、これが初めてのことであった。

脚本に眼を通した松方は、うなった。

〈小百合ちゃん、こんなシーンもやるんだ。世の中、変わったなぁ〉

吉永は、不倫、妊娠、出産、麻薬シンジケートのボスとの同棲、アクションなど、これまでの清楚なイメージとは大きく違った役柄の女検事を演じるのだ。

しかも、映画は、松方が演じる不倫相手の上司・田辺邦夫とのベッドシーンで始まる。

松方には、吉永の意気込みが感じられた。

映画がクランクインする前、松方のもとに吉永から直筆の手紙が届いた。

『撮影ではいろいろと大変なことがあると思いますが、お手柔らかに、よろしくお願いいたします』

吉永は、年齢こそ松方より三歳年下ではあるが、昭和三十四年に映画デビューした。キャリアは、松方とほぼ同じである。おたがいに長いこと俳優をやっているが、今回、初めて共演することになったので、そのあいさつの手紙だと松方は受け止めた。

〈ずいぶんと丁寧なひとだ〉

クランクインする前、共演者からこのような手紙をもらうのはめずらしかった。そのようなことをするのは、松方の記憶では、高倉健だけであった。

六月十日、クランクインした。

映画の冒頭のラブシーンを撮影することになった。女検事役の吉永が、一〇年間愛人関係にある妻子ある上司役の松方との濃厚なベッドシーンを、なんと約三分にもわたって演じるのだ。

松方は、これまで十朱幸代や名取裕子《なとりゆうこ》など数多くの女優とベッドシーンを演じてきた。相手が誰であれ、おたがいにその役柄になりきり、監督の演出どおりに演じるのが役者の仕事だ。その際、長い間、女優の肌をさらさぬようガードしてあげるのも男優の務めであり、礼儀だと思っている。

吉永とのベッドシーンも、これまでと変わらず、淡々と演じた。吉永だからといって特別な思いで撮影に臨んだわけではなかった。

日焼けした松方とは対照的に、吉永の白い肌が徐々にピンク色に染まっていく迫真の演技であった。

吉永は、恥ずかしがることもなく、ベッドシーンを撮り終えた。

かえって舛田監督のほうが、遠慮しいしい、「小百合ちゃん、いい、このくらいは」と確認するほどであった。

ベッドシーンの後、衣畑遼子は、ベッドの中で妊娠を打ち明ける。が、上司は、「堕ろしてくれよ」と迫る。彼女は、「いや……」と拒否して背を向ける。

彼女は、帰り支度する上司に言葉を投げつける。

「帰ったら、これから奥さんともするのね」

彼女はウイスキーをラッパ飲みする。

吉永は、この撮影について語っている。

「一〇年間、愛人関係にあった男性とのラブシーン、と言われて難しかったです。松方さんとは初共演で、まだクランクインしたばかりのころだったので緊張しました」

吉永が、ハイヒールで男性自身を蹴飛ばすシーンもある。

撮影中、舛田監督はしょっちゅう吉永と話し合った。お茶目で笑い上戸、そして、誰に対しても決して偉ぶらないところは、昔とまったく変わっていなかった。

舛田監督は、日活時代から吉永のことを「小百合ちゃん」と呼んでいた。が、あるとき、撮影スタッフが「小百合さん」と呼んでいたのにつられ、舛田監督もつい「小百合さん」と声をかけた。

休憩中、吉永のマネージャーが舛田のところに飛んできた。

「吉永が『監督さんから、小百合さん、と言われるのはくすぐったいので、やめてください』と言っております。いつものように、ちゃんづけでお願いできますか」

麻薬シンジケートのボス役を演じたオマー・シャリフは、『アラビアのロレンス』など数多くの大作に出演した名優である。

七ヶ国語を自由に操るが、日本語は学んでいない。会話はできないが、できるだけ監督の意図を理解しようと通訳を通じて熱心に確認したり、「おれは、ここに立つけど、ヒロキは、大丈夫か」といった気遣いも見せた。

シャリフは、口癖のように松方に言っていた。

「おれは、ハリウッドは嫌いだ。今度、生まれてくるならインドがいい。インドは、年間、八〇〇本の映画を撮っているからな。今度は、インドで映画スターになる」

エジプト人のシャリフは、ユダヤ資本のハリウッド映画に抵抗があるらしい。それに、ハリウッド映画に七、八本出演し、ギャラの額も上がったが、アメリカに滞在中、女性問題でずいぶんと痛い思いをしたようであった。

撮影の合間、松方は、吉永、シャリフ、岡田裕介プロデューサーらと池袋《いけぶくろ》の中華料理屋で食事をともにした。この日の食事会は、シャリフの接待という意味もあった。

ところが、この店の料理はお世辞にも旨いとはいえなかった。

松方は、内心思った。

〈いまいちだな〉

しかし、シャリフは上機嫌で舌鼓《したつづみ》を打った。

松方は意外な気がした。

〈世界の名優が、こんなものをおいしいといって食べるのか〉

松方は岡田の顔をちらりと見た。岡田も、松方と同じ思いなのか、苦笑している。

次に、吉永に眼を向けた。吉永も、やはり同じ思いなのか、下を向いたまま黙々と食べている。

松方は、あらためて思った。

〈やはり、日本人の味覚は優れているんだな〉

撮影の間、共演者で何度か食事をした。

ただし、吉永も、シャリフも、岡田も、あまり酒は飲まない。ワインをたしなむ程度だ。松方は酒豪《しゅごう》だが、場の雰囲気を壊さぬよう、あまり飲まずに付き合った。

松方は、撮影の休憩中、スタッフに食べてもらおうと、京都で有名なステーキハウス「ゆたか」のカツサンドを差し入れた。撮影現場は東京の大泉撮影所なので、京都からわざわざ取り寄せた。

スタッフの話では、吉永はその味がとても気に入ったらしい。

「こんなにおいしいカツサンド、食べたことがないわ。半分、旦那に持って帰ろう」

そう言って、撮影終了後、大事そうに持って帰ったという。

この映画でキャメラマンを務めた木村大作は、撮影中、オマー・シャリフと衝突したことがあった。

オマー・シャリフは、ことあるごとにハリウッドの大スターとして振る舞い、スタッフたちに与える印象はよくなかった。

木村たちスタッフは、オマー・シャリフのことを日本風に「オマーさん」と呼んでいた。

　すると、あるとき、お触《ふ》れが出回った。

それは、オマー・シャリフのことを「オマーさん」と呼ぶのは、監督の舛田利雄と吉永小百合だけで、他のスタッフは、「シャリフ様」と呼ぶように促す通達であった。シャリフは、それほど吉永が気に入り、信頼していた。

が、木村は頭にきて、シャリフといざこざになった。すると、吉永は、オマー・シャリフの横で気を遣って、とりなしていた。

木村は、その様子を見て、吉永と目が合ったときに、ついお辞儀をした。

木村は、撮影現場でも気を遣うことなく、思ったことがあったらどんどん意見を言っていた。吉永は、木村のストレートなところを気に入ってくれているようであった。

木村は、吉永に対しても、映画を作るうえで良くなるようなアイデアや意見が浮かんだときには、伝えるようにしていた。周りのスタッフは、吉永を慮《おもんぱか》ってあまり意見を言わないため、木村のその姿勢は、吉永から好感を持たれているようであった。

七月下旬、クライマックスシーンの撮影がカナダ西部のリゾート地ウィスラーでおこなわれた。吉永演じる衣畑遼子が、裏切り者として中国マフィアたちに狙われるシャリフ扮する愛人と子どもを守るために、一人で殺し屋に立ち向かうという設定である。

クライマックスシーンの撮影に海外が選ばれたのは、拳銃の使用が理由の一つであった。日本では改造銃しか使えないが、カナダならば弾丸以外は本物を使える。

吉永の初めてのアクション映画ということで、できるだけリアリティを出したいという岡田プロデューサーの意向であった。

が、吉永は、「本物の拳銃を使うことは、さすがに抵抗があって、前日まで悩みました」と語っている。

吉永が車を運転しながら、屋根の上の殺し屋と激しい撃ち合いをするシーンは、二台のカメラで撮影した。本当はもっと別の角度からも撮りたかったが、日本から二台しか持ってくることができなかった。吉永は耳栓で銃声をガードし、発射後の反動にも耐えて、初のアクション撮影をしっかりこなした。吉永は、「一発目を撃ったら、ふっきれました」と語っている。

シャリフ演じる蔡文華が中国マフィアに撃たれ、倒れたのを抱き起こして泣き叫ぶシーンはテストなしで撮影した。

役者は、テストをせずに本番に臨んだほうが全力を出しきってくれる。石原裕次郎も、丹波哲郎も、みんなそのような役者であった。

俳優陣やスタッフの宿泊先は、タイアップしたホテルであった。小奇麗であったが、プールはついていなかった。そこで、岡田プロデューサーがホテルの近くにあるプールを探し、吉永は何日か通っていた。吉永はまったく泳げなかったのだが、数年前から先生について教わり、またたく間に泳げるようになっていた。撮影中も、かならずプールで泳ぎ、体を鍛えていた。

八月一日、『天国の大罪』は、カナダでクランクアップした。

シャリフは、このとき語った。

「日本映画は、やたら泣いたり笑ったりして、オーバーアクションというイメージがあった。しかし、小百合は違う。とてもナチュラルな女優さんだった」

十月三日、『天国の大罪』が公開された。

メイン館の東京・丸《まる》の内《うち》東映では、女性客を中心に立ち見も出る人気となった。

共演の松方らとステージに登場した吉永は感慨深げにあいさつした。

「今までは耐え忍ぶ役が多かったのですが、今回は自分で道を切り開くたくましい女を演じました。こんなにたくさんの方に来てもらって、幸せです」

『女ざかり』とスッピンでの撮影

平成五年、大林宣彦《おおばやしのぶひこ》監督は、丸谷才一《まるやさいいち》のベストセラー小説『女ざかり』の映画化を手がけることになった。

原作では、東京・大阪圏で勢力を誇る六大新聞社の一つ、新日報社の家庭部のデスクだった主人公の南弓子が、社内の派閥争いのはざまで論説委員となるところから話は始まる。

弓子には離婚歴があり、大学院生の娘が一人いる。新潟の大学に勤め、週に一回東京に教鞭《きょうべん》を執《と》りに来た際に会える哲学者の恋人豊崎洋吉もいる。

弓子は、社会部出身の同僚・浦野十三を手助けするいっぽうで、初めて社説を書いた。ところが、その社説は、水子供養で儲けている宗教団体の教祖を怒らせてしまう。それがもとで政府から圧力がかかり、論説委員の座を追われそうになる。弓子は、恋人、友人、家族を総動員して反撃に出る、というストーリーであった。

大林監督は、昭和五十二年公開の『ＨＯＵＳＥ　ハウス』で商業映画に進出して以来、数多くの作品を手がけてきた。が、それまで吉永小百合とコンビを組んだことはなかった。

映画界は、じつに不思議なもので、同じ世界に住んでいながら、仕事をともにしたり、誰かに紹介されたりしないと、むしろ一般社会でいう赤の他人のような関係となる。

吉永のことは、映画のパーティーなどでときどき見かけていた。が、おたがいに軽く会釈をし合う程度で、会話を交わしたことがなかった。

しかし、大林監督には、パーティー会場の隅っこの薄明かりのなかで目が合ったとき、恥じらったように微笑む吉永の表情が、とても印象的であった。

〈いい表情をつくるひとだ〉

女優は、どちらかというと厚化粧で皺を隠すひとが多い。が、吉永は薄化粧で素顔に近い感じなので、微笑むと皺ができる。むしろ、薄明かりの中だからこそ素顔の皺がチャーミングに思えた。人間の表情は、顔の皺がつくる。

大林監督は、吉永に会い、注文をつけた。「メイクさんをお友達として連れていらっしゃるのはけっこうですけども、メイクはあくまでもうちのスタッフに任せていただきますよ」

吉永のような大女優、あるいはテレビの売れっ子のタレントになると、自前のメイクさんを帯同させるのが普通だ。それは、単なるメイクという立場を超えて、孤独な現場での話し相手であったり、頼る存在でもあった。

しかし、大林作品は、たとえどのような大物俳優でも、スタッフのメイク係がメイクするのが原則であった。映画というのは、スタッフみんなのチームワークが重要になる。メイクは、俳優はもちろんのことエキストラにいたるまで担当するのが本来の姿だ。一人の女優がどれだけ綺麗になっても、メイクの顔料が他の俳優と違えば映ったときみんなとの色彩の調和を破る。

吉永にとって『女ざかり』は、文字通り、素のままで撮影にのぞんだ、初めての作品となったのではないかと大林監督は思う。

当初の台本は、主人公が銀座四丁目の和光でネックレスを物色しているというシーンから始まっていた。まさに現代の最先端をいくトレンディなものとして描かれていた。

しかし、大林監督は納得しなかった。

〈それじゃ、丸谷才一にならんな〉

台本を書き直した。茶碗に山盛りのご飯を食べ、たくわんをバリバリと齧《かじ》り、味噌汁をジャブジャブと飲み、新聞を片手に読んでいるバツイチの女性というシーンを冒頭に持ってきた。

バシバシと食事をすれば、当然、顔中の皺が総動員される。岸惠子や松坂慶子では、そういうシーンからは入れない。そういう意味での生活感、生きている女のいまが描けるということで、吉永に決まった瞬間、シナリオを全部書き直し、そのような構成に変えたのだ。

平成五年十二月十日、『女ざかり』は、クランクインした。

撮影は、一シーンをカットで割らず、たとえば一シーンの二〇分間、一六ミリのドキュメンタリータッチのカメラ三台を、ずっと回し続けるという手法を取ることにした。これは、大林監督が平成元年公開の『北京的西瓜《ペキンのすいか》』で始めた手法で、平成四年公開の『青春デンデケデケ』でも使った。台本はなく、役者が勝手にシーンを理解し、勝手にしゃべり合うというドキュメンタリータッチの手法である。その試みを『女ざかり』でも生かしてみようと考えたのだ。

大林監督は確信した。

〈これが『女ざかり』の原作を表現する一番いい方法だ〉

当初は、皺を撮るという直感だけでクランクインした。が、撮影が始まって、その整合性に気づいたのだ。

吉永は、大林監督のオーダーを受け止め、ほぼ素顔のままで撮影にのぞんだ。化粧をするのは、映画のなかで吉永演じる南弓子が外出するときに、自分でファンデーションを塗り、口紅を引くときだけであった。

南弓子は、仕事を終え、家に帰るとすぐさま、洗面台で顔をジャブジャブと洗う。当然のことながら、吉永もスッピンとなる。

女優を撮るとき、キャメラマンは、どのように紗《しゃ》をかけるか、照明マンは、どのようにライトを当てるかを考える。顔の皺を極力取り去るのが、技術であり、優しさでもある。

しかし、大林監督は、それをあえてしないよう指示した。キャメラマンや照明マンは、クランクインする前、さすがに怯《おび》えていた。

〈天下の吉永小百合のイメージを、自分たちが壊すんじゃないか……〉

ところが、撮影が始まり、しばらくしてからキャメラマンが言ってきた。

「監督、小百合さんの皺は、とても綺麗ですよ。ぼくは、この映画は、少し引きでいこうと思っていたんだけど、むしろ、あの皺をくっきりと捉え、女のひとの皺はこんなに綺麗なものだよ、ということを伝えたい。約束よりも、もっと寄らせてください」

大林監督は、嬉しくなった。

「おお、きみがきれいだと思うなら、やってください」

映画は、眼に見えるものしか映像として映し出せない。が、監督としては、心の模様を撮りたい。それを映し出せるのは、唯一、顔の皺である。皺には、笑い皺、怒り皺、悲しみ皺、幸せ皺などがある。それによって、心模様が見えてくる。

大林監督は手ごたえを感じた。

〈『女ざかり』は、吉永小百合の皺を撮ったという伝説の映画になる……〉

吉永にとって大林監督は、苛めてばかりいる監督に見えたかもしれない。女優に対して「ノーメイクでやれ」と言うのは、苛《いじ》めの第一歩みたいなものだ。しかも、決めうちでいい台詞を言わせるわけでもない。

監督は、見えないものを描き出そうというのが仕事だ。大林監督は、女優を観るときに下着を想像する。『女ざかり』の主人公は、いまどきの薄い生地のパンティではなく、白い木綿のズロースをはいている女優が似合う役だと思った。現実の吉永は知らないが、大林監督にとっての吉永は、白いズロースをはいているイメージがある。

大林監督は、衣装部に指示をした。

「下着まで用意してください」

やはり、下着で人間は変わる。

『女ざかり』でも、衣装部に指示した。

「吉永さんに、白いズロースを用意してあげて」

吉永が、実際、はいたのかどうかはわからない。が、衣装部は少なくとも、それを見せたはずである。その意図は何なのか、知的な吉永は理解したはずだ。

入浴シーンの撮影の前、吉永は大林監督に申し出た。

「わたし、水泳で鍛《きた》えてますから、なよなよした姿じゃないですよ。女らしくないですよ」

「いや、それが女ざかりですよ」

「はい」

そう二つ返事で撮影にのぞんだ。

ただ、面白いのは、あるとき、吉永が大林監督に言った。

「わたし、ちゃんとやりますから、どうかいい映画に仕上げてくださいね」

これが、吉永の監督に対する甘え方だ。

大林監督は、そのとき思った。

〈これは、原節子の時代の女性のもっている甘え方だ〉

吉永は、小津安二郎のような巨匠がいた時代なら、もっとのびのびと芝居ができたのではないか。吉永のような甘え方を受け止められたのは、やはり小津安二郎や黒澤明の世代である。いまの時代は、女の人が強くなったので、しっかりと受け止めてやれなくなっている。それは、吉永にとって不幸なことだ。唯一、市川崑監督と組んだ『細雪』と『おはん』が、そういう意味での吉永の至福の映画だったのではないか。

若い世代の監督が、吉永小百合を素敵なおばさまとして、あるいは、素敵なおばあちゃまとして、まったく新しい試みをしても、吉永はきっとどこまでも応えていくひとだろう。


「最初のテイクがいいと思います」


撮影がクランクアップし、編集作業に入ったある日の昼、吉永が編集現場にひょっこり顔を見せた。

「監督、これ、差し入れです」

風呂敷の結びをとくと、お重が姿を現した。蓋を開けると、わりあい小ぶりな俵結びと玉子焼きやお煮しめがぎっしりと詰まっている。すべて、吉永の手作りだという。

大林監督は、おにぎりが綺麗にならんでいるのを見て、ついおかしくなった。

〈恋してもいない仲間の級長とデートしたときのお弁当という感じだ。いかにも副級長的だ。隅から隅まで句読点入りのお弁当だ〉

大林監督らが吉永手作りのお弁当を食べていると、吉永が言ってきた。

「わたしのお芝居は、最初のテイクがいいと思います」

大林監督は意外であった。現場は、一テイクで終わることは少ない。三台のカメラで三テイクすれば、その量は九倍となる。そこから、編集でチョイスしていくのだが、社会部出身の同僚浦野十三役の三國連太郎《みくにれんたろう》は、最大で四七テイクあった。

三國はおもしろい俳優で、自分自身でうまくいかなかったなと判断すると、途中でわざととちる。一から撮り直すことになるが、そのたびに演技が違う。四七テイクなら、四七回の演技があるのだ。

ところが、吉永は、何度テイクしても同じ演技をする。それゆえ、どの演技をチョイスするか編集で悩まなくてもいい。それなのに、吉永は、「最初のテイクがいいと思う」と言うのだ。

吉永は、続けた。

「最初のテイクは、無我夢中で自然にやりましたけど、二回目、三回目になると、野球で言うストライクの球を置きにいくような芝居になっていると思います。この映画は、球を置きにいくような芝居より、たとえ暴投でも、一バウンドでも、最初のテイクがいい演技だと思いますので、どうか、そちらのほうを選んでください」

吉永は、句読点の一つひとつまできちんと表現をする。つまり、球を置きにいく芝居ということでもある。それが、「吉永小百合は、何をやってもスターの芝居だ」と言われている所以《ゆえん》だ。吉永は、誰よりも、そのことを自覚している。

大林監督は、テストをせず、いきなり本番に入ることが多い。特に『女ざかり』は、「人生にテストがないのに、なんで映画にテストがあるんだ」という方針でのぞみ、役者には、「あなたは、そこで生きてください。演技をしようと思わないで、生きてください」という注文をつけた。

テストで固め、納得して本番にのぞむという習慣のなかで生きてきた吉永にとっては、戸惑いもあっただろう。が、そのことを吉永は面白がり、「最初のテイクがいい」と言ってきたのではないか。

大林監督は、三國が四七テイクしたシーンの吉永の演技をチェックした。おどろくべきことに、一テイク目から四七テイク目まで、台本どおりによどみなく、ぴしっと演技をしていた。

吉永演じる南弓子は、インテリの論説委員だが、新聞社では副級長的なインテリジェンスはもっとも求められない。どちらかというと、秀才か、あるいは学校の枠にはまらなかったアウトローの世界である。

だから、論説委員に副級長的な、もっとも必要のない女ざかりの女性を配した。これは、映画というよりも、小説が持っている一種のブラックな意図である。悪意といってもいい。

その女性を、シャボンの匂いがする女は温泉に連れて行って磨けば綺麗になる、という男社会のなかで描いたところに、丸谷才一のインテリジェンスがあったのだろうと大林監督は思う。そういう意味で、吉永は、まさに適役だったのではないか。

妻子ある男性の恋人・豊崎洋吉役は、津川雅彦をキャスティングした。大林監督は、脚本があってキャスティングをするのではなく、キャスティングを決めながら脚本を書く。

三國演じる浦野十三は、原作のイメージからいけば西田敏行がぴったりであろう。もし、岸恵子を南弓子役にキャスティングしたら、浦野役は西田がふさわしい。しかし、吉永を弓子役にしたことで、インテリジェンスのアウトローが売り物の三國をキャスティングした。そして、三國の純情さを引き出すために、ちょっと知的で気取ったインテリジェンスで副級長とは生涯すれ違う男という悲しみを表そうということで津川を起用した。

役者は、それぞれ工夫する。

三國は、副級長的な吉永に対して膨大なＮＧで対決した。

じつに気取ったダンディ役の津川は、ホテルの一室で、ぱっと着物の前を広げ、吉永演じる南弓子に裸を見せ、戸惑わせる。そうやって、男の野獣性を懸命に表現し、吉永を女にしてやろうとする。

いっぽう、吉永は、副級長らしく、いっさい顔色を変えず、たじろがず、それをきちっと受け止めて大胆なラブシーンに挑んだ。そのへんが、吉永がいくらでも化ける女優である所以《ゆえん》だ。

副級長の良さというのは、相手次第でどのようにでも受け皿があることだ。普通、自分の受け皿は決まっていて、その許容範囲のなかでしか受け止めない。

しかし、吉永の受け皿は、じつは無限に変化する。演出家や相手役が暴投を投げれば投げるほど、相手に合わせて変化する。そういう懐の深さを、吉永は持っている。

そして、吉永は、自分がいかに上手に演じるかよりも、自分がいかに変われるかということをいつも求めているのではないか。

それゆえ、一緒に仕事をするひとが、「吉永小百合」というイメージにとらわれすぎて、それを「壊してはいけない」と思うことは、吉永にとって一番の悲しみではないだろうか。

言語化されていない秘めたるものを持っているひと

吉永は、「吉永小百合というイメージを壊してやろう」ということを、むしろ待っているひとだと大林監督は思う。そして、吉永は、「わたしは変幻自在で壊れない」というものをしっかり持っている。

大林監督は、吉永が、いかにも吉永小百合のイメージの仕事をしているのを見ると、いつも思う。

〈ああ、もったいない。このひとには、もっと可能性があるのに。まわりが、その可能性を狭《せば》めている〉

大林監督は、『女ざかり』の撮影を終えたあと思った。

〈小百合ちゃんの受け皿の端っこをちょっとはみ出すような仕事を、いっしょにやってみたい〉

大林監督は、あまり夢想しないタイプだ。映画というのは、夢のかけらみたいなものだ。夢想すると徒労《とろう》に終わることが多い。だから、映画のことだけは極めて現実的に考えようと思っている。それゆえ、「この女優さんには、こういう役をやらせてみたい」と勝手に夢想することはないし、禁じている。

そのかわり、仮に「吉永小百合主演で、一本やろう」となったときに、「皺を撮りたい」とテーマを決めたのと同じように、何かテーマがぱっと浮かぶ。それだけのものは蓄積しつつある。誰も見たことのない吉永小百合ということを大前提に、そのときに作品のテーマを考える。

吉永は、壊しても、壊しても、吉永小百合である。それなら、壊したほうが面白い。吉永も、守ろう、守ろうとするだろう。そこで納得してもらうのが、監督として楽しみの一つとなる。

吉永は、知らないことやわからないことを面白がるという意味では、知的なひとだ。面白がるようにしてあげれば、おそらく、なんでもできてしまう女優だろう。

吉永は、なお主演を張り続けている。なぜ、これだけ続いているのだろうか。映画界は、監督も、俳優も、飽きられたら終わりだ。どんなにいい作品でも、同じような作品が三本も続けば飽きられる。しかし、吉永は飽きられない。何かサムシングを持っている。それは、不思議さといってもいいし、あるいは異常さといってもいい。

吉永は、どこかエキセントリックな、もっとも非日常な人だと大林監督は思う。が、そのなかにとめどない日常がこぼれ出ているという矛盾だらけの人ではないだろうか。

つまり、こちらが観るのは、顔であり、表情であり、肉体であり、スタイルであり、仕草である。それと吉永が内面に持っているものが、ギシギシと音がするほど矛盾をはらんでいるのではないか。ファンがすぐに共感し、アイドルになり、スターになる人は、すぐに飽きられてしまう。

吉永は、一言でいうと存在が不気味だ。たとえば、ナレーターをしたり、あるいは詩の朗読や文章の朗読もずいぶんやっているが、大林監督が知る音楽家たち、つまり耳がいいひとたちはみんな異口同音に言う。

「吉永さんは、天下の悪声だね」

大林監督もそう思う。それなのに、朗読の仕事が多いというのは不気味である。つまり、そこには、悪声だから迫力をもっという異常さがある。耳に心地よくないから、かえって言葉に秘めた思いが変に胡散臭《うさんくさ》くならずに、純真に伝わってしまう。耳に心地よく、まるで子守唄のように語られたら、そんな気持ちの悪いヒューマニズムというものはない。偽善になる。

ヒューマニズムの純真さを、副級長的な妙に感情のこもらない悪声で語られるからこそ胡散臭さが消える。ヒューマニズムという偽善に見えるものの後ろに隠された、ある種の願いや祈りみたいなものがひょいと出てくる。つまり、童心は、怪物が語れば語るほど伝わるというところに吉永の存在感があるのではないか。

吉永が映画の中で童謡を歌ったら、こんな不気味なシーンはない。

童謡は本来、不気味なものだ。「シャボン玉」でも、シャボン玉が屋根まで飛んで壊れて消えた、などという恐ろしい、薄気味悪い言語世界はない。それを叙情的なもので歌われたら、すべて台無しになってしまう。

ところが吉永が歌えば、シャボン玉が壊れていく恐ろしさ、そこにまつわるひとの怨念《おんねん》のドロドロしたものなどが伝わり、その果てにある純真、純情がひょいと見える。それが、副級長的な吉永の持っている、奇妙な面白さではないか。

吉永自身、そのことを言語化はしていないが、直感的に感じているだろう。人間というものが自身を言語化することで発見するものであるとするならば、吉永は、まだまだ無自覚の闇の中に放り出されている。

なぜなら吉永には、自分自身を言語で発見するチャンスがあまりにも少ない。周囲が、あらかじめ「吉永小百合」で一貫させてしまうからだ。

そういう面で、吉永は、まだまだ自分でも言語化されていない秘めたるものを持っているひとだ。そういうひとは、飽きられない。「まだ何かある。まだ吉永小百合らしい本物が出てない。何が出てくるんだろう」という好奇心が、ファンにはある。

ファンは、じつは、もっとも意地の悪い存在でもある。吉永の薄気味の悪さをわかっていて、「男たちはサユリストといってだまされたけど、わたしたちは、だまされないわよ。でも、わたしたちがだまされないところに、あのひとのよさがある。それは何なのか、もっと見せてよ」という思いを持ち続けている。それが、吉永の財産だと大林監督は思う。作り手の財産でもあるが、作り手は、まだその財産を十分に生かしきっていない。吉永は、原節子の時代を引き継いだ女優だ。私生活は見せないという聖域にいながら、じつは、ドロドロとした日常性を垣間見せているという矛盾が、いまの時代を逆に映し出しているもっといえば大林監督は考える。

もっといえば、原節子が引退しなければ、こんな面白さがあったのではないかという部分を具現しているのではないか。

作り手が昔のサユリストのイメージのままでやっているのなら、吉永には、引退してもらったほうがいい。が、せっかく皺を撮り、「吉永小百合は引退しません。世間様の目にさらされます」と言いきっているのだから、監督も、プロデューサーも、キャメラマンも、もっとさらすことに力を入れないといけない。

おそらく、周囲が遠慮しすぎる。そのことが副級長的な吉永にとっては、もっとも不幸なことではないだろうか。

かといって、吉永も、「そんなに守らないでください」とまでは言わない。そこがまた副級長的である。それを口にすると、また違う関係が始まる。その点、吉永は非常に冷めており、知的なひとともいえる。ひとに対して、情で訴えない、あるいは、情に訴えない。あくまでも知的な関係を保とうとする。その距離感の正確さ。

だから、どこかその距離感の持っている白々しさみたいなものが世間への遠慮を生んでしまうところがあるのだろう。かといって、グイッと引き寄せたり、お尻を叩けば良くなるという女優でもない。そこが面白いところだ。

平成六年六月十八日、『女ざかり』は公開された。吉永小百合、娘役の藤谷美紀《ふじたにみき》が舞台あいさつをおこなった東京・有楽町《ゆうらくちょう》の丸の内松竹は、中年女性を中心に満員となった。

吉永は、タイトルに引っかけてスピーチした。

「いつもときめく心を持っていきいきとしているのが〝女ざかり〟だと思う。わたしは、いつまでも、そうありたい」

皺をテーマに撮影した大林監督も、あいさつに立った。

「皺を映すことで表情が豊かになる。皺は女性の勲章です」

小津や黒澤が存在しない現代の不幸

大林監督は、役を作るうえで、その俳優がどういうルーツをたどってきたかというのは、とても大事なことだという。ただ、それは現実を調べるということではない。監督も、人を見てきた歴史がいまを作っている。その歴史というのは、いってみれば悪意のある理解よりも、好意的な誤解のほうがいい。つまり、恋とおなじだ。

そういう意味で、吉永は、父性的保護本能が働く女優である。大林監督には、吉永は薄《はっ》幸《こう》のひとだというイメージがある。それは、吉永の健気《けなげ》さからくるものなのだろう。

健気なひとというのは、じつは悲しみを良く知っている。それでいて、悲しみを外に出さないようにするからより健気なのだ。何かを我慢し、自分の一番大事なものを譲っても、魂だけは譲らないでしっかりと受け止めている。

吉永は、じつはサユリストの最大の犠牲者ともいえる。ファンが勝手に作ったイメージのなかで商品化されるのだから、ものを言わぬ花嫁、イプセンの舞台劇『人形の家』の弁護士ヘルメルの妻ノラみたいなものだ。ノラは、父親から「人形っ子」と呼ばれて育ち、夫のヘルメルからは「人形妻」として愛されてきた自分に、我慢できなくなり、三人の子と夫を残し、家を出て行くのだ。

吉永は、まさにノラを受け止めてしまった。それだけに大林監督は、ちょっと手綱《たづな》を緩《ゆる》め、暴走させてやりたい、と思ってしまう。ノラを守ってやったのでは、けして吉永は救われないだろう。

『女ざかり』を撮影中、大林監督は、記者に語った。

「小百合さんは、健気で優しく白ウサギのよう。僕の小百合さんへの恋心を、スクリーンに反映させたい」

白ウサギという表現は、副級長的という意味が込められていた。可愛いウサギも、切り裂けば血が流れ出るし、まだ出ていないフンも腸内に詰まっている。

原節子という女優は、世間では、体内にフンを持っていないひとのように映った。そんな原節子を本当に生かしたのは、小津安二郎監督である。小津監督は、体内にフンを持っている女として原節子を描いた。

笠智衆《りゅうちしゅう》演じる妻に先立たれた初老の大学教授が、自分の面倒を見ているうちに婚期を逸した原節子演じる一人娘を心配し、嫁《とつ》がせるまでを描いた『晩春』のテーマは、まるで近親相姦《きんしんそうかん》だ。

監督がなぜ虚構を作りうるかといえば、虚構にいたる実感があるからである。小津監督にとって、父親が娘を嫁にやる話は、絵空事であり、嘘八百の虚構だ。が、そこにあるのは、花も実も、根も葉もあるぞという、男として小津監督の原節子に対する恋心である。

娘を演じる原節子が、父親を演じる笠智衆を見つめて言う。

「わたし、お父さんとずっといっしょにいたいんです……」

その台詞をサイレントにし、勝手に言葉をつけるとすれば、「わたし、小津監督と、ずっといっしょにいたいんです」となる。

それに対して、笠智衆は答える。

「お父さんは、もう五七歳だ。きみには、きみの人生がある」

つまり、小津監督は原節子に、こう言っているのだ。

「ぼくのような年寄りを相手にしないで、もっと若い人といっしょに生きなさい」

しかし、原節子は、突然、引退する。

「若い人とは、いっしょになりません。小津監督といっしょに生きます」という表明でもある。これは、世紀の大悲恋だともいえる。大林監督は、むしろそう好意的にとらえている。

原節子は、まさに人形のような女優の時代に生き、まだ出しきっていないフンが体内に残っていた。人間は、フンを全部出しきると、すっきりしてすべてを忘れる。むしろ、残便があるから、この世のいろいろなことがある。

そういう意味では、吉永は、腸の中に排泄されていない便をたくさん持っている。排便を助けてやるというよりも、排便をさせないで受け止めてやる監督が必要ではないか。

映画批評家たちは、「吉永小百合は、どこまでいっても吉永小百合でしかない」と、演技において認めないところがある。

自分を捨てて誰かになりきるのが演技で、それがリアリズムだといわれている時代では、吉永小百合は吉永小百合にしかならない。

吉永の演技は、スターの演技だ。では、スターは人形かといえば、そうではない。スターは、スターとして不気味な存在になっている。それを生かす監督がいないということに過ぎない。

原節子がスターでありながら、むしろ普遍的な女を演じたように、吉永も、どこまでいっても吉永小百合だからこそ、腸の中の便までふくめて普遍的な女の持つ女というものの生理を表現できるひとなのだと大林監督は思う。

しかし、そのチャンスがない。現代に小津安二郎や黒澤明が存在しないという不幸を、吉永は感じているのではないか。

小津安二郎のようなヒヒ爺の監督、黒澤明のような大胆なアクションで役者を壊す力技の監督は今後、永遠に出てこないだろうが、吉永に対して、誰かがそういう役目を引き受けなければいけない。

吉永は、エキセントリックな存在である。吉永がテレビコマーシャルに出演し、おさまっているということ自体、いまの時代の不気味さを表現している。吉永は、もっともコマーシャルタレントに遠いひとだ。しかし、吉永はコマーシャルで「シャープ」と声を発するだけで、ぞくっとするような、変なエロキューション、不気味さを漂わせる。

吉永は、そのことを自覚をしているとはいいつつも、自覚を超えた無自覚、無意識というものがスターの条件だ。吉永は、大きなスタンスで無意識状態でいられる。これが、スターのスケール感であるという。

始球式に登場

西武鉄道グループのオーナーであった堤 義明《つつみよしあき》は、平成七年四月一日、パ・リーグのダイエーホークスとの開幕戦を前にし、西武ライオンズ球場の緑のじゅうたんともいわれる美しいグラウンドに降りて行った。新任となった西武ライオンズの東尾修《ひがしおおさむ》監督に、気軽に声をかけた。

「どう、調子は。始球式は、ホームランになるといいな」

東尾が投げ、ダイエーの同じく新任の王貞治《おうさだはる》監督が、そのボールを打つ。マウンド上の東尾にボールを手渡すのが、女優の吉永小百合である。

堤が考えた平成七年シーズン開幕戦の始球式である。

「東尾がピッチャー、バッターは王。これで決まりだよ。始球式は真剣勝負でいけよ。ボールのプレゼンターは、吉永小百合だ。これだけで、お客が喜んでくれるよ。パ・リーグ全体のためにもなる。しかし、こんなことは初めてだし、相手もあることだ。連盟やダイエーにも、きちんとお願いして、取り組むように」

ポスト森祇晶《もりまさあき》を誰にするかでは、堤は、最初から「東尾！」と言った。

堤は、西武ライオンズ球団発足のときから、東尾を見てきていた。そのスポーツマンらしい、モノにこだわらないカラッと明るい性格を、誰よりも買っていた。

〈東尾は、自分の能力を、よく知っていて、その能力の不足を努力と頭のよさによってカバーし、名球会にも残るほどの一流の成績を残してきた。天才型、努力型でいえば、彼は、努力型だ。監督は努力型でないといけない〉

堤は、この間、球場スタッフに説いていた。

「観客が減った最大の原因は、ライオンズが強くなりすぎたからだ。もちろん、スポーツだから勝たなくてはいけない。だが、そこにファンに訴えるものがいる。感動を与えること、見せる野球をしなくてはいけない、という注文が入ってきた。今年は、方向転換しよう。一度少しむちゃをやってもいいから、いままでやってきた路線を変えよう。一回できあがったチームを壊して、新しいチームで、ちがうことにチャレンジしよう」

さて、いよいよ始球式が始まった。吉永は、マウンドに歩みよった。

吉永は、堤とは、十年ほど前「苗場《なえば》スキー場」の筍山《たけさん》で初めて会った。吉永が滑っているところに、堤が来て言った。

「あなたは、女優なのに、なぜそんなにスピードを出して滑ろうとするんですか。もっと安全に滑ったほうがいいんじゃないですか」

吉永の性格は、将棋でいうと香車《きようしや》である。なにごとにも、まっすぐに突っ込んでいく。吉永は思っていた。

〈半端にケガすれば、かつての石原裕次郎さんのように、仕事でまわりに迷惑をかけてしまう。もし思いきってスピードを出して滑って死ねば一巻の終わりで、仕事ではまわりに迷惑をかけることもない〉

堤は、吉永に安全な滑り方を実演して見せた。吉永は、堤の実演で納得した。

西武の大ファンの吉永は、この二年間、西武が日本一に輝くと、スポニチあてにFAXを送った。

「優勝おめでとう、吉永小百合」

特に清原和博《きよはらかずひろ》のファンであった。清原は、巨人に指名されず、悔し涙を見せた。日本シリーズで、その巨人を、あとバッターひとり打ち取れば優勝という瞬間、涙を光らせた。

〈悔し涙、うれし涙をじっと堪えているところが、なんともかわいい。母性本能をくすぐる選手だわ〉

吉永は、一年前の平成六年四月九日、西武球場での開幕戦の西武対近鉄で始球式を務めていた。西武ライオンズの要請を受けたのだ。

「開幕戦の始球式で投げていただけませんか」

吉永は、必死で練習した。本番では、きちんとノーバウンドで、キャッチャーミットにおさまった。

吉永はホッとした。緊張のあまり、三秒も間をおき投げたのである。

　さて、この年も吉永はやって来た。今年は、ボールのプレゼンターだ。吉永の手から東尾にボールが手渡された。東尾は、現役時代のように大きくふりかぶり、王に第一球を投げた。球は、大きな弧《こ》を描いて飛んでいった。

　堤は、始球式のプレゼンターを務めてくれた吉永にお礼を言った。

「どうもありがとう」

　この年の開幕戦は二転三転し、一〇対一一で、西武は逆転負けを喫した。堤は悔しがった。しかし、すぐに経営者にもどった。

〈試合としては、実におもしろかった〉

　吉永は、その年、FA登録の資格を有する清原に、ぜひ言いたかった。

「新聞では、やっぱり、セ・リーグの満員の球場でプレーするのも魅力を感じるなんて書いてあったけれど、ただ、満員の球場でプレーしたいというだけのことで、セ・リーグを目指すのは、大の清原ファンとしてはさびしい。オリックスが、なぜあんなに、人気が出てきたかっていうと、イチロー選手が、自分の力でお客を呼んでるんです。清原さんこそ、絶対それができる人。清原さんが、魅力あるプレーをすれば、絶対に、みんなワクワクしてこれまで以上に球場に足を運ぶ。清原さん、西武でいっそう頑張って……」

　この吉永の活によってか、清原は、この年FA宣言することを取りやめた。

　しかし、翌平成八年に、ようやくFA宣言し、人気の巨人に移籍した。

『時雨《しぐれ》の記《き》』映画化への思い入れ

平成九年十一月十四日、吉永小百合と渡哲也が二九年ぶりに共演する話題作、『時雨の記』がクランクインした。

原作は、昭和五十二年に出版され、大ヒットした芥川賞作家中里恒子《なかざとつねこ》の『時雨の記』。建設会社専務で、五六歳の妻子ある壬生孝之助と、生け花の師匠で四八歳の未亡人多江が恋に落ちる。

二人の二〇年ぶりの再会から男の死までの半年間を京都、奈良《なら》、鎌倉《かまくら》の四季を織り交ぜて撮る。はやりの不倫劇とは違い、肉体関係を結ばない男女の愛。

壬生の死によって、わずか四ヶ月の恋にピリオドを打つ。

『時雨の記』は、吉永が長いあいだ温めて、ぜひ映画化したいと思っていた作品だった。具体的な話は何も進んでいなかったが、個人的に亡くなった原作者の中里恒子の代理人と会い、自分の思いを伝えていた。

吉永は、セントラル・アーツ代表取締役社長の黒澤満に原作を読んでもらい、相談した。

「この作品を、ぜひ映画化したいんです」

すると、黒澤が言った。

「もう少しあとでいいんじゃないの」

ストーリーが地味すぎたのだろうか、黒澤は乗ってくれなかった。

そうこうしているうちに、中里の代理人から吉永に連絡が入った。

「『時雨の記』を、よその会社が別の女優さんを起用して製作する話が出ているんです」

吉永は〈それではあまりに悲しすぎる……〉と思い、代理人に頼んだ。

「何とか話をまとめてきますので、わたしにやらせていただけないでしょうか」

代理人は、先に話をしていた吉永を待つと言ってくれた。

吉永はスポンサーになってもらおうとフジテレビに交渉に行った。

すぐに肉体ではなく、その前に心と心が深く結びつくことで幸せになっていく「本当の恋」は、人生に一度あるかないかではないだろうか。普通は、巡り合う前にあきらめてしまう。五年前に読んだときから、そのある種のユートピアにひかれて、映画化をずっと待っていたという。

製作は、東映や東宝といったメジャーではなく、セントラル・アーツ、フジテレビ、東映ビデオの共同製作となった。そのほうが、人件費なども安くすむ。配給も、最初は東宝に打診したようだが、あまり色よい返事がなく、東映となった。

吉永主演の映画は、たいていクランクインする前に、メインスタッフ、監督、プロデューサーらによる製作発表の記者会見が大々的におこなわれる。が、『時雨の記』は、記者会見もなく、すっとクランクインした。

この映画を監督する澤井信一郎《さわいしんいちろう》は、思った。

〈原作では、二人に肉体関係はなかった。そこが共感を得ていたといえるから、映画でも踏襲する。昭和期には、まだそんな男女の恋もありえたという提示でもある。戦後、列島改造ブームなどを経て、風景だけでなく精神も変えてきた企業戦士が、晩年になってロマネスクを見つけ、それに心をゆだねることは理解できるし、許される〉

じつは、脚本を書いているとき、壬生役は決まっていなかった。澤井監督は、黒澤満プロデューサー、脚本家の伊藤亮二《いとうりようじ》と頭を悩ませていた。

「いったい、誰がいいのだろう……」

壬生は、五〇代である。映画のキャスト表で五〇代の俳優を探したが、誰もピンとこなかった。

「あとは、歌舞伎《かぶき》の世界の人を起用するしかない。中村吉右衛門《なかむらきちえもん》は、どうだろう」

そんなとき、渡哲也の名前が挙がった。

吉永が「ぜひ渡哲也さんに」と相手役も自ら選んで出演交渉した。吉永自身がすべての下ごしらえをしたのは初めてのことで、勝手がわからず大変であった。

渡は、その直前、平成八年公開の東映の『わが心の銀河鉄道　宮沢賢治《みやざわけんじ》物語』で宮沢賢

『時雨の記』（1998年）　監督／澤井信一郎　共演／渡哲也　©セントラル・アーツ／フジテレビジョン

治の父親の宮沢政次郎を演じた。

その映画を観た吉永が、「壬生役は、渡さんしかいない」と思ったらしい。吉永は、完成後のトークショーで打ち明けている。

「渡さんが、はたしてこういう軟弱《なんじやく》な役をやってくれるかどうか極めて心配でした。でも、快諾《かいだく》してくれたので、ホッとしました」

澤井監督は、渡を壬生役にと聞いて、思わず膝《ひざ》を叩《たた》いた。

「ああ、なるほど、そういう手もあるのか……」

盲点であった。妻子ある五十男の壬生は、恋の手だれではない。初めて妻以外の女性に目線を移す。恋の手立ても知らないので、笑われるくらいに直線的に進んでいく。それには、硬派イメージの渡は、まさに適役であった。あまりに恋の手だれ風の役者が演じると、吉永も生きない。

いっぽう渡は、吉永に声をかけてもらって、ただただ嬉しかったという。

澤井監督は、渡が壬生役に決まってから、脚本を多少手直しし、壬生の朴訥《ぼくとつ》さをより強調した。

原作は、年代をはっきりと書いていない。ただし、東海道新幹線が開通したり、東名高速道路が完成したというくだりで東京オリンピックに向けて忙しい時期、おそらく昭和三十九年前後の話というのはイメージできる。

しかし、昭和三十九年当時の日本は、街の風景が一変しており、再現できない。澤井監督らは、思案した。

「いつなら再現できるのか」

たどりついたのは、昭和の末期であった。

「こういう見方によっては歯の浮きそうな大人の恋というのは、平成では成立しない。しかし、昭和の最後のロマネスクとしてなら成立する」

昭和天皇が崩御《ほうぎょ》した当時のニュースフィルムを映画にあえて入れたのも、「この物語は、昭和天皇が亡くなった前後の話なのか」ということが観客にわかれば、なんとなく当時の世相を思い出すのではないかという意図があった。

それに、平成に入って間もなく日本経済はバブルが弾けた。不景気となり、新しいビルの建設も少なかった。街の風景が、昭和天皇が亡くなったころとあまり変わらないのも、時代を昭和末期に設定した理由であった。

また、昭和末期頃の五〇代は、日本経済が右肩上がりでグッと伸びてきたときに働き蜂であった。過労死も多い。彼らの努力が今日の日本の繁栄を築き上げた。それにしては、日本映画も、文学も、その世代を取り上げていない。

澤井監督には、それが不満であった。それならば、いっぺん、その世代に焦点を当てた作品を作りたい。彼らが今日の経済的な繁栄を作り上げ、街の表情を変えたと同時に、人間の気持ちも変えてしまったのではないか、という反省も入れたいという意識があった。

大人の恋を描く作品は、そのような広がりを持たせることも必要だ。「いい大人が、惚れたはれたで、いい気なものだ」と思われると、作品として成り立たない。建設会社の専務である壬生は、東京から鎌倉まで公用車を使って行くが、なるべく公用車を使わずに歩いて行くようにした。

澤井監督は、じつは、原作を読んだとき、あまり面白さがわからなかった。あるとき、思い切って吉永に訊いてみた。

「どういうところが、面白いと思われましたか」

吉永は、微笑んだ。

「多江は、壬生が強引に迫ってくると、くるくるとうまく逃げるでしょう。そこが、チャーミングなんですよ」

多江は、高校で生け花を教えている。生徒たちといっしょに帰っている多江の前に、壬生がふいに姿を現す。

「やはり、来ちゃいましたよ」

「電話で、今日はお目にかかれないと申しました。不意打ちは、困るんです……」

映画では多江を、そのようにピシャリとはねつけるようなキャラクターにした。それが、吉永らしいのではないかと考えたのである。

原作では、壬生と多江は海外で一夜をともにしている。しかし、映画では、二人は肉体関係がないまま壬生が死ぬという設定にした。シナリオを作った当初は、肉体関係があったのではないか、とも受け取れるような曖昧《あいまい》なニュアンスを残していた。が、途中で黒澤プロデューサーが言ってきた。

「はっきり、ない、ということにしよう。そのほうが、どうもこの話が綺麗になる。どっちみち、そういうシーンを撮らないのだから、割り切ろう」

澤井監督は、迷った。

〈いい大人が何もしないのでは、何のために不倫をしているのか、ということになりはしないか〉

しかし、踏ん切りをつけた。

〈でも、中途半端な想像だけよりも、そのほうがいいだろう〉

吉永も、渡も、賛成だったのではないかと澤井監督は思う。大物俳優のベッドシーンは、作る側も遠慮し、美しく見せようと努力する。

しかし、しょせん人間の生理ゆえ美しくはならない。それを映像的にぼかして見せたり、オーバーラップして見せたりしても、もともと嘘である。それなら、いっそないほうがいい。

しかし、大人のエロチシズムは漂わせておかなければいけない。大人だからこそ、肉体関係がなくても成立したのではないかという方向に持っていくため、渡演じる壬生が、吉永演じる多江の家で、多江と台所でキスをし、逃げる多江を追いかけていくシーンを撮った。

壬生は、まるで子供の鬼ごっこのように多江を追う。

「おい、こら！　待てぇ」

多江は、応接間に逃げ込み、ふすまを閉める。

「おい、開けろ！」

壬生は、ふすまを開け、応接間に入り込む。壬生は、座卓をはさみ、おどけるようにして多江を追う。

こういうとき、男は自分を茶化し、三枚目になって収拾をはかるしかない。澤井監督は、そう考えたのである。恥ずかしい感じもするシーンだ。が、澤井監督は、渡だからこのシーンが成立したと思っている。渡は撮影中、照れたそぶりは見せなかったが、本当は渡も照れくさかったのではないか。

事実、さすがに渡は、このシーンは照れくさくてならなかったという。

ただ、渡は、演じながらも心の中では思いつづけていた。

〈いくら理由をつけても、不倫をするような男は、やはり身勝手だとしか思えないな……〉

　渡は、結局、最後まで気持ちの整理がつかぬまま壬生を演じることになった。

　吉永と渡の映画共演は二九年ぶりであったが、呼吸はぴったりと合った。このような作品では、初めての共演だと呼吸が合わずに、むずかしかったかもしれない。

　吉永にとって、日活時代から共演してきた俳優たちとは、同じ釜《かま》の飯を食ってきた仲間であり、緊張したり気取ったりせずに演じられる良さがある。渡とも日活時代に何度か共演したが、今回は実に二九年ぶりである。気兼ねなく演じられるというよりも、とても新鮮な気分であった。

　吉永が『時雨の記』で着ていた和服のなかには、吉永の私物もあった。あるとき、吉永は、自宅から複数の和服を持ってきた。

「これは、どうかしら？」

　が、澤井監督には、和服のことはまったくわからない。素直に言った。

「お任せします」

　渡演じる壬生は、岩波《いわなみ》文庫の『新古今和歌集《しんこきん》』を出す。

「これを買ったんだ」

　壬生は、吉永演じる多江に感謝する。

「多江さんが、いままでのボクに無縁なものを教えてくれた」

　このシーンは、それまで『新古今和歌集』を読んだことがなかったひとが、初めて西《さい》行《ぎょう》に触れるところを見せることで、その朴訥さを強調することを狙ったのだ。

吉永は、勉強家の一面も見せた。撮影の合い間、吉永は澤井監督に何気なく言った。

「いま、『明月記《めいげつき》』をコツコツと読んでいるんですよ」

多江の自宅の本棚には、鎌倉時代の歌人で『新古今和歌集』や、百人一首をまとめた藤《ふじ》原定家《わらのさだいえ》の『明月記』が整然とならんでいる。

多江の家を訪ねた壬生が、本棚から『明月記』を引っ張り出し、「うーん、『明月記』かぁ」とうなるシーンがある。

ただそれだけのシーンで、別に吉永が『明月記』を読む必要はない。が、吉永は、古本屋で『明月記』を全巻購入し、自宅で読んでいる。

壬生の死後、多江が壬生の買った岩波文庫の『新古今和歌集』を開き、読むシーンの撮影に入った。

澤井監督が、吉永に言った。

「そこで、多江は、西行の次の歌を読んでください。『年たけて　また越ゆべしと　思いきや　命なりけり　さやの中山』……」

吉永は、すかさず指摘した。

「『さよ（小夜）の中山』が、正しいんですよ」

脚本に誤植や誤字があったり、読み方を間違っていたりするのは、顔から火が出るほど恥ずかしい。それゆえ、澤井監督は事前にきっちり調べていたつもりであった。吉永もまた脚本を鵜呑《うの》みにするのではなく、自分が出演する作品は間違いがあってはいけない、と細心の注意を払っているのだろう。

壬生の妻役は、佐藤友美《さとうともみ》が演じた。

渡演じる壬生は、妻に言う。

「きみには、貯金も全部残していくから。きみには感謝しているけども、これから別の生き方をさせてくれないか」

なんとも身勝手であり、妻が怒るのは当然のことだ。妻には、何の非もない。

しかし、それでも観客には、「妻にも何か足りないものがあったのではないか」と思わせないといけない。そうでないと、二人がただ身勝手な恋をしているだけで「なんだ、結局、女性が不倫で、妻子ある男を取っただけじゃないか。いい気なものだ」となってしまう。それでは、映画全体が駄目になる。そこは、佐藤が上手に演じてくれた。

『時雨の記』の原作では、ストーリーの四分の三を進んだあたりで、あっさりと渡演じる壬生が死ぬ。時系列でラストまで追っていくと無駄なシーンを延々と撮らないといけなくなる。が、途中で死んだことにすると、いいところのつなぎでいい。回想にすると、一番いいシーンを重点的に描ける。そこは、脚本家の伊藤の腕の見せ所であった。

プロデューサー的な発想でのぞむ

『時雨の記』では、吉永小百合と渡哲也に二日間スケジュールを空けてもらい、紅葉のころ、京都と奈良に撮影に行った。

セントラル・アーツが製作を担当していて、予算が厳しかったため、普通だったら中止になるような雨が降っていたものの、撮影をすることになった。

場所が京都の常寂光寺《じょうじゃっこうじ》だったため、キャメラマンの木村大作は、京都の撮影所に連絡を入れて、一〇〇キロのライトを手配した。

時雨のほか雪も降り、震えながらの撮影だった。木村は、小雨が降るなかで、人物にライトを当てないで、山いっぱいの紅葉にライトを当てた。そのため、紅葉は、非常に幻想的な印象になった。

吉永は、冗談めかして言っていた。

「わたしたちじゃなくて、山ばかりをライティングしてるわね」

山を美しく撮ることができれば、吉永と渡の二人も美しくなる。木村にはそれが狙いであった。

木村は語る。

「風景は人生の移り変わりであり、大人の恋の裏付けでもある」

監督も風景を意欲的に各シーンに取り込もうと、生活感をともなった映像美を要求してきたという。

渡哲也は、京都では、風邪による高熱をおして、文字通りの熱演を見せた。

「年齢や体力、六年前の自身の大病を考えると、これが最後の作品になるかもという思いはいつもあります。男の優しさが無理なく出るようにしたい」

多江が吉野の桜の下を歩むラストシーンの撮影は、一苦労であった。吉野の桜は、背が高い。というのも、林のなかにあるので、背が高くないと太陽が当たらないのだ。必然的に枝の高いほうに花が咲く。予算は、そう潤沢《じゅんたく》ではない。桜の造花を作るまで回らない。

澤井監督は、悩んだ。

〈さぁ、どうしたものか……〉

そんな折、たまたま、東映撮影所で何かのテレビコマーシャルの撮影があった。バックには、桜の造花を何百本も使っていた。撮影が終われば、不要になるだろう。そう考えたスタッフの小道具が、気転を利かせた。

「撮影が終わったら、この桜の造花をもらえませんか」

許可を得、取っておいた造花を本物の桜の木の枝に縛りつけた。木は生きているので釘《くぎ》を打つわけにはいかない。キャメラマンがファインダーをのぞきこみ、「上に一本、下に一本、つけてくれ」と按配《あんばい》しながら一カット一カット、丁寧に撮影していった。

　吉永が映っているシーンは、こうして撮った造花の桜だが、役者の映らないシーンは、別のところで撮った本物の桜である。それをうまく混ぜているので、映像では、すべてが本物の桜であるかのように見せることができた。

　吉永は、公開二ヶ月前の九月から、PRのためトークショーを全国各地でおこなった。十月には、練馬区光《ひかり》が丘《おか》の第一ホテル光が丘（当時）でトークショーが開かれた。東映大泉撮影所から近い第一ホテル光が丘は、撮影中、吉永や渡が宿泊していた。その御礼の意味もあったのだろう。

　澤井監督も、トークショーに駆けつけた。

　吉永は、それまで三〇年以上の女優生活のなかでトークショーを開いたのは数えるほどしかないという。それなのに、自ら陣頭に立ってPRに務めたのだ。『時雨の記』は、自ら企画を出し、宣伝に務めるなどプロデューサー的な発想でのぞんだ作品となった。

　澤井監督は思った。

〈周囲が興行成績を心配したためになかなか企画が通らなかったので、自分がここで踏ん張らないといけないという強い思いがあるのだろう〉

　プロデューサーに言われて、トークショーに顔を出す女優はいるかもしれない。が、誰からも言われないのに、自ら全国を回り、宣伝のために動く女優は、澤井監督が接した女優のなかでは吉永が初めてであった。

吉永のプロデューサー的な発想は、俳優という一つの視点からだけではなく、もっと引いた立場からオールラウンドに作品を見る眼や知性、理解力からくるものではないか。

役者は、ただ演技すればいいんだ、ということではなく、企画も、宣伝も、製作も見た末の総合的なビューポイントがあるのだろう。

それは、長く主演を張り続けているから身についたというわけでもないと、澤井監督は思う。映画の仕事がないときは、広島の原爆体験者の詩集の朗読会をするなど、社会的なことにも眼が動く人ならではであろう。

『時雨の記』は、平成十年十一月十四日に初日を迎え、東京・銀座の丸の内東映と新宿東映で舞台あいさつがおこなわれた。劇場前には熟年層を中心にした長蛇の列が早朝からでき、各回満員の好スタートを切った。

吉永は、満員の観客席に向かってあいさつした。

「長年の夢がかなって、感無量です」

渡は、過激なジョークで笑わせた。

「実際の僕は、こんなに紳士的じゃないし、できるものなら、すぐやりたいというほうです」

配給の東映によると、この日の全国各劇場の客足は前年の東映の大ヒット映画『失楽園』と同じ程度であった。

結果的に『時雨の記』は、大ヒットとまではいかなかったが、採算は取れた。

澤井監督は、吉永のトークショーが大きかったのではないかと思う。予算が少なく、宣伝費にも金をかけられない。それをカバーしたのが吉永のトークショーであった。

じつは、吉永も、渡も、『時雨の記』は、ノーギャラであった。しかも、渡には、石原プロの車があるが、吉永にはない。ハイヤー代も節約し、スタッフが運転するライトバンで移動していた。吉永にとっては、そうまでしても、どうしても演じたい作品だったのであろう。

撮影の合間を縫って、渡と吉永が共演する清酒「松竹梅」（宝酒造）のテレビコマーシャルの収録が京都市内の料亭でおこなわれた。日活映画では何度も共演している二人だが、意外にも、コマーシャルの共演はこれが初めてであった。

コマーシャル初共演は、渡の希望で実現した。渡は故石原裕次郎のあとを継いで昭和六十三年から「松竹梅」コマーシャルに出演していた。今回、新たなバージョンを収録するにあたって、「しっとりと大人のコマーシャルにしたい」と、共演者に吉永を指名したのである。

収録を終えた渡は、即席の記者会見で上機嫌でジョークを飛ばした。

「きょうはお忙しい中、わたしたちの婚約発表にお集まりいただきまして」

吉永は、記者に語った。

「映画は、わたしのほうが渡さんに出演をお願いしたので、代わりに何か渡さんのお役に立ちたいと思って、（コマーシャルを）お引き受けしました」

二人は、日活時代、昭和四十一年公開の『愛と死の記録』から昭和四十四年公開の『嵐の勇者たち』まで八本の映画で共演したが、渡は、そのころのエピソードを紹介した。

「僕はそのころお酒が飲めなくて、吉永さんのほうが強かった」

吉永は、顔を赤らめた。

「大逆転ですね。前は（一晩に）おちょうし三本くらいだったけど、今は一本かな。甘いものが好きになってしまって……」

渡は、さらに語った。

「吉永さんとは三〇年ぶりの共演ですが、あのころと変わっていない」

吉永は、照れくさそうに言った。

「こんな設定で渡さんとさしつさされつなんて、どんなにステキかなと思います。収録は本物（の酒）じゃなくて酔えないので、打ち上げでゆっくり飲もうと思っています」

広島と長崎の原爆詩

吉永は、平成九年にCD『第二楽章（広島編）』を制作した。

戦後五〇年を経て広島が復興した今、声高ではなく穏やかに語り継いでいこうという意味を込めて、柔らかな印象の「第二楽章」というタイトルにした。

広島の詩は約六〇〇編の中から選ばなければならず、非常に苦労した。強烈な内容のものは「一度聴いただけで二度とCDを聴いてもらえないのではないか……」との怖さから、一年かけて考えた末に除外することにした。

音楽は、村治佳織のギターと、大島ミチルが編曲してくれたクラシックの曲。

発売になったCDを聴いた岐阜《ぎふ》県の中学校の先生と、二七人の三年生全員から、吉永に手紙の束が届いた。

その春、広島へ修学旅行をしてきた彼らの願いが書いてあった。

「原爆の事実を知り、平和の重さを下級生たちに伝えたい。学校に来て朗読してくださ い」

吉永は、岐阜県の山間の中学校の体育館を訪れた。彼らは、吉永を食い入るように見つめ、一言も聴きもらすまいと耳を傾けていた。

〈無理をして、長旅をしてここまで来てよかった〉

吉永は、気持ちの高ぶりを抑え、一字一句、丁寧に読んだ。

その後、彼らが二〇歳になったとき、ふたたび吉永のもとに手紙が届いた。五年前の思い出話になり「また、みんなで吉永さんに手紙を書こう」ということになった。

みんな、吉永が朗読した日のことを、忘れずにいてくれたのだ。進学した子も、就職した子も、命の重さを考える生き方をしていた。思いを込めて書いてくれたその手紙は、吉永の宝物だ。

広島と長崎をあえて分けたのは、広島の詩と長崎の詩の性格がちょっと違うと感じたからである。長崎の場合は、医学博士の永井隆《ながいたかし》やキリシタンが多く住む地域がひどい被害に遭っている。広島で被爆した詩人の峠三吉《とうげさんきち》もクリスチャンであったが、やはり広島と長崎では傾向が違った。

それでまず広島編を出して、平成十一年に『第二楽章　長崎から』を制作した。

「もうちょっと壊してみたい」——『長崎ぶらぶら節』

渡哲也が『時雨の記』よりさらに難しい役柄だと感じたのは、平成十二年九月十五日公開の『長崎ぶらぶら節』の役である。

平成十二年六月一日、吉永小百合と渡哲也が主演する映画『長崎ぶらぶら節』の製作発表が都内でおこなわれた。

原作は、作詞家としても活躍した作家なかにし礼《れい》の直木賞受賞作。映画では、明治時代の長崎を舞台に、地元に伝わる古い歌を記録に残そうと奔走する渡哲也演じる郷土史研究家・古賀十二郎と、妻子ある古賀に切ない思いを寄せる吉永演じる芸者・愛八の生きざまを描く。

吉永と渡は、プラトニッククラブで終わる熟年の不倫恋愛を演じた『時雨の記』以来、二年ぶりの共演であった。

深町幸男《ふかまちゆきお》監督は、ひそかに意気込んでいた。

〈『時雨の記』は、ちょっと格好が良すぎたかもしれない。この作品では、もうちょっと壊してみたい〉

深町監督は、昭和二十八年に新東宝に入社し、助監督を務めたが、新東宝が倒産し、昭和三十八年にNHKに移る。アシスタントディレクターを経て、昭和五十年の朝の連続テレビ小説『水色の時』をチーフで演出。

以来、脚本家の早坂暁、向田邦子《むこうだくにこ》、山田太一《やまだたいち》らと組んで『夢千代日記』『事件』『あ・うん』『血族』『花へんろ』『夕暮れて』『冬構え』など数々の話題作・ヒット作を演出し、モンテカルロ・テレビ祭の銀の鳩賞をはじめ数々の賞を受賞。

昭和六十二年九月、NHKを定年退職し、NHKエンタープライズのエグゼクティブディレクターとなる。NHK時代に吉永主演の連続ドラマ『夢千代日記』の演出を手掛け、渡ともNHK土曜ドラマ『夏の一族』でコンビを組んだが、映画監督を務めるのは、今回が初めてであった。

『夢千代日記』を撮った当時、吉永は三〇代半ばであった。息を呑むほど美しく、ライティングを気にする必要もなかった。しかし、人間だれしもが歳をとる。深町監督は、アップよりも、望遠で狙うことが多い。吉永は、そのことを知っており、『長崎ぶらぶら節』では自ら照明係を指名した。

照明係は、ライトにビニールを張り、間接照明にした。そうすることで、直接照明よりも凹凸《おうとつ》感がなくなり、レンズがソフトフォーカスになるのだ。長くテレビ界にいた深町監督は、そのような技法を初めて知った。

〈なるほど、映画界では、こういうことをやるんだなぁ〉

ただし、深町監督の眼には、吉永は同年代の女優とくらべて美貌《びぼう》を保っている。女優は精神的にまいっていたり、苛立っていたりすると、それが肌に出ることもある。が、吉永は、常日頃から水泳などスポーツで身体を鍛えているし、精神的な安定を保っているからだろう。

原作には、角力《すもう》、海軍好きの愛八が、ワシントン軍縮会議により建造されたばかりの戦艦土佐が呉に曳航され沈められるとき、海軍の宴席で土佐を慈しむ歌を即興《いっく》で歌い、土俵入りで送るシーンがある。

じつは、深町監督は、このシーンはカットすることも考えた。実際の愛八は、裸にまわしを締めて、土俵入りをしたのかもしれない。着物を着たまま土俵入りをすれば、着物の裾がはだけ、肌襦袢だけでなく、太股もあらわになるかもしれない。大女優の吉永の肌の露出や艶っぽさで話題をさらうような作品にはしたくなかったのだ。

ところが、吉永は乗り気であった。

「おもしろいから、やりましょうよ」

そうであれば、そのシーンをあえてカットする必要もない。

七月五日、東映京都撮影所に、三月の春場所で引退したばかりの元横綱若乃花《わかのはな》の藤島《ふじしま》親方が姿を見せた。芸者・愛八の、お座敷での土俵入りを「前から大ファンだった藤島親方にぜひ教わりたい」と、吉永がラブコールを送っていたのだ。藤島親方は、スタジオ内に敷かれた畳の上で、スーツ姿のまま不知火《しらぬい》型横綱土俵入りを披露した。吉永は、

「手の動きは、こうですか」

「重心の移動は、どうすればいいのですか」

と質問しながら、裾をまくって足を上げるなど真剣に指導を受けた。

藤島親方も、額に汗をかきながら真剣な表情でアドバイスした。

「目線を下げないで」

「せり上がりは、親指に力を込めて」

ビデオで事前に研究し〝自主トレ〟を積んでいた吉永は、取材に訪れた記者たちに感想をもらした。

「まさか親方が本当に来てくれるなんて、感激しています」

本番では、足袋の裏に霧を吹きかけた。そうしないと、畳の上で滑ってしまうのだ。これは深町監督のアイデアであった。

深町監督は、演出で自分の要求は通すが、俳優の意見も聞くスタイルをとっていた。右向け右と言ったら、右を向くような俳優は好きではない。その場では納得したふりをし、あとで演出を批判する俳優は大嫌いだ。

俳優と考えがぶつかったときは、「あなたの考えもわかるけども、一度、ぼくの指示どおりにやってみてほしい。やってみて、自分の考えたほうがいい方向だと思ったら、もう一度、ぼくに言ってきてくれ。そしたら、ぼくも考え直すから」と言葉をかける。

そうやって、事前に何回も台本読みをおこない、おたがいに納得してから撮影に臨むようにしていた。

なかにし礼の原作では、古賀は愛八に、自分といっしょに、埋もれている長崎の歌を発掘しないかと誘う。歌探しをしているとき、小浜に「長崎ぶらぶら節」を歌える老芸者がいることを知り、二人で採譜《さいふ》にでかける。その夜、二人は同宿をする。

原作も、脚本にも、この夜、二人が男女の仲になると書かれていた。

しかし、ここで男女の仲になれば、それまで耐えてきたのが何だったのかわからなくなってしまう。深町監督は、そう判断し、古賀が愛八を抱きしめるだけにとどめた。

吉永も、渡も、深町監督の考えに納得してくれた。

「監督が考えている方向でやりたい」

吉永演じる愛八が、岩風呂に入り部屋にもどると、渡演じる古賀は、すでに別々に敷かれた布団にくるまっている。

愛八は、もう寝てしまったのかと思い、自分の布団に入るが、なかなか寝つくことができない。ついには声をあげて泣き出してしまう。

しかし、古賀は寝てはいなかった。

「愛八、おうち（おまえ）は、どうしようもなか馬鹿たい。おいは、木石じゃなか。おうちん、気持ちがわからんほど間抜けでなか。ばってん、身体ば合わせたら、おいたちん心がすたるったい」

「…………」

深町幸男監督の意向で、二人は男女の仲にならずじまいであったが、この件について渡に監督からは何の説明もなく、渡はなぜ男女の仲にならないのかまったく理解できなかったという。

　原作を読むと愛八は太った女性で、古賀は彼女の音楽の才能に惹かれているだけであり、そこに愛欲などはほとんど存在しなかったように見える。

　が、映画で愛八を演じるのは、原作とは異なる美貌の吉永小百合である。しかも愛八は最初から古賀に抱かれるつもりで温泉に入り、身を清めて彼のいる部屋へ向かう。そうした女の心情を導いてくれるのが監督だと思うのだが、そうはならなかった。

　古賀の取った行動も謎だった。渡はよくわからないままそのシーンを演じたが、やはり納得できていなかった。

〈吉永さんがああいう風呂上りのなまめいた格好をして「抱いてください」といわんばかりにそばに来たら、誰だって抱くのが自然だろう。いびきをかいて寝ているなんてあり得ない〉

　結局、深町監督も吉永小百合の清純なイメージを壊すことはできなかったということなのだろうか。渡は思った。

〈どうせなら、ドロドロさせてしまえばよかったんだ〉

　古賀は、最終的に愛八に言う。

「なぁ、愛八。歌探しはこんかぎりでおしまいにせんね。二年かけて数えてみたら、一〇〇曲ばこす歌を集めとった。こいから先続けても、ぶらぶら節ほどの歌に出会うことは、なかろう」

愛八は、哀願する。

「ばってん、うちは、ときには、お会いしたかとです」

「いまのおいには、料理屋通いもできん。おうちん、世話もでけん。おいたちんさきに道はなか……」

愛八は、布団から身体を起こす。

「うちには、夢のごたる年月でした」

「おれも、楽しかった」

「せめて今夜は、添い寝ば、しておおせつけまっせ」

「よかよ、こっちこんね」

愛八は、古賀の布団に移り、古賀の胸に顔をうずめる。

「あったか……」

古賀は、愛八を抱きしめる。

そこでシーンが変わり、翌朝となる。

古賀の姿はなく、机の上に手紙とともに歌が置かれている。

「愛八、おうちにはずいぶん世話をかけたばってん、いまは金銭での御礼もでけん。代わりにというとおこまがしかばってん、おうちに歌ば詞を書いた。暇んとき、よかごと節ばつけて、歌うとうてくれんね」

前夜、抱き合った二人に男女の関係があったのか、なかったのかは、観客それぞれに判断してもらえばいい。

ラストシーンは、死期の迫った愛八が蛍《ほたる》に囲まれる。愛八は蛍に訴えかける。

「蛍、蛍、うちば、抱いて……」

今度こそ古賀に抱かれたいという意味にも取れるし、もう一度古賀に抱かれたいという意味にも取れる。それも、観客それぞれに判断してもらえばいいのだ。

『長崎ぶらぶら節』は、平成十二年九月十五日に全国一九二館で封切られた。

平成十三年一月、第四十三回ブルーリボン賞が決まった。吉永は、この作品で昭和三十八年に『キューポラのある街』で受賞して以来三八年ぶり、二度目の主演女優賞に輝いた。

三月に開かれた第二十四回日本アカデミー賞でも主演女優賞に輝くなど、無償の愛に生きた芸者・愛八を演じた吉永は、映画関係者から高い評価を受けた。

第六章　たゆまざる挑戦

いまだに第一線で主演を張れる理由

松方が、吉永との初共演を通じてあらためて感じたのは、ずっと第一線でいる俳優は、言動も、行動も、自らを律しているということであった。

また、役者にはいろいろな役作りの仕方がある。吉永は、ライティング待ちでスタンバイしているときから、すでにその役に没頭し、なりきっていた。高倉健や田村正和《たむらまさかず》も、おなじタイプの役者である。

いっぽうで、スタンバイしているときは普通に待ち、カメラの前でないとパッと役に入れない役者もいる。松方はそのタイプだ。

また、柔軟性という意味では、岩下志麻《いわしたしま》、三田佳子《みたよしこ》、佐久間良子、十朱幸代らのほうがはるかにあるように思えた。

たとえば、松方は、おなじシーンでも、Aパターン、Bパターン、Cパターンと三パターンくらいを考えている。

テイク1は、Aパターンを演じるが、テイク2では、Cパターンで演じることもある。そのとき、柔軟性のある女優ならば、Aパターンとは違う返しをしてくれる。

しかし、吉永は、松方がAパターン、Bパターン、Cパターンと変えても、かならずAパターンのときの返ししかしてこない。つまり、それだけ役を固めているのだ。これも、高倉健と同じであった。

映画は、役者のアップが多い。主演となればなおさらである。男は、皺《しわ》の数だけ人生があり、味が出ると言われるが、女性はどうしても肌の衰えが出てしまう。

したがって、映画女優がアップに耐えられるのは、一般的に五〇歳代前半までだと言われている。しかし、吉永は、還暦《かんれき》を迎えるというのに、第一線で映画の主演を張りつづけている。その要因は、何か。

まず、映画界にデビューした時代が良かったということだ。映画産業の全盛期は、昭和三十二年までであり、松方や吉永がデビューした昭和三十四、五年の映画産業は、斜陽《しゃよう》の時代を迎えていた。しかし、吉永が所属していた日活は、まだ若い会社で、アクション映画のドル箱スター・石原裕次郎パワーで昇り調子にあった。吉永は、その流れに乗っていけた。この当時は、いわゆる五社協定があり、他社の映画には出演できなかった。仮に日活でなければ、違う女優人生を歩んだかもしれない。

もう一つの要因は、自らを厳しく律し続けて努力してきたことだろう。継続は、力なり。吉永と同世代の映画女優はたくさんいたが、いまその多くは銀幕から消え去っている。その意味でも、偉大な女優であることはまちがいない。

世の中には、演技のうまい俳優は、星の数ほどいる。脇役専門の役者にも、素晴らしい人材は多い。しかし、主役を張る役者はうまいだけでは駄目だ。圧倒的な存在感が必要である。

松方は、日本の映画界では、男優では高倉健、女優では吉永小百合が双璧《そうへき》だと思っていた。

松方は、自分が振幅の幅が大きい役者だと自負している。西田敏行も、岩下志麻も、おなじタイプだ。だからこそ、脇役に回っても存在感をしめすことができる。

しかし、高倉や吉永は振幅の幅が小さい。だからこそ主役級以外はできない。それだけ、存在感のある役者だということでもある。

「清潔感」という宿命

吉永が還暦を迎えたとき、吉永と関わりの深い人たちにその印象を語ってもらった。

舛田利雄監督は、吉永小百合という女優は、いまや日本映画界でトップと評する。なぜなら、還暦を迎えるにもかかわらず、いまだに第一線で主役を張りつづけている。そのような女優は、吉永のほかに見当たらない。

吉永が長持ちしている理由の一つは、美貌を保っているところだ。厚化粧をしなくても持つ。健康に気を遣い、普段から節制し、水泳をはじめとする運動を欠かさないせいだろう。

ここのところの主演映画には、吉永の意向や主張も入っていると舛田は思う。自己演出の才能があるということも、主役を張りつづけられる秘訣ではないだろうか。

吉永の魅力は、美貌とともに聡明さを兼ね備えているところだ。周囲からチヤホヤされていい気になり、歪《ゆが》んでいく俳優が多いなか、吉永にはそのようなところはまったくない。

それに、吉永を見て育ったサユリストが、映画界にも、テレビ局にもいまだに多く、吉永を支え続けている。

山田五十鈴《やまだいすず》は、男と絡《から》んだ色気があったが、吉永の女としての魅力は、妙に男と絡んだ色気ではなく、悪女的なイメージもない。「小百合さんのようになりたい」という女性ファンも多く、女性から反感を持たれないのも大きいと舛田は思う。

吉永小百合の出演作品一四本を撮った西河克己の、女優・吉永の評価は、天性の美貌で勝負してきた「クラシックな美人」。古風な顔だちである。それ以上でも、それ以下でもない。脚もすらりとはしていない。どちらかというと、大根脚といったほうがいい。

吉永は、西河が初めて会ったときにあふれかえっていた清潔感を、四五年たったいまでも保ち続けている。

ただし、その清潔な印象こそが彼女を縛りつけている。彼女は彼女で、そこから抜け出ようともがいているにちがいない。人種の坩堝《るつぼ》と化した近未来の東京新宿を舞台にした『天国の大罪』で、不倫愛を貫く女検事を演じたのもその脱却への試みだったにちがいない。

吉永同様、西河が『伊豆の踊子』を撮った山口百恵《やまぐちももえ》のほうが、幅が広い。悪女を演じきることができた。その象徴的な作品が、西河が昭和五十二年に撮った『霧《きり》の旗《はた》』であった。松本清張《まつもとせいちょう》作品で、山口百恵は、獄死した兄の弁護を断った弁護士に復讐する柳田桐子を演じる。刑事にも検事にも、はては恋人の雑誌記者にまでも嘘をつきつづける。そして、女であることを武器に、弁護士を罠にはめることに成功する。山口百恵には、それだけの悪女を演じるだけの資質がある。

それに対して、吉永はあまりにも素直な女性である。汚れが滲《にじ》まない女優なのである。「清潔感」。それこそ、吉永のもって生まれた宿命ともいえる。

吉永小百合は、作品の一本、一本を大事にする女優だと浜田光夫は思う。そして、そのたびに確実に成長していく。それは、吉永の努力の賜物《たまもの》だと浜田は感じている。そして、負けん気の強いところが、いい意味で女優根性を養い、今日の吉永小百合があるのではないだろうか。

浜田は、いまもときおり吉永とゴルフをするが、吉永は女性専用のレディス・ティーではなく、男性とおなじレギュラー・ティーからドライバーショットを打つ。男性より飛距離は出なくても、確実性で勝負する。こんなところにも男性にスコアで負けてなるものか、という負けん気の強さがにじみ出ている。

浜田は思う。

〈吉永さんは、うまく歳を重ねている。これからも、彼女らしく努力し、映画界を盛り上げていってほしい〉

嘘をつかない演技

高橋英樹は、吉永小百合は、生まれながらの女優であり、映画の仕事に就くべくして就いたひとだったと感じている、と語った。

そして、一世を風靡《ふうび》したサユリストたちがいまだに存在し、吉永を支え続けているのは、吉永に演技で嘘をつかれた思いがないからだろう。

役者としては、嘘をつく芝居ができないことは難点かもしれない。ときには、ひとをだまさなければいけないという部分もある。

吉永の芝居は、野球にたとえれば、直球しか投げていない。本人は、変化球を投げているつもりでも、周囲には直球にしか見えない。

それでいてこれまでも、映画界で主役を張り続けてきたのだから、これは、逆に凄いことでもある。

映画界は、昭和三十年代にピークを迎え、いまや斜陽産業になりつつある。吉永は、それでもなお映画界で生き続けようとしている。その姿勢を維持できるのは、人をだまさないという部分があるからではないか。

たとえ向かい風を受けても、どこかに身を隠して風が通り抜けていくのを待つということはしない。全身に風があたっても、それでもまだ歩き続けていこうとする稀有《けう》な存在の女優だと高橋は思う。

高橋は、内心、吉永がここまで女優業を続けるとは思いもしなかったという。なぜなら、吉永は若いときに功なり名を遂げた。若いうちに人間ができあがると、映画に対する熱意はだんだん希薄になるのではないかと思っていた。結婚を契機に、あるいは何かをきっかけにして、さっさと女優を引退し、また違う道で、他人がうらやむような別な生き方をするのではないかと感じていたのだ。

けれども吉永は違う。吉永自身、いまでも「青春映画の吉永小百合」というイメージを持ち続けて映画に取り組んでいるのではないか。そしてサユリストをはじめ多くの観客に、自分たちも老けてはいけない、という思いを与えているのではないだろうか。そのように自分を律して、身体も鍛えているのだと高橋は思う。

普通なら、もっと早くお母さん役を演じてもおかしくない。が、そうしないのは、気持ちの中で青春ドラマを続けているからだ。

高橋は思う。

〈小百合ちゃんとは一歳違いだし、おたがいに八〇歳ぐらいになったときに、もう一度共演してみたい。それぞれの生き様を顔や身体に染みつけた二人で、八〇歳なりの青春映画をいっしょに作ってみたい〉

純愛路線が確立されると、女優たちにも陽の目が当たるようになってきた。撮影スタッフたちは、売れない女優にも気を遣うようになった。

吉永は、そうした女優から、小道具などの裏方にいたるまで、日活撮影所にいた関係者全員の名前を覚えていて、気軽に声をかける。

撮影所のスタッフは、俳優、監督、助監督、美術、キャメラマンをはじめ、一本の映画に少なくとも六〇人以上はいる。普通なら、中心メンバー以外の名前など、すぐに忘れてしまうものである。が、吉永は、全員の名前を完璧に覚えている。それは、吉永の映画に対する思いの強さと、義理堅い性格を物語っている。吉永は、クランクアップの打ち上げの会などで、水割りを飲む。酒には、けっこう強いようである。当然のように、酔って乱れることはなく、挨拶などは完璧にこなす。それでも、酒が入ると軽口はたたく。

宍戸錠は最近、酒の入った勢いで、吉永に誘いの言葉をかけたことがある。

「おい、お父ちゃんも、もう使いものにならないんだろう。何かあったら、おれに言えよ」

すると、吉永はニコリともせず、平然と言い返してきた。

「うん。必要なときは、呼んであげるわよ」

飲んでいるから、言える台詞かもしれなかった。が、宍戸は、吉永の平然とした態度に舌を巻いた。

また、吉永は、何かあれば手紙や葉書をみずから書いて送るまめさもあった。共演を重ねた宍戸のもとにも、吉永からの自筆の手紙が、たびたび届いた。

表書きには、「宍戸錠様」と達筆で書かれている。これが、他の俳優だと、「〃穴〃戸錠様」となる。

宍戸は、そうした吉永の義理堅さ、真面目さに感心した。

〈こんなにきちんとした手紙を送ってくる女優は、ほかにいない。偉い女性だ。おれには、とても真似ができない〉

デビュー当時の繊細さから、健康なイメージの娘へ、さらに大女優の貫禄も身につけて、還暦となった今も主演を張り続ける。

宍戸は、吉永の顔を、「日本人の中でもっとも整った顔」であると思っている。さらに吉永は、誰よりも映画女優という職業を愛し、昭和の俳優の中で、もっとも輝きを放つスターである、と宍戸は今も確信している。


「あなたなら、自然を味方にできる」


吉永は外から眺めると、容姿から仕事、私生活にいたるまで、すべてがパーフェクトであるかのように見える。

が、石坂浩二は、吉永に「失敗」はあったと見ている。

〈失敗しないと、役者としてつまらなくなるはずだ。役者として輝き続けているということは、過去に挫折もあったに違いない。それを、表に出さずに、自分自身の中に取り込み、外からは挫折を見せなかったのだろう〉

役者として息の長い俳優はたくさんいる。が、世界中の俳優を見渡してみても、吉永のように、役者として、なおかつスターとして輝きを放っている人は多くない、と石坂は感心している。

『GO』や『世界の中心で、愛をさけぶ』の監督である行定勲《ゆきさだいさお》は、平成十七年一月に公開された『北の零年《ぜろねん》』で初めて吉永小百合と仕事をともにした。

当時、東映の会長を務め、『北の零年』の製作総指揮をとった岡田裕介は、以前からこの映画の製作に熱心だった。

岡田は、製作発表の会見でこう語っている。

「二〇年前からこの映画の構想を温めていた。ただ、スケールの大きな話であるために、製作費が多額だし、ロケも大変なので実現までに時間がかかった。東映の来年の社運をかけて、立派な作品を世に送り出したい」

平成十四年、ゆうばり国際ファンタスティック映画祭を開催している北海道夕張《ゆうばり》市から、「映画の街、夕張で映画を撮ってください」との話もあり、ようやく実現の運びとなった。

行定への監督のオファーは、岡田裕介からの電話だった。

「じつは、今、吉永小百合さん主演の映画を企画しているんだけど、一度、吉永さんに会ってもらえないか?」

行定は了承し、すぐに岡田から送られてきた脚本の初稿に目を通し、打ち合わせに備えた。

打ち合わせ当日、行定は、待ち合わせの赤坂《あかさか》プリンスホテルに向かった。すると、そこには岡田裕介だけでなく、吉永小百合も同席しているではないか。

行定は驚いた。

〈吉永さんの企画だっていう話を聞いてたけど、今日いきなり会うことになるとは……〉

そこからは、三人で映画について話し合った。

気さくに紅茶を注いでくれる吉永に、行定は恐縮するばかりであった。

この時、行定は吉永から、自分が監督した『ロックンロールミシン』の印象について語られた。

「実は夫に『ロックンロールミシン』を薦《すす》められて、生まれて初めて渋谷のレイトショーに行って、ドキドキしながら一人で観たんです。その映画のなかで、坂道の一方通行を利用するシーンがあるでしょう」

平成十四年に公開された『ロックンロールミシン』は、デザイナーズブランドを立ち上げようと悪戦苦闘する若者たちの姿を描いた青春映画だ。その劇中では、二度と戻れない青春を暗喩《あんゆ》するものとして、一方通行の坂道が登場する。どうやら、吉永は、その坂道の近くに土地勘があるらしく、ロケーション現場を知っているようであった。

「わたし、あの坂道を知っているんですけど、あの坂道の上に家があったんです。あの一方通行をそのまま自然に利用して演出に使ったことに、ものすごく感銘を受けたんです。おそらく台本にないものだけど、現場でひらめいて取り入れたんですよね」

行定は、吉永の鋭い視点に驚きながら、応じた。

「ええ。まさにその通りです。青春は一方通行で後戻りできないってことを表現したくて入れたんですよ」

吉永が、さらに続けた。

「だからわたしは、行定さんが『北の零年』の監督にピッタリだなって思ったんですよ」

「なんでですか？」

「自然を味方にしないと、この映画は描けないでしょう。あなたなら、きっと味方にできるだろうから」

行定は、吉永のこの一言にやられてしまった。

〈ここまで言われたら、引き受けるしかないな。監督冥利《みようり》に尽きる〉

横では、岡田裕介が笑っていた。

「行定君、小百合さんは、俺よりもプロデューサー気質な人なんだよ」

こうして、行定は、『北の零年』のオファーを引き受けることにした。

岡田は、映画の当初予算として六億〜七億円ほどを考えているようであった。

行定のこれまでの映画は、一億円以下の作品ばかりが多かった。「キネマ旬報《じゆんぽう》」の日本映画ベストワンに選ばれ、各映画賞を総ナメにした『GO』も、約二億円と低予算での作品であった。

行定は思った。

〈予算の規模も大きいけど、吉永さんの主演に恥じない映画をやらなきゃいけない〉

猛吹雪の中の撮影『北の零年』

吉永にとって一一一本目となる『北の零年』は、吉永小百合演じる小松原志乃をはじめとした女たちが開拓地の北海道で、逞《たくま》しく生きていく姿が描かれている。

物語は、明治四年、明治政府により北海道への移住を命じられた淡路島《あわじしま》の稲田家主従五四六人が、半月におよぶ船旅の末に、凍《い》てつく北の大地にたどり着くところから始まる。

その一人の小松原志乃は、新しい国の建設を目指す夫の英明、娘の多恵とともに酷寒《こっかん》の荒地の開墾《かいこん》に挑んでいく。だが、そんな彼女たちに、稲は枯れ、食料倉庫が火災に見舞われるなど次々と苦難が襲う。

淡路島に逃げ帰る者たちが続出するなか、小松原一家は、踏みとどまる決心をするが、事態はさらに悪化していく。夫の英明は、農業技術の導入を求め、札幌に単身で旅立つ。が、約束の半年が過ぎても戻らないまま。それでも、志乃と多恵の母子は、謎の男アシリカらに苦境を支えられながらも、懸命に北の大地で生きぬいていく……。

行定勲は、『北の零年』を撮るにあたって、当時の開拓の事情についての文献などを読み、かなり調査をした。文献から伝わってきたのは、元武士の男たちのどうしようもない弱さだったという。

何かにつけては、井伊直弼《いいなおすけ》など旧幕府の首脳陣を罵《ののし》り、お酒に逃げるばかり。

彼らは、侍の誇りを捨て切れなくてしがみつく。行定は、その哀しみを描きたかった。

そのいっぽうで、女たちは違った。当時の写真を見るとわかるが、もともとは上流階級の武家の出身にもかかわらず、日焼けをして働いているのがわかる。

プライドの高い男たちは、農作業に対してひたむきになれない。どうしても、こんなことやってられるか、という気持ちが抜けない。だが、女たちは、前を向き、懸命に生きようともがいている。行定は、そういう女の強さを描きたかった。

志乃は、寒冷の土地静内《しずない》でも育つ稲を探しに札幌へ行った夫と音信不通になっても、五年も待ち続ける。ところが、五年後に夫は姓名を変え、まったく別人になって戻ってきた。しかも、別の女性と結婚して子供までいる……。

こう告げられて志乃はとても辛かったはずだ。最初は、夫を絶対に許せないと思ったはずである。しかし、夫の「自分は侍を捨て切れなかった」「開拓者にはなれなかった」という言葉を聞いて、彼を許してあげようという気持ちになったのだろう。

手を比べてみても、夫はまるで女性のようなきれいな手をしている。自分はゴツゴツの労働者の手をしていて、生き方そのものがまったく違ってきてしまっている。つまり、自

『北の零年』（2005年）　監督／行定勲　©2005「北の零年」製作委員会

分たち夫婦は、もう元へは戻れない、と。

そこで、彼を自由にしてあげよう、許してあげようとなった。そして、自分は北の大地で夢に向かって生きよう。夢を信じて一生懸命生きていけば、夢はいつかまことになると――。

行定は、映画にするにあたって思った。

〈これまでの時代ものの歴史のなかで、誰も描いていないものを作ろう。女たちがどのようにして生き抜いたのか、という話にしよう〉

岡田裕介も、開拓史のなかで女が力強く生きていく話にしたいと語っていた。

行定は、プロレタリアの悲哀を描くロシア映画のイメージで、広大な土地を開拓する女たちの明治時代を描きたいと思っていた。そのために、ロシアのプロレタリアを描いた映画をあらためて観た。

キャスティングも重要であった。吉永演じる志乃の夫で、結果的に志乃を裏切ることになる小松原英明役には、渡辺謙《わたなべけん》が決まった。

渡辺は、以前、『千年の恋　ひかる源氏物語』で吉永に声をかけてもらい、共演を果たしている。その後、『ラストサムライ』でハリウッドデビューも果たした渡辺は、吉永に恩返しをしたいと、自ら手を挙げてくれたという。

撮影初日、吉永は、北海道の雪野原に立っていた。この年は、雪が降り続けて、夕張市郊外の道は閉ざされ、吉永たちはロケ地まで行くのにも苦労した。除雪車のおかげでようやくシュウパロ湖に到着。湖は凍って雪の下に眠っていた。

吉永は、新しい自分に出逢いたくて、真っ白な気持ちになり、雪の上に立った。

劇中では、吉永小百合と渡辺謙の大胆なキスシーンもあった。行定監督によると、様々な角度から、三〇回ほど撮影したという。

吉永を渡辺が抱きかかえながらキスをするシーンのアイデアは、渡辺の提案だったという。渡辺は、これまでの時代劇では、絶対にやらないようなキスシーンにするべきだと思って、あのシーンを提案したという。行定も、吉永のかわいらしさをどこかで演出することができれば、と思っていたので、良いシーンになった。

会津《あいづ》藩士であることを隠すために、アイヌ人として生活をしているアシリカ役には、行定監督から豊川悦司《とよかわえつし》に声をかけた。

「吉永さんの映画に出てくれませんか？」

シナリオを送ると、豊川からはずんだ声が返ってきた。

「シナリオを読んだら、ハーレクイン・ロマンスのような壮大なストーリーを思ったよ。吉永さんとラブストーリーができるなんて、願ってもないことなんで、一も二もなく受けさせてもらいます」

村人に味噌などの食料を高く売りつけ、志乃を犯そうと狙い続ける持田倉蔵役の香川照《かがわてる》之《ゆき》にも、多忙なスケジュールの合間を縫っての出演を了承してもらった。

多忙を理由に断ってくる出演者は、まったくいなかった。

行定監督は、キャスティングが順調に進んでいくのを見て、あらためて思った。

〈吉永小百合の存在ってのは、凄いんだな〉

志乃は、苦闘する開拓地の人々のために札幌に向かい、行方不明になってしまった夫を捜すため、旅に出る。娘の多恵の手をしっかりと握り、無謀にも吹雪の中を歩いていく。

天空から絶え間なく降ってくる雪だけでなく、撮影用の巨大な扇風機も出動して撮影が始まった。扇風機の前に、後ろから雪を入れて吹雪を演出する。その風によって雪が凍り、氷の粒になって顔面を直撃する。吉永は、目を開けることもできない。

吉永は、多恵役の大後寿々花《おおごすずか》にそっと訊いた。

「辛くない？　大丈夫？」

「平気です。大丈夫です」

吉永は、一〇歳の少女のその姿にすっかり感心し、寒さを忘れて打ち込んだ。

扇風機の音でＯＫの声がわからないので、行定監督は赤い布で合図をするようにした。

雪のなかで女の子を背負うシーンも大変だった。雪だと距離がわからない。そのため、吉永が歩いてその姿が遠くなっていくシーンでは、姿が消えるまでカットの声をかけなかったら、あと一〇メートルほどで崖になっているところまで歩かせてしまい、ヒヤッとすることもあった。

　だが、吉永は、そういうときでも怒らない。いい絵が撮れたのかどうか、それだけを気にかけている。

　高倉健との初共演映画『動乱』以来、吉永小百合のロケは寒地と縁深くなった。やはり雪の中での撮影は大変で、ときには天候が荒れて横殴りに降る雪が耳の中にまで入ってくることもあった。

　が、吉永は雪の中での撮影が好きだった。あとから映像を見て、「ああ雪に助けられている」と思ったこともある。

　行定監督は、この映画の撮影を通じて、「サユリスト」と呼ばれる存在の多さも感じた。のちに『北のカナリアたち』を監督する阪本順治《さかもとじゅんじ》からも、『北の零年』の速報が出るとすぐに電話がきた。速報では、吉永小百合演じる志乃が娘の多恵をおんぶして、雪原を歩くシーンを撮影しているところが放送された。猛吹雪のなかで、苦しそうにしながら歩く吉永の姿を目にした阪本は、すぐに電話してきたようであった。

　阪本は、電話で冗談まじりに言った。

「お前が東京に帰ってきたら、サユリストに殺されるぞ。おれだって、遅れてきたサユリストなんだからな。もっと丁寧に扱わなきゃダメだぞ」

乗馬への再チャレンジ

映画には乗馬シーンがある。

吉永は早稲田大学馬術部に半年間だけ在籍していたことがあり、それ以降も時々馬に乗っていた。

実は吉永は、『華の乱』で乗馬シーンを撮った後、黒澤明監督の『影武者』に出演した名馬マルカゲを譲ってもらった。その馬を東京近郊の乗馬クラブに預けていた。マルカゲは、吉永がなんの合図をしなくても、コーチの一声でどんどん高度な演技をしてくれる。大きな馬なのにおとなしくて、二ヶ月に一度ぐらいしか乗馬しない吉永を、いつも優しく迎えてくれた。

が、マルカゲが年を取り、引退して北海道日高の牧場に行ってしまうと、吉永はすっかり乗馬から離れてしまった。

水泳を習い始めたら面白くて、時間的にも都合がつけやすいし、どんどんのめり込んでいった。乗馬のコーチから「練習しましょう」と声をかけられても、「忙しくて時間が取れないんです」とそっけなく断っていた。

『北の零年』のクランクインを前にして、吉永は、牧場の女主人を演じる準備をするべく一五年ぶりに日高の牧場に足を運んだ。しかし、馬が動いてくれない。蹴飛ばしても、ムチで叩いても、ノソノソと元気がない。空白の期間が長すぎたのだ。

行定勲監督から注文があった。

「一頭の馬に乗って、もう一頭を引いて草原を走ってほしい」

長い間吉永を教えて、吉永のレベルを知っているコーチは、「無理だ、あぶない」と取り合ってくれない。

しかし、演技者として監督に「それは無理です、できません」と言うのは嫌であった。

「とにかくトライしてみましょう」

吉永は練習を始めた。

馬探しから始めて、バーズという頭のいいおとなしい馬にめぐり合うことができたのも幸いであった。引くほうの馬のジョンは、若くてヤンチャであったが、何度も何度も練習していくうちに二頭と吉永の息が合うようになり、速足で進むこともできるようになった。

吉永は思いが叶《かな》ってうれしかった。

が、その喜びも束の間、吉永は、コーチの急死という耐え難い事態にぶつかってしまった。乗馬シーンの撮影が始まる直前のことであった。

乗り越えなければいけないことであった。練習を重ね本番の日を迎えた。出番のない渡辺謙まで心配して現場に駆けつけてくれた。胸が熱くなった。

行定監督によると、吉永の乗馬姿は背筋がピンと立ち、美しく本格的であった。

〈「ついてきなさいよ」と、馬と気持ちを合わせなければダメなのかもしれない〉

そんな思いが馬にも伝わったのか、バーズとジョンは、楽しそうに草原を走り、本番では一回でOKが出た。吉永はうれしかった。

〈こんなふうに自分の好きなことが仕事で生《い》かせるのは、本当に楽しいことね〉

馬のシーンは、馬自体を事前に訓練していないと難しいと言われていた。はだか馬に何もつけないで走らせるのは難しい。だが、北海道の現地の人たちが協力してくれたおかげで、成功することができた。

実際は、先頭にはだか馬ではない馬を走らせ、それに続いていく形で走っている。が、CGによって、先頭の馬を消すことで、はだか馬が走りまわっている映像を撮影することができた。

吉永は、演技に対して、実に真摯《しんし》に取り組むことで知られている。行定監督にとって、一番印象的なのは、鍬《くわ》で畑を耕すシーンを演じるために、吉永が農家の協力を受けて、練習していたことだった。

ロケ地に行ってから練習したのでは、すぐには身につかない。そのため吉永は、助監督に頼み、練馬区のとある農園を紹介してもらい、二週間ほど鍬を入れる練習をしていた。

吉永演じる志乃が鍬を大地に入れながら語るラストシーンは、吉永にとっても、思い入れの強いシーンであるようであった。

もともと脚本にあったセリフだが、行定監督は、セリフなしで大地に鍬を入れるシーンを撮るだけで、観客には伝わると思っていた。が、吉永は、「あのセリフだけは言いたい」と行定監督に言っていた。

行定監督は、吉永の熱い思いを汲《く》み、脚本のままセリフを入れることにした。

「みなさまのお心が、北の地で一つになった。われわれの土地です。ここから始めたのです。生きていく限り、夢見ていく力がある限り、きっと何かがわたしたちを助けてくれる」

吉永には、あの言葉だけは観客に伝えなきゃいけない、という強い使命感があったようだった。朗読などを頻繁《ひんぱん》におこなうだけに、吉永は言葉をすごく大切にしている。

岡田裕介は、そのシーンとセリフは、ハリウッド映画の名作『風と共に去りぬ』のラストシーンをイメージしていたようだ。

クラーク・ゲーブル演じるレット・バトラーに去られたあと、スカーレット・オハラを演じるヴィヴィアン・リーがつぶやく。

「そうよ。タラに帰りましょう。帰ってから、レットを取り戻す方法を考えましょう」

それから、涙を拭きながら最後に、

「明日という日がある。希望を持って生きていこう」

彼女はそう言ってにっこりと微笑む。そのラストシーンをイメージしていたようだ。

『北の零年』は、雪の夕張から始まり、六月には日高地方の静内・浦河《うらかわ》とロケ地を移し、一六〇日以上の月日をかけて撮り終えた。

多くをワンシーンワンカットの通しで撮るために、撮影も時間がかかった。角度を変えて、何度も同じシーンを撮った。

六億〜七億円という規模で計画された『北の零年』であったが、最終的には、その倍を超える一五億円ほどの予算になった。岡田裕介は、最初は予算を絞《しぼ》るように言うが、価値があるものに対しては、費用をかける必要性をわかってくれるタイプのプロデューサーであった。

結局、当初の予算を上回ることになってしまったが、岡田裕介からは、あまり文句は言われなかった。

他のプロデューサーからは、予算について注意するように要望を受けているようであったが、実際、北海道の撮影現場に来たときは、

「ラッシュを見たけど、いいよ」

などと言って、叱咤激励してくれることがほとんどであった。

脚本についても、岡田は、あまりシーンをカットすることを望んではいなかった。

全シーンを繋《つな》いだら、三時間半ほどの映画になってしまったが、二時間四九分の長さで公開されることになった。

『北の零年』の初号試写が終わったあと、行定監督は吉永に言われた。

「完成した作品を観てこの結果がわかったから、次はもっとうまくやれると思うんです。もう一回、チャンスをください」

この反応には、作品の出来具合を心配していた行定監督が恐縮するほどであった。

『北の零年』で、吉永は、第二十九回日本アカデミー賞の最優秀主演女優賞を受賞した。このときは、行定監督も感慨ひとしおであった。

撮影後、行定監督は吉永とあまり会うことはなくなったが、折に触れてメールを送ってもらうこともあった。

行定監督は、のちに『パレード』で第六十回ベルリン国際映画祭の国際批評家連盟賞を受賞した。その際には、吉永から祝いのメールが送られてきたという。

『北の零年』の監督をしてから、行定には変化があった。どこに撮影に行っても、その自治体の首長から挨拶の際に、「『北の零年』を観ました。感動しました」と声をかけられるようになったのだ。

やはり、年輩の人にとっては、吉永小百合の出演している映画というのは、別格らしい。

行定に対しても、吉永の主演映画を撮影した監督がわが街に来てくれたという好意的な感覚で接してくれる。

反戦への強い思い

平成十七年八月一日、吉永は、新潟県中越《ちゅうえつ》地震で被災した新潟県長岡《ながおか》市で、コンサートに参加した。

広島に原爆が投下されて六〇回目の平成十七年八月六日。吉永は、東京・多摩《たま》市のホールで、市が主催した原爆詩朗読会に出演した。吉永の活動を知った多摩市から依頼を受けて六年目に実現した会だ。

千人を超える市民の前で、吉永は、峠三吉の「序」や大平数子《おおひらかずこ》の「慟哭《どうこく》」など一〇編の詩を核兵器廃絶の祈りを込めて読み、聴衆の涙を誘った。

峠三吉の「序」は、特に感動を与えた。

ちちをかえせ　ははをかえせ
としよりをかえせ
こどもをかえせ

わたしをかえせ　わたしにつながる
にんげんをかえせ
にんげんの　にんげんのよのあるかぎり
くずれぬへいわを
へいわをかえせ

長崎原爆の日にあたる平成十七年八月九日、吉永は長崎浦上《うらかみ》天主堂での平和コンサートに参加した。

吉永にとって何よりの励ましになったのが子供たちからの声だった。クラスの何十人という子が感想文を寄せてくれた。子供たちが成人して〝あのとき不思議な人が朗読していたな〟と思い出してくれるだけでもうれしかった。ずいぶん前に朗読会に参加してくれた岐阜県の山奥の中学生たちが成人式を迎えた。結婚してやめていた先生も迎えてクラス会を開き、吉永の朗読のことをみんなで話してくれたらしい。吉永は、すごくうれしかったという。

戦争の愚かさ、悲惨さ……。二度と繰り返してほしくないという思いは、子供や孫の世代にこそ語り継いでいかなければならない。

吉永は、工夫も重ねてきたという。あまりに辛く悲惨なものは避けたり、音楽を取り入れたりして子供たちに聞いてもらいやすい形を考えることも大切だ。

平成十七年一月、吉永は、『北の零年』のキャンペーンで沖縄に飛んだ。『あゝひめゆりの塔』の撮影後に慰霊碑を訪れた返還前の昭和四十三年以来、実に三七年ぶりであった。感慨もひとしおだったという。

吉永は、『あゝひめゆりの塔』のひめゆり部隊の女生徒を精一杯演じて、ただただ映画の中で泣いてばかりいた。が、のちに「これで良かったんだろうか」と思った。

数年後に、映画を観た元ひめゆり部隊の出身者が「本当に辛くて涙も出なかった」ということを語っていた。

当時は辛い映画にしてはいけなかったという制約もあったが、それからずっと沖縄の方たちに対して申し訳ないという気持ちが続いていて、沖縄に遊びに行ったり海水浴に行くなんていう気持ちにはなれなかった。

そのため、沖縄に足を運ぶこともなかった。

このとき、「めんそーれ沖縄」（ようこそ沖縄へ）と熱い歓迎を受け、新作の『北の零年』にいっぱいの拍手をもらって、吉永のなかの沖縄への思いは変わり始めた。

それまでは戦中、戦後の沖縄の人たちの苦しみを思ったら、沖縄のビーチで遊ぶなどということはできなかったのだ。友達にゴルフや海水浴に誘われても、頑《かたく》なに拒《こば》んでいた。

しかし、映画のキャンペーンで訪れた沖縄の人たちは明るくて、大らかで、限りなく優しかった。吉永は、いつか沖縄の美しい自然の中を旅したくなっていた。

スポーツニッポン平成十七年八月十五日号の「吉永小百合・平和への祈り」で語っている。

『沖縄の方々は常にわたしたちの犠牲になってこられたという気持ちがありました。三七年前にはパスポートを持って行ったように、長いこと日本への復帰もかなわなかった。今でもほとんどの米軍基地が沖縄にある。安易な気持ちでうかがいたくなかった』

吉永は、本土で唯一、地上戦の舞台となった「沖縄」をテーマにしたCDを制作する構想を抱いていた。原爆詩の朗読を収録した広島、長崎とは異なった趣になるが、根はいっしょ。平和へのメッセージだ。

『戦争を始めるのも人間。核兵器を作るのも人間です。ならば、人間の手でストップさせられるはず。みんなの気持ちがひとつになったとき、戦争もなくなり、二度と核兵器が使われない時代が来ると思う』

核廃絶に向けた動きがさらなる広がりを持つことを願って、吉永はこうも呼び掛ける。

『アメリカの大統領や世界の偉い人たちに広島の原爆資料館に足を運んでもらいたい。核を持っている国は、持っていない国に〝おまえたちは持つな〟と言って、自分たちは少しも減らそうとしないわけでしょ。核はめちゃめちゃ危険なものですから、保有している国が廃絶してくれることが何より。そうしたらどこも新たに開発しようと思いませんものね。〝お願いしますよ、ブッシュさん〟ってとこですね』

唯一の被爆国である日本だからこそ「わたしたちが世界に向かって発信していかなければならない」という、強い思いがある。

『人と人とが殺し合わないのが平和な世界だと思います。今は全然平和じゃない。日本がどうとかいうわけじゃなく、地球規模でそういうふうにならないといけないんじゃないでしょうか。これだけ地球単位で物を考えなければいけない時代になってきているんですから』

核兵器がこの世から消え、真の平和が訪れるのはいつのことか。そんな日が必ず訪れることを信じて吉永の原爆詩朗読は続いた。

沖縄への旅

吉永は沖縄にだけ辛い思いをさせているという気持ち、負い目をとても感じていた。以前、二十世紀の終わりに、二十一世紀の平和を願い、広島と長崎の原爆詩を朗読したCD『第二楽章（広島編）』『第二楽章　長崎から』を作っていた。多くの資料のなかから一つひとつ詩を選び、音楽を依頼して完成させたとき、吉永は、役目を果たすことができたと、ほっとした気持ちになった。

吉永は、いっぽうで胸の奥にある思いがあった。

〈これで終わってしまっていいのかしら。難しいけれど、沖縄戦で亡くなった人たちのことを題材にした『第二楽章　沖縄から』を作りたい〉

二回目の沖縄訪問から帰ってほどなく、吉永は一冊の本を見つけた。戦争童話集沖縄篇『ウミガメと少年』。野坂昭如が書き、黒田征太郎《くろだせいたろう》が絵を描いた作品だ。

昭和十九年十月十日の那覇《なは》空襲で焼け出されたテツオは、浦添《うらそえ》の集落にある伯母の家に、母と祖母とともに身を寄せ、その地の国民学校に転入する。ようやくできた友達は、がき大将のノリオと、お兄さんが空襲で大怪我をして入院している花子である。

ノリオは、花子とテツオの二人を自分だけの内緒の秘密基地に案内する。亀が産卵に寄る砂浜にほど近い、海沿いの崖下に海水の浸食によって造られた洞窟「ガマ」である。そこは、ジュゴンやウミガメはじめ様々な海の生き物も出入りする生命豊かな場所だった。

だが、戦火はのどかな田舎に見えた浦添にも迫っていた。テツオは、ノリオの秘密基地に逃げ込む。海からは断続的に艦砲《かんぽう》射撃が続く中、ある夜、砂浜にウミガメが上ってきたのを見つけるテツオ。

涙を流しながら産卵するウミガメを見守るテツオは、何としても卵の命を守りたいと思い、いつ砲撃されるかわからない砂浜から、ウミガメの卵を「ガマ」の中に移そうと思いつく。

すべての卵を運び終え、温かい砂を卵の上にかぶせようとしたそのとき、卵が一つ潰《つぶ》れているのに気づく。テツオは、呆然とその卵を見つめる。テツオは、もう孵《かえ》らないその卵の中身を無我夢中ですすり始める。

そして、一つ、また一つとカラごと卵をむさぼる。

それから、どれだけ経ったのか、「ガマ」には今も変わらぬ自然が息づいていた……。

吉永は、平成十八年六月に朗読CD『第二楽章　沖縄から「ウミガメと少年」』を出した。

石垣《いしがき》島出身の大島保克《おおしまやすかつ》が三線《サンシン》を弾き、歌い、島太鼓をたたき、まさに沖縄の世界が実現した。

吉永の朗読が終わると、夏川《なつかわ》りみの月の女神のような歌声が響く。波の音も沖縄の浜で録音して、『ウミガメと少年』は完成した。

吉永は、『第二楽章　沖縄から』のCDを沖縄の方に聞いてもらった。彼らは言った。

「戦争がなかったら、沖縄の人たちは泣くよりも笑うことのほうがとても好きなんですよ」

それからは、吉永も、辛い思いを抱えていないで、もっと沖縄の本当のいいところを見るためにも来なければと思った。

〈もっと、沖縄のことを知りたい〉

吉永は、三回目の沖縄への旅に出かけた。

最初に訪れたのは、沖縄本島の南部にある百名《ひゃくな》ビーチ。そのあたりに昔、沖縄の神が舞い降りたという言い伝えがある美しい浜であった。今でも沖縄の人々は、自然の神様に捧げる供物を持ってこの浜にやって来る。

吉永は、ふと想像した。

〈ひょっとしたら、少年はこの浜で、ウミガメを見たのかもしれない〉

南の風が心地よく、吉永は海の彼方、流れる雲を見続けた。

母の他界

吉永にとって、結婚にも反対された母娘のわだかまりは、時間の経過とともに少しずつ溶けていったという。

岡田太郎は吉永が選んだ夫であり、ずっと長い間仲睦まじく暮らしてきたことも事実である。さすがの母親の和枝も「まあ仕方がない」と納得するしかなかったのだろう。

特に晩年には母娘の交流が深まり、吉永と岡田は和枝の介護に出向いたり、九〇歳のお祝いの会を開いたりした。

平成十七年五月、吉永和枝は亡くなった。

吉永は母親が他界し、実家の応接間に残された小型のグランドピアノの蓋《ふた》を開けた。懐かしい香りがした。幼い頃母親が弾いていたワルツを思い出し、胸が熱くなった。もう三〇年以上もピアノを弾いていない。

〈母親の形見のピアノで、少しずつ練習してみようかしら……〉

『母《かあ》べえ』

平成二十年一月公開の山田洋次監督の『母べえ』の原作は、黒澤明監督の名作『羅生門』以来のスクリプター（撮影進行記録者）だった野上照代《のがみてるよ》が書いた『父へのレクイエム』で、自らの少女時代を描いた実話である。

昭和十五年、東京。野上佳代は夫・滋と幼い娘二人とで幸せに暮らしていた。ところがある日、文学者で反戦主義者の滋が、国体護持のために社会主義者、共産主義者を取り締まる特別高等警察、いわゆる特高により逮捕。収監されても信念を曲げなかったため、一家にとって予想もしなかった長き悲劇の日々が始まる。それでも滋の教え子の山崎らに支えられ、佳代は激動の時代を生き続ける、というストーリーである。

坂東三津五郎《ばんどうみつごろう》演じる父親の「父《とう》べえ」野上滋は獄中なので、母親の「母べえ」佳代が主人公の話となる。山田監督は、母親を演じるのは、吉永小百合しかいない、と思ったという。

吉永は、主人公の「母べえ」を演じるにあたり、自分の年齢のことを気にかけていた。

主人公の「母べえ」は一二歳と九歳の二人の娘の母親で、年齢は二〇代後半である。吉永はこのとき、還暦を過ぎていた。吉永は山田監督に電話で言った。

「ちょっと年齢的に、この役はもう無理なんじゃないですか」

すると、山田監督は説得した。

「あの時代のお母さんは、あまり食べていないし、実際の写真も、本当に痩《や》せて老けて見えますから、大丈夫ですよ」

「ああ、なるほど……」

吉永は、それで納得して引き受けることにした。

〈確かにあの当時のお母さんたちは、自分の身をかまっている時間もなく、大変な思いをして生きていたのだろう〉

吉永は野上の母親の写真を見せてもらったが、痩せたその姿から当時の生活の厳しさがうかがえた。

山田洋次監督から浅野忠信《あさのただのぶ》への要求

平成十八年、俳優の浅野忠信のもとに『母べえ』の脚本が届けられた。プロデューサーが説明した。

「山田洋次監督の作品で、浅野さんには『山ちゃん』という役を考えています」

『母べえ』は日中戦争が激化する中、夫を思想犯で留置場に入れられた野上佳代が、女手ひとつで娘二人を育てる物語である。山ちゃんこと山崎徹はこの母娘を支える重要な存在で、ヒロイン・吉永小百合をひそかに慕う相手役である。

浅野は、驚きと意外な思いでその脚本を手にした。

〈山田監督は、なぜ自分を選んでくださったのだろう〉

浅野忠信といえば、若い頃からアクの強いインディーズ（自主制作）映画に数多く出演してきた個性派俳優である。人情劇を得意とする山田監督の作風とはかけ離れた存在であった。また浅野は硬派で男くさいイメージが定着していたが、山田監督がもってきたのは軟弱《なんじやく》なインテリ青年役である。浅野はこのような役を、かつて一度も依頼されたことがなかった。

〈果たして、自分にこの役ができるのだろうか〉

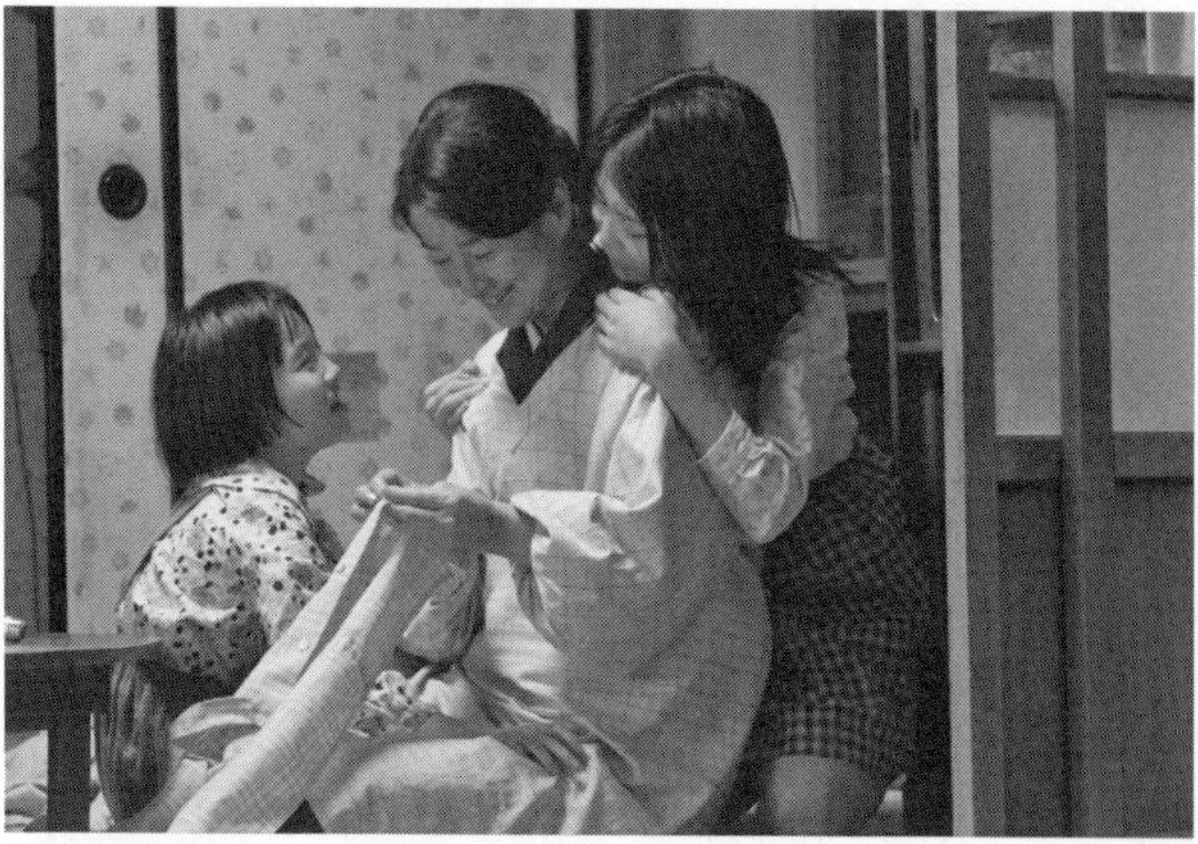

『母べえ』（2007年）　監督／山田洋次　共演／志田未来　©2007「母べえ」製作委員会

浅野は、山田監督に直接訊いてみた。

「どうして、ぼくなんでしょうか？」

山田監督が答えた。

「だから、きみなんだよ」

この言葉が、浅野の役者魂に火を点けた。

〈監督には見えているものがある。どうやって演じていいのかはわからないが、そこに一緒に向かえば、きっと新しい自分を発見してもらえるにちがいない〉

この頃の浅野は、俳優としてある種の限界を感じていた。

浅野忠信は、昭和四十八年十一月二十七日、神奈川《かながわ》県横浜《よこはま》市南区に生まれた。平成二年、一六歳で映画デビューして以来、これまで一〇〇本近くの映画に出演してきた。が、三〇歳になった頃から、これまでの演じ方に疑問を抱くようになった。

これまでは自分がどう演じても周囲は必ずＯＫを出してくれたし、チヤホヤともてはやしてくれた。浅野自身も、与えられた役を自分の日常の延長線上に置き、「演技をしない」「素で演じる」ことにこだわって、それが監督にも観客にも認めてもらえた。

浅野は、いかにも芝居をしています、というオーバーアクションの演技が嫌いだった。そうした芝居を求められたことは何度かあったものの、浅野はそれを突っぱねてきた。が、年齢と経験を重ねていくにしたがって、これまでと同じような演じ方では納得できなくなっていた。芝居そのものも楽しむことができない。そんなときに山田監督から意外な出演依頼がきた。自分がこれまで目を向けなかった演じ方、スクリーンの中だから許されるような演技を試してみたい、という気持ちになったのである。

〈自分の俳優人生の中で、絶対にやらなければならない役だ。こんなチャンスはないぞ〉

浅野は山田監督に「ぜひやらせてください」と返事をした。

じつは、山ちゃんが母べえに思いを寄せているという映画での描写は、山田監督の創作だという。実際の山ちゃんのモデルは、檀《だん》れい演じる母べえの義妹の久子と結婚し、戦後も生きている。


浅野忠信は『母べえ』の台本を何度も読み返しながら、自分が演じる山ちゃんという人物についてじっくり考えた。おそらく、彼の生真面目なところが魅力につながっており、ユーモラスな部分もそこから生まれているのだろう。

とはいえ、魅力の核となる部分はまだ摑みきれていない。浅野は、まずは山ちゃんのように真面目に台詞を覚え、真面目に自分の役に取り組んで、一つの役をどんどん掘り下げていこうと決めた。

〈そうしていれば、そこから山田監督や周りの人たちが、山ちゃんのユーモラスな部分や憎めない何かをきっと見つけてくれる。そこはもう監督に頼るしかない〉

実際、山田監督はつねに「新しい山ちゃん」を現場で探し続けていた。山田は浅野にそのつど問いかけた。

「大切な先生の家族と向き合ったとき、今のきみはどういう風に接するかな」

浅野が自分の意見を言うと、山田は「ああ、そうだよなぁ」と言い、そこからまた考えを進めていった。面白いことは積極的にどんどん取り入れていこうという姿勢があった。

ある日、山田監督が浅野に言った。

「山ちゃんはドイツ語学を専攻していて、ドイツ語の歌を歌うシーンがある。だから、練習してくれないか。ただし、山ちゃんなんだから、下手でいいんだ。決してうまく歌ってはいけないよ」

山田監督は音楽大学のドイツ歌曲の先生をつけてくれた。

浅野が歌うのは、シューベルトの「野ばら」と「菩提樹《ぼだいじゅ》」の二曲である。浅野はドイツ語の歌詞を必死になって覚え、日本語の歌詞も調べて理解した。先生のレッスンは厳しかった。下手でいいはずなのに、先生は当然ながらプロ並みの技量を求めてくる。

「いやいや、声の出し方がなってない！　声は、喉ではなく、腹から出すんだ」

浅野は必死で先生の言うとおり発声を続けたが、ある日たまらずに言った。

「先生、監督からは『あまりうまくなくていい』と言われてるんですけど……」

すると、先生がキッパリと言った。

「大丈夫だ。きみがいくら練習しても、うまくはならないよ」

ズバリ言われ、浅野は「ああわかりました……」としか言い返せなかった。

いよいよリハーサルとなり、浅野は練習の成果を山田監督の前で披露した。すると、監督がつぶやいた。

「下手だなあ」

浅野は、あわてて言った。

「いや、監督は下手でいいと言いましたよね」

が、山田監督はまったく納得していなかった。

「下手だね。違うんだよなあ。もっと、ちゃんと歌ってくれ」

追い込まれた浅野は、再び先生についてレッスンを重ねた。

本番では、一〇回も撮り直しがおこなわれた。それは、山ちゃんが母べえの自宅を訪ねた際、足を痺《しび》れさせて転倒するシーンでも同様だった。

現場では、「どうやったら面白おかしく転ぶことができるか」が話し合われ、浅野は何度も何度も転んでみせた。そうした中で、浅野は立ち上がった際に頭を鴨居《かもい》にガンとぶつけた。

それを見た山田監督が、言った。

「今のいいね。ぜひ本番でやろう」

こうして山ちゃんの魅力を監督に見つけてもらい、引き出してもらうという作業を繰り返していった。浅野は思った。

〈山田監督は、ある一つの目的地に到達するまで徹底的にやられるんだな〉

それは吉永に対しても同じだった。シーンによっては何度も撮り直し、きちんと納得する演技を求めた。

こうしたやり方は山田監督ならではのもので、当然ながら監督によって俳優に対する求め方というのは違っていた。

平成十一年に大島渚《おおしまなぎさ》監督の『御法度《ごはっと》』に出演した浅野は、大島監督から言われた。

「きみに渡した時点で、これはきみの役になる。だから好きにやりなさい」

浅野が演技のことなどで質問しても、大島監督は「それは、きみが決めるんだよ」と言う。だから浅野がどう演じようとNGが出ない。いっぽう、山田監督の場合は、監督が納得するところまで妥協しない。

「なんか違うんだよ、もう一回やってくれ」

「なんか違う、それはこうなんじゃない、こうなんじゃない？」

何度もNGを出してくる。具体的なことは言わずに「何かもっといい演技ができるはず」という要求をしてくる。

試行錯誤を何度も繰り返すうちに、監督の求める何かに応えられる瞬間がやってくる。

浅野は、何ともいえない充実感で満たされた。

〈こんなふうに真面目に役に向き合えば、その役の持つ魅力というのを自分で見つけることができるんだな〉

こうして浅野は、山田監督から役作りについて徹底的に助けてもらった。俳優からもっと何か出てくるんじゃないかと考えてくれる。いいと思うところまでキチッと持っていき、変な妥協は絶対にしない。わかりやすいし、気持ちが乗ってくる。浅野は、山田監督に要求されるたびに、俳優としての力がついていくように感じた。それでも迷うときは、周囲の人々がヒントをくれた。吉永もその一人だった。台詞の間の取り方やしぐさなど、まねてみようか、というヒントを、役を通じてもらうことがあった。

浅野は役柄もあって、つねに吉永を見ていた。

山田監督の要求は、難しかった。浅野は監督に追い込まれ、山ちゃんを演じることに精一杯で、現場ではいつもテンパって周囲が見えていない状態だった。

そんな浅野の傍《そば》にいつもいてくれたのが吉永だった。一人の俳優としても、男としても、こんな魅力的な女性と一緒に仕事をする機会というのはそうそうない。緊張もするが、浅野は信じていた。

〈ここで思いきって演じれば、きっと吉永さんは受け止めてくれるはずだ〉

実際、吉永は野上佳代という役で応えてくれた。吉永にやさしく「山ちゃん」と言われると、浅野はすぐに冷静になって演技を続けることができた。吉永さんはつねに自分を温かく見守ってくれている。そう感じることができた。

山ちゃんが母べえに恋をしている。浅野にとって、それはまったく自然であった。実際の二人は親子ほども年が離れていたが、役に没入していた浅野は、撮影の間ずっと吉永を魅力的な一人の女性として見ていた。

純潔な女性ならではのエロスが、吉永にはあった。女性が還暦を過ぎていると聞けば普通は気持ちが萎《な》えるものだが、浅野は余計にゾクリとするものを感じた。吉永には六〇を過ぎた女性という印象はまったくなく、むしろ次のように感じていた。

〈六〇代であの魅力をキープしている女性が存在するこの世は、まったく夢のようだ〉

吉永ほどの魅力を放つ六〇代の女性は、周囲に一人もいなかった。

浅野は頭の中でさまざまな想像をした。一人の男として「こんな人と本当に結ばれたらどうなってしまうんだろう」と考えさせてくれる存在であった。きっと、山ちゃんもこうして佳代のことを考えているにちがいなかった。吉永を魅力的に思うからこそ、自然と山ちゃんの気持ちに同調できた。

〈大人の女性だから、デートしていても吉永さんがリードしてくれるだろう……〉

さらに想像は進み、役抜きの吉永小百合という一人の女性と、浅野忠信という一人の男が向かい合う。浅野は、さまざまなシチュエーションを頭の中で巡らせた。吉永さんなら、きっと素敵な店をいろいろ知っているにちがいない。デートのときはいろいろ連れ回してくれて、ぼくのような何も知らない男でも優しく叱ってくれて、それから夜も一緒に過ごして……。

浅野は、これ以上考えてはならないところまで想像をめぐらせた。

これほど魅力的な大女優と共演したのは、浅野にとって非常に幸運なことであった。

「つるべえ、いい加減にしなさい！」

空き時間も吉永は楽屋に帰らず、浅野の近くにいてくれた。いつも子供たち二人を交えて現場の隅のほうに四人で集まった。

長女・初子の「初《はつ》べえ」役の志田未来《しだみらい》は、当時中学生。思春期を迎える年頃だったため、恥ずかしがり屋な面があった。

次女・照美の「照《てる》べえ」役の佐藤未来《さとうみく》はまだ小学校低学年で、映画の中のままの明るく人なつこい少女だった。吉永もスタッフも、佐藤をみんなの子どもという感じで可愛がった。

勉強のできるお姉ちゃんと、やんちゃな妹。吉永にとって今回は、母娘に見えるかどうかという不安もあったので、撮影中も休み時間は紙風船で遊んだり、しりとりをしたり、とにかく極力子どもたちの輪の中にいようと思った。いろいろなことを一緒にやったが、初べえと照べえは、本当に対照的であったという。

山田監督たちスタッフは、結構、持て余していたのに、吉永は本当によく子どもたちと付き合っていた。山田監督は、なんて優しいんだろうと、感心していたという。

佐藤がはしゃいでいると、吉永が「照べえ、いい加減にしなさい、うるさいですよ、静かにしなさい」と役の名前で叱る。まるで演技の続きをしているようである。

共演者の笑福亭鶴瓶が一緒のときの話である。相変わらず子どもたちはヤンヤヤンヤと騒いでいる。すると、吉永がまた「照べえ」を叱りつけた。

「つるべえ、いい加減にしなさい！」

「照べえ」と言うべきところを、吉永は「つるべえ」と言い間違ったのだ。

すかさず鶴瓶が突っ込んだ。

「なんや、ワシかい」

が、鶴瓶にそう言われても、吉永は自分の間違いにまったく気づいていなかった。

「本当に困った子ね。ねえ、鶴瓶さん」

吉永のその様子が可愛らしくておもしろくて、みんなで笑い合った。

鶴瓶自身は、その頃、自分が将来映画に出演することになるとは、まったく思っていなかった。

自らの師匠の笑福亭松鶴や落語家の月亭八方《つきていはっぽう》が「男はつらいよ」シリーズなどに起用されていた際には、「同じ落語家なのに、すごいなあ」と思っているだけであった。

吉永小百合が主演した山田洋次監督作品の『母べえ』で、鶴瓶は藤岡仙吉役を演じた。鶴瓶にとっては、すごく好きな役だったという。

鶴瓶は、撮影前、知人から山田監督の撮影現場での怖さを聞いていた。

だが実際は、山田監督は、撮影では一切鶴瓶を怒らず、そのコミカルな演技に笑いっぱなしであった。

山田監督は撮影中も大声で笑っていて、楽しくてしょうがないみたいな感じで映画を撮っている。

鶴瓶は思った。

〈たぶん、僕みたいなのは、山田監督の想像外なのかもしれない〉

だから、おかしくてしょうがないのかもしれない。

『母べえ』では、鶴瓶がスイカを食べるシーンがあるが、その撮影シーンでも大爆笑をしていた。

山田監督は、喜劇を演じさせる場合には、なるべくのびのびと演じられる状況を作るほうがいいと思っている。きっちりと演じるより、緩やかに演じさせたほうがよい。渥美清のときもそうであった。

ただ、大事なシーンは、きっちりやってもらわなくてはいけない。そこはしっかりと演出するようにしている。

笑福亭鶴瓶がいるだけで場が和《なご》んだ。たとえ現場がピリピリとした雰囲気であっても、必ず笑いの方向へ持っていってくれる。これが落語やお笑いの中で培ってきた実力というものなのだろう。

また、鶴瓶は人によって態度を変えることがなかった。エキストラや一般人と接するときも、同じテンションで分け隔てなく接している。

浅野は、つくづく感心した。

〈やはり鶴瓶さんはすごい〉

吉永の見るところ、笑福亭鶴瓶演じる藤岡仙吉は、人々が心の奥にしまい込んでいる本音をズバズバと言う小気味のよさと人なつこさがあった。

そして何より、鶴瓶が見るところ、普通の人々の何気ない生活を追う中に、山田監督の反戦メッセージが込められていた。

平成二十年二月七日、第五十八回ベルリン国際映画祭が開催された。一〇日間で四〇〇本以上の映画が上映され、日本映画ではコンペティション部門に山田洋次監督の『母べえ』がノミネートされたが、受賞はならなかった。

山田洋次監督をはじめ、吉永小百合、浅野忠信らもドイツに渡った。在ドイツ日本国大使館での食事会では、『母べえ』の時代背景となった日中戦争や当時の国情について話が盛り上がった。残念ながら、一人年齢が若い浅野はなかなか話についていくことができなかった。

浅野忠信は、三〇代でぶち当たった壁を、山田洋次監督の力を借りて乗り越えることができた。一つひとつの役に真正面から向き合い、毎日その役としての時間を生きてみる。それが、その役にどれだけ豊かさをもたらしてくれるかを知った。真剣に向き合ったことで、山ちゃんという役をとことん愛することもできた。

浅野は、監督から教わったことを生かして、その後もさまざまな役に取り組んでいった。

〈もう一度ご縁があったら、山田監督とまたぜひやってみたい。別の役をいただいたとき、山田監督はどんなふうに自分を見てくれるのだろう〉

また浅野は、ふたたび吉永小百合と共演したいと熱望している。

〈今度は山田監督以外の現場でご一緒したい。『母べえ』のときとはまったくちがう、欲を言えば男と女の役でやってみたい……〉

『おとうと』

平成二十二年一月公開の『おとうと』が製作されたのは、平成二十年二月に亡くなった市川崑監督のお別れの会に山田洋次監督が行ったことがきっかけであった。

市川監督は、昭和三十五年に岸惠子を主演に幸田文《こうだあや》の小説『おとうと』を映画化していた。

東宝の撮影所でおこなわれたお別れの会で、市川崑のフィルモグラフィが上映されたが、そのなかで『おとうと』も取り上げられていて、会場には、吉永小百合も来ていた。

その吉永の姿を見て、山田監督は思った。

〈吉永さんが不良のおとうとに悩まされる話ができるな。おとうとは、鶴瓶だな〉

山田監督の『おとうと』では、最後に「市川崑監督に捧げる」という字幕が出て、いくつかのシーンでは市川崑監督作の『おとうと』へのオマージュもある。

女手ひとつで娘を育ててきた吉永演じる姉の高野吟子と、大阪で芸人にあこがれながら破天荒な暮らしを送る笑福亭鶴瓶演じる弟・丹野鉄郎との再会と別れを描く家族ドラマである。戦後に生まれ育った姉弟の絆《きずな》を、バブル景気直前に生まれた蒼井優《あおいゆう》演じる娘の高野小春を通して描くことで、現在と今後の日本の家族の姿を映す。

『おとうと』の劇中で、笑福亭鶴瓶が結婚式で暴れる場面は、『男はつらいよ』の一作目での結婚式の大騒ぎに近いものがある。

『おとうと』では、厳しい演出で知られる山田洋次は、鶴瓶の共演者の小林稔侍《こばやしねんじ》にはダメ出しを何度もするのに、なぜか鶴瓶にはしなかった。

不思議に思った鶴瓶は、監督に聞いた。

「僕は、こんな感じでいいんですか」

そう尋ねても、山田監督は、「いいですよ」と言うだけであった。

鶴瓶は、今でも、自分のことを役者だとは思っていない。鶴瓶は思う。

〈役者だと思っていないから、本人はちゃんと演じているつもりでも、それが天然に思えるのかも。だからダメ出しされないのかもしれない〉

が、笑福亭鶴瓶が演じる役にはまったく二枚目的な要素がなく、本人の人柄がそのまま反映されているように見える。

吉永小百合も現場で鶴瓶を見ていて、本人の地のままでいるのか、演技をしているのかわからないようなところがあると感じていた。その人にはわからせないところがまた、彼の魅力につながっているのである。

笑福亭鶴瓶は、誰に対しても態度が変わらない。もともと人間が好きなのだろう。俳優として役を演じていても、持ち前の人なつこさがとても魅力的だった。プロの俳優にはない、何かを感じさせるのである。だからNHKの旅番組「鶴瓶の家族に乾杯」のような、台本や仕込みのない、ぶっつけ本番で全国の住民と触れ合う番組が成立するのだろう。

同じ喜劇人とはいえ、同じく山田が監督した「男はつらいよ」シリーズの渥美清には二ヒルなところがあり、映画でも二枚目のシーンがあった。

そんな鶴瓶だが、『おとうと』のラストシーンだけは違った。鉄郎は死病に冒されて亡くなるため、鶴瓶は一五キロも減量して別人のような雰囲気になって現場に現れた。このときばかりは、鶴瓶もハッキリと演じている。痩せて尖った顔で、切ない芝居を見事にこなして見せた。

〈鶴瓶さんと、ぜひまた共演したい。関西を舞台に夫婦役なんかどうだろう〉

吉永が鶴瓶にその話をしてみると、諸手《もろて》を挙げて喜んでくれた。

『おとうと』のクランクアップの後、吉永は、笑福亭鶴瓶とともに山田洋次監督に願い出た。

「今度は鶴瓶さんと夫婦役でぜひお願いします」

すると山田はフフッと笑っただけで、まったく取り合ってくれなかった。

吉永と鶴瓶は「ダメなのかな……」と二人でしょんぼりした。

『北のカナリアたち』と阪本順治監督

『顔』や『大鹿村騒動記《おおしかむらそうどうき》』などの監督である阪本順治は、平成二十四年十一月に公開された『北のカナリアたち』で、初めて吉永小百合と仕事をすることになった。

東映創立六十周年記念にあたる本作は、湊《みなと》かなえ原作の短編集『往復書簡』に所収された「二〇年後の宿題」を原案とし、吉永小百合の一一六本目の出演作品になる。

阪本が初めて吉永と接点を持ったのは、第二十四回日本アカデミー賞の授賞式に出席したときであった。このとき阪本は、藤山直美《ふじやまなおみ》主演で、平成十二年八月に公開された『顔』で「最優秀監督賞」を受賞した。

いっぽう、吉永は、『長崎ぶらぶら節』で「最優秀主演女優賞」を受賞していた。

『顔』は、このときのアカデミー賞で、「最優秀監督賞」の他にも、「優秀作品賞」、「優秀助演女優賞」、「優秀脚本賞」、「優秀音楽賞」を受賞。「キネマ旬報」でも、その年の第一位になるなど高く評価され、その年の映画賞を総なめにしていた。

日本アカデミー賞では、最後に各賞の受賞者たちが壇上にあがり、トロフィーを持ち、記念写真を撮影するのが恒例だ。

だが阪本は、記念撮影があることを知らなかった。そのため、「最優秀監督賞」を受賞し、トロフィーを受け取ったあとは、打ち上げ気分で酒を飲んでいた。

そこに記念撮影のために、壇上に呼ばれることになった。ホロ酔い気分に浸っていた阪本は、急いで向かった。

急いで登壇すると、自分のミスに気づいた。他の受賞者たちが手にしているようにトロフィーを持たずに、急いで手ぶらで登壇してしまったのだ。

阪本は、さすがに焦った。

〈時間をかけてしまうから、今さら戻るわけにもいかないな。どうしよう……〉

すると、横から声がかかった。

「わたしのトロフィーを、いっしょに持ちましょうよ」

見ると、吉永小百合が自分のトロフィーを示しながら声をかけてくれている。吉永は、手ぶらで焦《あせ》る阪本の素振りを見て、気を利かせてくれたようであった。

「ありがとうございます」

阪本は礼を言い、吉永が差し出してくれたトロフィーをともに持ち、写真におさまった。

それが、阪本と吉永の初めての会話であった。

それ以降も、様々な授賞式などで挨拶することはあった。が、親しく話したりするような機会はなかった。

『北のカナリアたち』の監督のオファーが東映からきたとき、阪本は驚いた。

〈まさか、自分が吉永さん主演の映画の監督をすることになるなんて……〉

と同時に思った。

〈吉永さん主演の映画か。ぜひ、チャレンジしてみたいな〉

阪本にとっても、新たな挑戦になると強く思ったという。

〈吉永さんを演出することを含めて、自分が監督になってからの手練手管《てれんてくだ》は通じないだろうな〉

のちに、東映の岡田裕介社長から聞いたところによると、『北のカナリアたち』の監督を選ぶ際に、吉永小百合から阪本の名前が候補の一人としてあがったという。

昭和三十三年生まれの阪本自身、もちろん少年時代から吉永主演の映画をたくさん観ていた。特に浦山桐郎監督の『キューポラのある街』は大好きで、横浜国立大学の学生時代には、学園祭で自ら上映会を企画するほどであった。

だが、映画界に入ってからは、吉永のことは、縁遠い存在だと思っていた。

阪本は、『どついたるねん』で映画監督としてデビューして以来、メジャーな配給会社の向こうを張るようなオリジナル脚本のインディーズ映画を監督することが多かった。

いっぽうの吉永は、デビュー以来、日本映画のスターとして、王道ともいえる数々の作品群に出演してきていた。高額な製作費をかけ、大手の配給会社がその社運をかけるような、いわば大作映画が主戦場であった。

阪本は、冗談を交えて語る。

「吉永さんはいわば映画界の王道だけど、自分は同じ王道でも王の道ではなく、横の道と書く横道なんです」

阪本は、藤山直美主演の『顔』や観月《みづき》ありさ主演の『ぼくんち』のように女性が主演の映画も手掛けていた。が、デビュー作『どついたるねん』の強烈な印象もあって、主に男の濃厚な世界を撮る映画監督として認知されていた。

阪本自身も、自分の映画は、基本的には、憧れとする男性像を描く作品が中心だという意識があった。

『北のカナリアたち』は、東映六十周年記念の冠作品である。撮影監督も大ベテランの木村大作。ロケ地も北海道の利尻《りしり》島と礼文《れぶん》島で、中断をはさんで八ヶ月間にもわたる撮影期間と、これまで阪本が監督してきた作品とは、規模が異なるものであった。

阪本は、監督に臨むうえで、非常に重い責任と同時にスリルを感じていた。

〈自分も監督として、さらに変われるチャンスかもしれない〉

北海道の最北端の離島を舞台にしたこの映画で、吉永は分校で小学校教師を務める川島はるを演じている。分校には六人の教え子がいて、はるは子供たちの歌の才能を見出し、合唱を指導することで、交流を深めていった。

『北のカナリアたち』（2012年）　監督／阪本順治　©2012「北のカナリアたち」製作委員会

しかし、ある夏の日、生徒たちとのバーベキューで悲しい事故が起きる。柴田恭兵《しばたきようへい》演じるはるの夫である行夫が海に落ちた子供を助けたかわりに、命を失ってしまうのだ。しかも事故のときに、はるが仲村《なかむら》トオル演じる警察官・阿部英輔と会っていたことが判明する。狭い島の噂になり、子供たちは心に深い傷を負う。島にいられなくなったはるは、教え子たちを残して、島を去る。

それから二〇年後、東京で働くはるのもとに思わぬ知らせがくる。それは、教え子の一人、鈴木信人が殺人事件を起こしたというものだった。

はるは、真偽を確かめるため、そしてまた、空白の二〇年間の思いを六人に伝えるため、島にふたたび足を踏み入れることを決意し、成長したそれぞれのもとを訪れていく……。

映画では、成長した子供たちとの再会を通して、事件の背景や真相が少しずつ浮き彫りにされる。同時に、はるや子供たちが自らの傷と向き合っていく過程がミステリータッチで描かれている。

阪本は、『北のカナリアたち』を撮影するにあたり、まず最初に主演の吉永小百合を知ることから始めなければいけないと思った。

監督と主演女優は、いわば共同作業者としての関係性もある。クランクインしてからお互いのコミュニケーションの取り方を模索していたら、手遅れになってしまう。

阪本はこれまでも、クランクイン前に、主演の俳優とコミュニケーションを充分にはかり、その人となりを把握するように心掛けていた。演出する場合でも、どういう言葉がその俳優に響くのか、どうしたら伝わりやすいか、という視点はとても重要なものだ。

阪本にしてみれば、クランクイン前に主演俳優とサシで会談することは、映画を作るうえにおいての欠かせない儀式であった。

そのときには、脚本についての話や、役柄の話ももちろんする。が、それだけではなかった。生まれ育った環境などその俳優の人生に関する話もするようにしていた。もちろん、酒の力を借りることもあるが、どの作品でも主演俳優たちと欠かさずおこなっていた。

しかし、今回の主演女優は、吉永小百合だ。

阪本には、若干の懸念があった。

〈自分から吉永さんに、「二人っきりでちょっとご飯を食べてくれませんか」と気安く声をかけてもいいものだろうか〉

阪本がそう思っていたところ、ちょうど、吉永本人から食事の誘いがあった。

阪本と吉永は、まだ脚本が決定稿になる前に、打ち合わせを兼ねて食事をすることになった。

三時間ほどの食事の間、はじめは映画についての話が中心だったが、社会問題の話にもなった。

当時はまだ平成二十三年三月十一日に発生した東日本大震災から日も浅い。そのため、その日の新聞に掲載された記事をきっかけに、核や原子力発電についての話になることもあった。原爆についての朗読劇をライフワークとする吉永は、社会的な問題についての関心も非常に高い。映画はもちろん、そうしたテーマについてもざっくばらんに語り合った。

また、阪本の監督作である『大鹿村騒動記』についての印象が吉永から語られることもあった。吉永は、『大鹿村騒動記』に出演している大楠道代《おおくすみちよ》と共演していることもあり、親しかった。

阪本は、冗談交じりに吉永に言われたという。

「大鹿村、観ましたよ。『大鹿村騒動記』じゃなくて、『大楠村騒動記』ですね」

結局、阪本と吉永は、クランクイン前に三回ほど食事をし、撮影にあたっての意思疎通を徐々にはかっていった。特に、映画には描かれない空白の二〇年間をどのように過ごしていたかについても熱心に語り合った。

また、携帯のメールアドレスを交換し、吉永演じる川島はるのキャラクターについての意見交換も重ねた。これはクランクインしてからも連日続いたという。

『北のカナリアたち』は、道ならぬ恋も描いた。また殺人事件を犯した元教え子の逃亡もありと、サスペンス的要素も強い作品になっている。

阪本は、物語性だけで見せるのでなく、人の心や気持ちをすくい上げながら、サスペンスを盛り上げていくことに主眼を置いていた。

阪本は思った。

〈それを表現するのは、セリフだけじゃない。話し始める前の表情や、話し終わったあとの表情を、大事に撮らなくてはいけない〉

自らが出演する作品にかける吉永の思いは強い。阪本は、これまでに監督を務めた作品のどの主演俳優よりも、頻繁に意見交換をおこなった。

監督の言うことを聞かないキャメラマン

『北のカナリアたち』で木村大作が撮影監督に起用されるきっかけも、吉永だった。

吉永は、木村のスケジュールが空いていることを知り、東映の岡田裕介社長に木村の起用を提案したのだという。

木村大作は、昭和十四年生まれで、森谷司郎や岡本喜八《おかもときはち》監督とのコンビで名を高めていった。吉永とは、森谷司郎監督の『海峡』、深作欣二監督の『華の乱』、舛田利雄監督の『天国の大罪』、出目昌伸監督の『霧の子午線』、澤井信一郎監督の『時雨の記』と五本も組んでいた。『時雨の記』からは一四年もの期間が空いていた。もちろん、その間にも、何回か木村をキャメラマンに起用するという話はあった。が、スケジュールの関係などで実現できなかった。

吉永の提案を受けた岡田裕介は、木村に連絡をしてきた。

「脚本を読んで、受けるかどうか、決めてください」

岡田からはそう言われた。が、木村は、二つ返事で了承した。

「小百合さんがそう言ってくれるんだったら、やるよ」

北海道の利尻島、礼文島で撮影をするという話も魅力的であった。木村は、撮影者だけに、映画を撮影する場合、どこで撮るのか、という点をとても重視していた。

監督は、『顔』や『KT』、『大鹿村騒動記』などの作品のある阪本順治であった。

木村は、岡田裕介にたずねた。

「阪本監督は、オレと組むことをどう思ってるの？」

岡田は言った。

「阪本監督は嫌だって言ってるよ」

「じゃあ、監督と一回会うか」

そう言って、次の日、木村と岡田、阪本は会って話をすることになった。

阪本は洒脱《しゃだつ》なところがあり、木村に正直に話してきた。

「木村さんのこと、監督の言うことを聞かないキャメラマンって聞いています」

木村は、もちろん否定した。

「そんなことはないよ」

「でも、元（のエピソード）はあるんでしょ」

阪本は、その噂の由来になるエピソードを聞きたがった。木村がいくつかの話をすると、その場は大笑いになり、二人は打ち解け、一度やってみようという話になった。


平成二十七年のＮＨＫ朝の連続テレビ小説『マッサン』でしっかり者のニシン漁師の娘・森野ハナを好演するなど、その演技力が高く評価されている小池栄子。

そんな小池が、映画『北のカナリアたち』で吉永小百合と共演することが決まったとき、本人以上に喜んだのは、小池の両親だった。

「吉永小百合と共演するんだって？　それ、本当か？」

「いやぁー、もう、それだけで親孝行だ」

「栄子も立派になったものだ」

両親は、そう言って小池を褒めてくれた。

小池の両親は、団塊世代から七〇代にかけて多く見られる「サユリスト」と同年代である。小池は、『キューポラのある街』などしか観ていないが、両親は吉永小百合出演映画を若い頃からずっとリアルタイムで観続けている。

女優業の大先輩である「吉永小百合」は、小池にとって憧れの女優だった。が、両親の尋常《じんじょう》ではない喜びようを知り、小池の緊張はますます高まっていくばかりだった。

ダジャレにダジャレで返した吉永

生粋《きっすい》の大阪人である阪本は、撮影中、ダジャレを欠かさない。周囲から苦い目で見られることもあるが、シリアスな撮影が多い『北のカナリアたち』においても、果敢に挑戦していた。

しかし、さすがに吉永本人の前でダジャレを披露することには躊躇《ちゅうちょ》があった。が、実践することにした。ダジャレは阪本にとって、過酷な撮影現場におけるストレス解消でもあった。

〈一回、試してみるか〉

そう思って、クランクイン前のキャメラテストで実行することにした。

この日は、様々な衣装を着た吉永に照明やメイクのテストをする日であった。

ロケ地のひとつ、北海道宗谷《そうや》地方にある稚内《わっかない》をネタにダジャレを放ってみた。

「吉永さん、稚内では、アイデアがわっかない（稚内）？」

すると、吉永からすぐに反応があった。

「まあ、おっかない」

吉永の反応を見て、阪本は確信した。

〈ダジャレを言っても大丈夫だな〉

利尻島でもダジャレを言った。

町役場の人が手伝ってくれたときに、

「吉永さん、あの利尻の人は顔りしり？（見知り）」

すると、吉永は「知りません」と即座に反応してくれた。

吉永からもダジャレを言ってくれたことがあった。冒頭の犬と絡むシーンで、吉永が近づき、最初に犬に吠《ほ》えられる場面だ。吉永が言う。

「監督、ここは一回でＯＫにしませんか？」

「わかりました。じゃあ、一回でＯＫにしましょう。でも、なんでなんですか？」

阪本が尋ねると、すかさず笑顔で吉永が答えた。

「ワンちゃんだけに、ワンチャンス」

阪本は、吉本興業の新喜劇さながらにその場でコケた。

阪本によると、クランクインし、撮影が進むに連れて、作品は徐々に俳優たちのものになっていく。

「映画は物語じゃなくて、人語り」

阪本は、そう言って映画を説明する。観客がストーリーだけでなく、主役や脇役の登場人物たちに惹《ひ》かれ、興味を持てるような映画を作ることを心掛けている。

クランクイン後、阪本の予想以上に役者が役柄を吸収し、素晴らしく演じることも多い。役者好きの阪本は、あまり細かく演出せずに、役者自身に演技の幅をゆだねた。

映画監督は、現在撮影している場面だけではなく、作品全体のなかでどうかという視点を絶えず持っていなくてはいけない。

新人の俳優や、素人の子役に対しては、細かく演出することも多い。が、ベテランの役者たちに細かい演出をすることはない。阪本には、吉永は台本を読み込むだけでなく、いわば俳優陣の座長として、自分の場面だけではなく作品の全体像を想像しながら、演技しているように見えたという。

主演である吉永は、当然他の共演者や、スタッフを気にかけ、撮影現場の雰囲気に絶えず注意を払っているようであった。なかには、主演でも、そういった部分に無頓着《むとんちやく》で自ら演じるだけの役者もいる。だが、吉永は違った。吉永の視線の先を見れば、その細やかさや、気遣いがわかった。

阪本は、これまで比較的短い期間で撮影を済ませてきていた。最大でも、『亡国のイージス』が二ヶ月だったくらいである。しかし、『北のカナリアたち』は、中断期間があるため、八ヶ月におよぶ長いものになった。

撮影の第一期は、平成二十三年十二月から翌年一月末にかけて、札幌市内からクランクインし稚内市内や極寒の利尻島、礼文島などでおこなわれた。第二期は、翌平成二十四年六月二十日から都内を皮切りに、再び利尻島と礼文島で七月十八日までおこなわれた。

礼文島南端には、麗端小学校岬分校のセットが建てられた。強風が吹きすさぶ海岸沿いの高台では、赤と白に塗られた灯台が海を望み、約一七キロ先には白く雪化粧した利尻富士が雄大な姿を見せる。スクリーンに映える利尻富士は、観客に非常に印象的に見える。

ほかにも、海岸からそそり立つ断崖や希少な動植物が生息する湿原など、礼文島、利尻島や稚内周辺の自然と風物が映像に織り込まれている。

『北のカナリアたち』という作品のテーマは、生きているということだと阪本は語る。

主人公のはるはもちろん、登場する六人の子供たちやはるが思いを寄せる仲村トオル演じる警官の阿部英輔、柴田恭兵演じるはるの夫で病に苦しむ行夫、それぞれに傷があり、必死に生きようともがく姿を描いている。

撮影前に阪本は、吉永と食事した際に、「生きているということはどういうことなのか」について語り合ったこともあった。

宣伝のキャッチコピーになっているわけではないが、阪本と吉永は、この映画のテーマは「生きること」だと確認し合ったという。

比較的、善人を演じることが多い吉永の作品の中では、はるは、異色の存在だ。良き教師、良き妻でもありながら、仲村トオル演じる警官の阿部英輔に心を惹かれてしまう。はると阿部の出会いは、全くの偶然であった。はるは自殺しようとしていた阿部を目撃し、止める。心に痛みをかかえていたふたりは、それがきっかけでお互いの心を癒《いや》すように愛し始めていくのであった。

阪本は、最初に脚本を読んだときに思った。

〈吉永さんがこの女性を演じるのか。面白くなりそうだな〉

はるは二〇年間、ある種の自問自答の人生を過ごしていく。六人の教え子たちを訪ねる旅も、社長を殺害した鈴木信人の消息を知りながら、それを隠して、嘘をついていく旅である。

その旅の過程で、自分の背負ってきたものを少しずつ下ろしていく。それは、教え子のためでもあるが、自分のあやまちと向き合うということでもある。

はる自身が森山《もりやま》未來《みらい》演じる鈴木信人の消息を知っていることを隠さなければいけないため、発する言葉とその心境が違うという場面が多かった。それをどう表現し、観客に伝えられるかにひどく心を砕いたという。

はると仲村トオル演じる阿部英輔には、キスシーンがあった。吉永はサユリストと呼ばれる熱狂的なファンを持つため、このシーンについて、阪本は賛否両論、様々な意見を聞いたという。

たいていは、二パターンであった。

「なんで、あんなキスをさせたんだ」

「あのキスシーンは良かった。思わず、自分を重ね合わせた」

このシーンを撮るときには、吉永には躊躇もなかった。そのため、かなりキャメラを近づけてアップでも撮影したため、吉永から、

「度胸ありますね」

と言われるほどだったという。

若手に示した温かい気遣い

生徒役の満島《みつしま》ひかりは、『北のカナリアたち』の撮影をする稚内の近郊はどんなところかを、撮影前に、わざわざ飛行機で見に行った。

ところが、最初の日は飛行機が飛ばなかった。仕方がないから、次の日の飛行機で飛んだ。彼女の出番はそんなに多くはないが、そういう努力を惜《お》しまない。

吉永は感心した。

〈若い人の力っていうのは、大変なものなんだ〉

森山未來は、ロケをする島に早く入って、島中をウロウロしていた。みんなが顔見知りのような島だから、てっきり不審者だと疑われたとのことだ。

小池栄子も、実際に溶接をやっているシーンは二秒ぐらいしかないのに、わざわざ船の溶接を習っている。

吉永は、生徒役の六人がみんなそれぞれに役作りの工夫をしていて、とても感動した。

撮影現場で、初めて吉永小百合の姿を見た小池は、信じられない気持ちでいっぱいだった。

〈本当に、いらっしゃるんだ……〉

びっくりして、地に足がつかなかった。そんな小池の緊張を知ってか、撮影初日から吉永は気さくに声をかけてくれた。それは、小池にだけではなかった。吉永は、現場にいる若手俳優たち一人ひとりに、積極的に話しかけて、緊張する彼らの気持ちをリラックスさせていった。

吉永が話しかけてくれる姿を見て、小池は思った。

〈小百合さんのほうが、わたしたち以上に気にかけてくださっている〉

のちに、小池が「小百合さんと共演するということで、すごく緊張しました。たぶん、他の若手も同じだったと思いますよ」と吉永に伝えたとき、吉永はこう答えたという。

「わたしも若いころに、すごい先輩の役者さんと共演したときは、緊張をほぐしてもらったの。だから、今回は若い世代が多いから、とにかくわたしがそっちの役にまわろうと思ったのよ」

　しかし、実際は、吉永ほどの大先輩になってしまうと、逆効果になっていたようである。あの「吉永小百合」に気を遣ってもらっているということが、若手たちのプレッシャーになっていた。

　吉永が先輩として若手の俳優たちをもっと後輩扱いしてくれたならば、年下の俳優としては「はい、はい」と従いながらついていくだけで、むしろ気は楽だ。ところが、吉永は、そこに吉永がいるだけで緊張するにもかかわらず、さらに年下の俳優たちを気遣い、立ててくれる。そのため、どう対応したらいいのかわからなくなってしまうのだ。

　確かに緊張は増すばかりではあったが、それでも初日から積極的にコミュニケーションをとろうとしてくれた吉永の気遣いに、小池はいたく感動していた。

　二人が同じ撮影日となった初日の昼食時間、吉永に誘われて、小池は一緒にランチをとることになった。

　準備兼控室に使用しているキャンピングカーの中には、吉永と小池の二人だけしかいない。小池は心臓が止まりそうなほどの緊張感を味わっていた。

　吉永は、気さくに話しかけてくる。

「普段、何しているの？」

「お昼は、何を食べることが多いの？」

「寒いわよね。どうやって体を温めている？」

どんどん話しかけてくれてリラックスさせようとしてくれるのはわかる。が、小池は小池で、ますますどういった話をすればいいのかを考えすぎてしまう。

それでも、なんとか吉永に小池の方から問いかけてみた。

「小百合さんは、どんな趣味があるんですか？」

想像していた返答とは違い、意外な答えが返ってきた。

「わたし、線路を見るのが好きなの。実は、時刻表マニアなのよ。時刻表を見ながら、この時間にこの駅で降りたら、次の列車はこれに乗れるわね、とか。ここからここまで行くには、どうやったらいい手段になるかしら、とか。そんなこと考えるのが好きなのよ」

スクリーンで見せる女性らしさあふれる吉永の姿からは思いもつかない趣味だった。

何とか考えて、次の質問をしてみる。

「休日は、どう過ごされるんですか？」

「休みの日は、よく泳いでいるわね。北海道に来てからも、泳いだのよ。ホテルにプールがなかったから、ホテルの近くにある町の人たちが行く市営プールのようなところに行って、子どもたちに交じって泳いできたのよ」

「えーっ。みなさん、びっくりしていたんじゃないですか」

女優という職業をしていれば人一倍、まわりの目を気にしてしまう。市営プールのような公共の場に好んで行こうとも思わなければ、吉永クラスの女優が一般人の集う場に現れた際の騒ぎを想像すれば、そういう場を避けるのは当然だ。また、小池も自分ならば行かないと思った。

それでも、女優という職業など関係なく、どこへでも出かけて行く吉永を知り〈なんてフットワークの軽い方なのかしら〉と、想像していた女優・吉永小百合像とは違う一面を知ることができたことが驚きだった。

女性同士ということもあり、吉永の美しさの秘訣《ひけつ》も気になるところだった。

「お肌のケアは、どうされているんですか？　教えてください」

「わたしは、昔ながらのケアよ。特別なものは何も使っていないのよ」

「でも、美しい肌を保ってらっしゃいますよね。何かしているんじゃないですか？」

「そうねぇ……。でも、運動しているから。よく動いて、お水でパシャパシャと洗って。運動が健康を保つのよ。女優は、体力勝負よ」

そんな話をしながら、吉永は昔を懐かしむように言った。

「昔の現場では、終わったら先輩たちやスタッフさんたち、みんなで豪快にお酒を飲みに行くっていうのが日常茶飯事だったけど、今は、なかなかそういうことしないのよね」

小池の知らない時代の話に、つい興味がわいた。

「今は、あまり飲まれないんですか？」

「そんなに量は飲まないけど、昔は、すごく面白い時代だったのよ」

長年ヒロインを演じてきた吉永が、映画の現場で驕《おご》り高ぶらず、演者やスタッフと同じ席に座り、同じ酒を飲んで語り、それが苦痛ではなく、むしろ面白かったと言っているのだ。

「ああいう破天荒な時代もあったけど、あれもよかったのよ。そこで学ぶこともあったの。先輩の言葉であったり、スタッフがいかにこの現場づくりを真剣に考えているのかっていうのを聞くのが、わたし、すごく楽しかった」

吉永の話を聞いて、小池は思った。

〈自分たちはどうだろう？〉

昔と今では、撮影現場も映画を作る過程も変わってしまった。演者同士で飲みに行くことはあったとしても、スタッフといっしょに騒いで朝まで飲み明かすことなど皆無だ。せいぜい、同世代の役者同士で飲みに行くくらい。

それも、誰ともなく「次の日の撮影に影響があってはいけないから、早く帰って寝ましょう」という流れになり、豪快にハチャメチャにお酒を飲み明かす機会などない。優等生の集まりだ。

ただ、小池は、吉永の気持ちがわかるような機会に恵まれていた。ＮＨＫ朝の連続テレビ小説で一緒になった風間杜夫は昔気質《むかしかたぎ》の役者だが、そんな風間から誘ってもらったので喜んで飲みに行った。そして、それが楽しかったのだ。

映画でヒロインを演じながら、撮影が終われば現場スタッフとお酒を飲む生活は、かなりハードできつかったはずだ。それでも、そのときのことを「辛かった」などという思い出にせず、「楽しかった」と懐かしむ吉永に、小池は女ながら心底、惚れてしまった。

〈なんという潔さなんだろう。小百合さんって、体育会系の格好いい方なんだ。腹のくくり方が違う。凄い！　女優は男なんだなぁ……〉

小池も、仕事場では「女」を出したくない。吉永は、手本とすべき女優だと直感した。

お昼のたった一時間だけだが、終わってみれば、あまりの緊張に三、四時間の時が流れたような感覚が残っていた。いろんなことを話してくれたはずだが、そのすべてを覚えているような余裕もなかった。女優として、初めて味わった緊張だった。

ただ、幸せな時間であったことだけは間違いない。それだけ、吉永小百合という女優は特別な存在なのである。

スクリーン上での吉永小百合から抱いていたイメージと等身大の吉永小百合のギャップに圧倒された小池は、現場で一緒になるたびに、吉永のこまかな一つひとつの動作や行動から眼を離せなかった。

舞台となった北海道の利尻島と礼文島は、冬は体感温度がマイナス三〇度にもなる、過酷な自然環境の島だ。

それでも、どれほど寒くても、吉永は暖かい場所に移動することはしない。まして、椅子をすすめられても座らず、ずっと立っている。それが、現場のスタッフのことを思いやって立っているのではなく、自ら立っているほうが楽だからというのだ。

「立っているほうが楽だし、運動にもなるから。階段があったら階段を使うし、エレベーターやエスカレーターは使わないの。とにかく、体を動かしていることが好きなのよ」

のちに、撮影が終了したあとのインタビューで吉永が発していた言葉が、小池の心に突き刺さった。

「絶対に自分の口から『寒い』と言わないということだけは心掛けていた」

スタッフはもっと寒いところでやっている。そんなスタッフたちに吉永の強い意思を示すためにも「寒い」という言葉を禁句にしていたのだろう。

小池は、恥ずかしくなっていた。

〈わたし、すぐに「寒い、寒い」って言っていた。でも、小百合さんはどんなに寒くても「寒い」とは言わないという心持ちで挑んでいたんだ。スゴイ人だ……〉

子役たちとの交流

劇中では、六人の子供たちの歌声も非常に印象的だ。子役たちは、六人みなオーディションで選ばれた。写真と歌声を収録したCDを送った三〇〇〇人から、二〇〇人に絞り、最終的に六人が選ばれた。選考にあたって、演技力をチェックしたわけでなかった。

阪本は、これまでに多くの子役を使っているが、児童劇団に所属していて、最初から芝居のうまい子役はなるべく起用せずに、演技未経験の素人を起用するようにしていた。

そのかわり、阪本と助監督がクランクイン前に必死に仕込む。映画について、台本の読み方から現場のしきたりなどを、カチンコから教えることにしている。

また、「この映画に出たからって、将来いいことがあると思うな」と戒めることも欠かさない。「俺のことを監督と呼ぶな。おっちゃんと呼べ」と徹底している。

阪本は、子役は下手でもいいと思っている。子役には、演技するうえで、このセリフの前にどんな気持ちだったか、を問うようにしている。

一人ずつ、台本に心の声を書かせて、撮影現場で一度オンで言わせる。

たとえば、心の声が「チクショー」ならば、「チクショー」と言わせる。

結局は、悲しいシーンで、子役が本当に悲しい気持ちになっているかどうかが重要だ。

なっていれば、自然とそう見える。また、彼らは歌が上手いだけあって、感受性も豊かで、歌詞の意味も、ある程度理解しているようであった。

成人時代のキャスティングが決まっていたので、顔が似ていてなおかつ歌が上手い子を見つけたいと望みながら、そんな奇跡のようなことあり得ないだろうなと思っていたが、奇跡は起きた。

吉永も、子供たちには、「先生」と呼ばせて、教師として向き合った。

撮影後も、子供たちと食事会をするなど、今でも親交は続いているらしい。

過酷を極めた猛吹雪中の撮影

『北のカナリアたち』では、寒さの厳しいシーンが多かったが、二〇代の若い役者たちよりも、吉永の方が弱音を吐かずに寒さに対して頑張っていた。

撮影中は、撮影監督の木村大作が吉永に進行状況などをこまめに伝えるようにした。

吉永は、現場で役柄に感情移入する。木村は、吉田のマネージャー坂田に事前に電話で連絡して、何時ごろまでに撮影に入ればいいのかを逐一伝えた。

吉永は、撮影する手順や現場の雰囲気の盛り上げ方などを大切にしている。

北海道でのロケは、非常に過酷であった。氷点下一一度で、体感温度は氷点下三〇度まで下がる極寒の世界。最大風速一〇メートルの風が雪を巻き上げ、数メートル先は見えない。小池をはじめ役者たちは、実際の気温がどれほどなのか、恐ろしくて聞くことができずにいた。

猛吹雪のなかでの撮影では、成人した鈴木信人を演じる森山未來が凍傷《とうしょう》寸前になることもあった。

クライマックスシーンの一つである、はると鈴木信人の再会。一面雪景色の中に造られた「麗端小学校岬分校」の廃校セットを背に語り合う場面だ。

三分間の長回しのシーンを、森山未來は手袋なしで臨んでいた。

「大丈夫？」

「寒いけど、ぼくは大丈夫です」

だが、森山の身体が悲鳴を上げるのは当然だった。左手に痛みを感じているように見えた。

異変に気づいたのは、吉永だった。

北海道ロケの経験が豊富な吉永は、森山に凍傷の恐れあると気遣い、とっさに撮影監督の木村大作を呼んだ。

「大作さん、来て！　早く！　手が凍傷みたいになってる！」

吉永は、棒のように固まった森山の手を少しでも温めようと素手でさすり続けながら、寒冷地での撮影経験が豊富な木村にたずねた。

「大作さん！　こんなときどうしたらいいの！」

自ら険しい山を舞台にした『劒岳《つるぎだけ》　点の記』の監督も務めている木村は、すぐにひと肌ほどの温度のお湯で温めるようにアドバイスをしたという。

現場に緊張が走った。

それでも、森山は気丈に振る舞う。

「いや、大丈夫です」

そんな森山を、吉永が一喝した。

「そういう頑張りはいらない。それで、何かあったらどうするの。これで、撮影が止まったらどうするの！」

幸い大事には至らなかった。森山は手袋の着用を勧められたが、ふたたび素手で演技しきった。

島で三〇年ぶりという大雪も重なった。吹雪になると、刺すような痛みが肌を襲う。天候は数分おきに変化する。撮影中断もしばしば。寒さに耐えながら屋外で出番を待つ。撮影が待機用のプレハブ近くでおこなわれても、厳しさは変わらない。いくらストーブをたいても、室温は零度前後までしか上昇しないほどだったという。

利尻島の町民プールに現れた吉永

吉永は体力づくりを欠かさない。今回のロケの宿泊地のホテルにはプールがなかったため、ランニングマシンを持参して鍛えていた。

吉永は、撮影中、利尻島に温泉プールがあると聞いて何度か足を運んだ。温泉プール「湯泳館《ゆうえいかん》」は、平成八年に掘られ「利尻富士温泉」と名づけられた温泉に併設された、いわば町民プールである。町民利用料二〇〇円のプールに、銀幕の女王・吉永小百合が突如現れたとき、利用者たちはさぞ驚いたことだろう。

現場での吉永の振る舞い方に、小池は感服した。吉永は、本番直前まで、仲良くおしゃべりに付き合ってくれるが、真剣なシーンになった途端、スイッチを切り替える。吉永が振り返った瞬間、表情が変わっている。

その一瞬で変化する吉永を見て、若手の俳優たちはみんな「すごい」と声にしていた。吉永の「集中しましょう」というスイッチが、小池たちにも伝わってきた。

映画のクライマックスは、吉永が指揮をし、森山未來、満島ひかり、勝地《かつぢ》涼《りょう》、宮﨑《みやざき》あおい、小池栄子、松田《まつだ》龍平《りゅうへい》の若手俳優六人が童謡「かなりや」を歌うシーンだ。

現場の日は落ち、寒さも厳しく、疲労もピークになっていた。

集中力は途切れ、みんながザワザワしていた。

その様子に気づいた吉永が、一言発した。

「さあ、集中しよう」

この一言で、現場の空気が一変。ピリッとした緊張感の中、撮影はうまく進んだ。

「次のカットに集中しなきゃいけない」という場面のたび、吉永の一言が演者たちの気を引き締めてくれるのだ。

みんなが言っていた。

「小百合さんの一言で、目が覚めたね」

合唱シーンのために、個人で練習することもあれば、スケジュールが合った者同士で練習に行ったり、また、若手俳優たちみんなで練習することもあった。

みんなで練習する際には、吉永も練習に付き合ってくれた。

「わたしも、歌の指揮を合わせてみたいから」

歌を忘れたカナリヤは
後ろの山に棄てましょか
いえいえ
それはなりませぬ

小池は吉永が付き合ってくれて嬉しいと言う気持ちよりも、作品に真摯に向き合う吉永の姿勢に感銘を受けた。

甘えられる人

小池栄子は、吉永と二人だけのシーンを撮影して気付いた。

〈ああ……、小百合さんって、甘えられる人なんだな……〉

小池は、吉永が演じる川島はる先生と再会し、やっと抱えていた悩みをぶつけられる人がいてホッとしたという気持ちで撮影に挑めた。

吉永は、自ら語らず、「ううん、ううん、大変な数年間だったね」という表情で小池を見つめ、聞き役に徹して、最後に小池を抱きしめた。

そのとき、小池は、演じる藤本七重が抱えてきた思いを、吹っ切ることができたと感じていた。

〈ここから、また再出発できるんじゃないか……〉

演じていて、心からそう思えたのは、吉永のおかげだと思った。

吉永と小池の二人だけのシーンは、三日ほどの撮影期間しかなかった。それだけの短い時間のなかで、小池は「藤本七重」という役になりきり、吉永が演じる「川島はる」と本当の先生・生徒の関係を築くことができた。

阪本監督は、撮影監督の木村大作よりも一九歳ほど年下だった。が、コンビを組んでやってみたら、思っていた以上にうまくいった。

撮影後には、阪本は、「木村さんの伝説は風評被害でしたよ。わたしが風評被害をなくす会の会長をやりますよ」とまで言ったほどだった。

試写を観た小池栄子は、思った。

〈こういう映画になったんだ。原作以上にミステリアスに仕上がっている……〉

ヴァイオリニスト・作曲家の川井《かわい》郁子《いくこ》が弾くヴァイオリンの曲が映像と重なり、謎めいた雰囲気が深まっていく。スタジオでの撮影とは違い、北海道の美しさと寒さも伝わってくる。

そして、原作の内容とは違い、想像していなかった編集に、小池が期待していた以上の映画になっていてドキドキしてしまった。

〈こんなにミステリーチックで、謎をひも解いていくような話になっていたなんて……〉

小池の大好きな映画の一つになった。

小池栄子は、吉永小百合と共演できたことも嬉しかったが、同年代でありながら小池が尊敬する役者たちと映画を作れたことにも感謝していた。小池にとって、贅沢な時間でもあった。

そんな同年代の役者たちとは、楽しい時間を過ごすこともできた。ご飯を食べ、お酒の席では演技論を熱く交わした。

「みんなが一緒のシーンは、どんな感じで、どんな思いでやっているの？」

映画にかける思いは、一つだった。

そして、吉永小百合と共演するということで、全員が緊張していた。

だが、吉永に対する感想も同じだった。

「緊張したけど、すごく気さくに接してくださるから、それがまずビックリだよね！」

「わたしたちを緊張させないようにしてくださるというのは、わたしたちは遠慮しないで、のびのびと演技したほうが小百合さんにとってもいいんだろうね」

「そうだね。それを受け止めてくれるということなんだよね」

「萎縮《いしゆく》して自分の演技を出せないでいるのは、もったいないね」

そんな会話を夜な夜なしていた。

阪本自身、『北のカナリアたち』を監督したことによって、様々な影響を受けた。

阪本はこの作品を振り返って思う。

〈今後、何かの難しい場面にぶつかったときには、『北のカナリアたち』の宿題といっし

よだな、と思うのだろうな〉

妥協しない監督が好き

映画『北のカナリアたち』の試写を観た後、吉永小百合が小池を食事に誘ってくれた。プリンスホテルで天婦羅《てんぷら》をご馳走になった。

吉永は、天婦羅を食べながらワインを飲んでいた。

女優としてプロポーションを保つこともプロの仕事だと考えている小池は、吉永の姿を見て思った。

〈小百合さんは、美味しいものをたくさん食べたいだけ食べるけど、その分、いっぱい運動もするんだろうな。とても健康的で、一番理想とするあり方だな〉

吉永の美は、無理なく歳を重ねている女性の美である。そのため、信頼できる美しさであり、ナチュラルなきれいさに、同性も共感するのだろう。嘘のない吉永の姿に、小池をはじめ女性は憧れを抱くのだろう。

吉永との食事会では、吉永が聞き役となって進んだが、好きな映画監督の話題になったとき、吉永が聞いてきた。

「わたし、栄子さんが出演していた『八日目の蟬《せみ》』がすごく好きなの。成島監督が撮る映画が好きなのよね」

　小池は、嬉しかった。

「そうなんですか。そう言ってくださって、わたしも嬉しいです」

　吉永は、小池に質問した。

「成島監督って、どんな監督なの？　一緒に仕事して良かった？」

　小池は、素直な感想を述べた。

「厳しいですけど、あんなに愛情をかけてくださる方はいません。今まで、映画の世界で出会ったことがなかった監督です。ほかの監督さんたちには失礼ですけど、『八日目の蟬』の撮影では、本当にわたしに寄り添ってくれて、鍛えてくださったので感謝しています」

　吉永が阪本順治や成島出を映画監督として好きなことを知り、小池は思った。

〈阪本監督も成島監督も、妥協しない監督。吉永さんは、そういう監督が特に好きなのかもしれない〉

　そのときの会話のことはさして気に留めていなかった小池だったが、しばらくして、驚くことになる……。

「映画より水泳が好き」

役者が体力や体形を保つことには大変な努力を要する。が、吉永の場合は基本的に体を動かすことが好きなので、体力づくりに苦痛を感じたことはほとんどない。

吉永はこれまで、いろいろなスポーツを楽しんできた。その中で欠かさずに続けているのが水泳である。一時期は「映画より水泳が好き」と思うほどはまり、仲間同士で記録会を開いたりした。

水泳の良さは、何といっても怪我をしないことである。また体調を整えることもでき、癒しにもなる。何歳になっても続けられるところも良い。

乗馬も好きであるが、平成十六年に製作した『北の零年』での乗馬シーン以来、乗る機会がなくなってしまった。東京の乗馬クラブに入ったこともあったが、狭い馬場の中で乗ってもあまり面白くない。やはり馬は大自然の中で乗ってこそ意味がある。だが多忙な身では、地方へ乗馬しに行く機会もなかなか巡ってこない。

スキーも二〇代の頃からやってきて、シーズンになると滑りたくなる。が、最近は冬に撮影することが多いため、ずっと時間が取れずにいる。すでに三シーズンを逃してしまっているため、次のシーズンには是が非でも滑りたいと思っている。

吉永は、痩せようとは思わない。痩せるのはいけない。かといって食べ過ぎも、体に良くない。普通に食事をして、運動すれば現状維持だ。自分でコントロールして、いい状態を保つのが俳優の仕事だと自覚している。

酒は、今もワイングラス一杯で幸せな気持ちになる。

日活時代は、新宿御苑《ぎょえん》裏にある新劇の人たちのたまり場のような「どん底」というバーで、助監督たちと意気がって飲んだりしたという。

第七章　プロデューサーとして　東日本大震災への祈り

東日本大震災と「原発詩」

平成二十三年六月のある日、ファッションデザイナーの三宅一生《みやけいっせい》から吉永小百合に三冊の詩集が手渡された。

「来月、東京ミッドタウンで『東北の底力』というものづくりの文化を紹介する展示会を開催するのですが、そのときに原爆詩といっしょにこの詩を読んでいただけないでしょうか」

三宅は、昭和十三年四月二十二日に広島県広島市で生まれた。七歳のときに被爆し、同時に被爆した母親の春笑を放射線障害のために失っている。

三宅は、原爆詩の朗読を長い間続けている吉永と、以前から交流を持っていた。

三宅が差し出したのは、福島《ふくしま》で被災した和合亮一《わごうりょういち》が書いた三冊の詩集だった。

福島県の県立高校で教師を務めながら詩人としても活躍する和合は、昭和四十三年八月十八日、福島県福島市に生まれた。

東日本大震災が発生して以降、ツイッターで福島の状況を詩で発表し続け、注目された。

和合は、東日本大震災のあった平成二十三年に『詩の邂逅《かいこう》』『詩ノ黙礼』『詩の礫《はりつけ》』の三冊の詩集を出版した。

この三冊の詩集を愛読していたのが、デザイナーとして活躍する三宅一生であった。それが吉永が和合の詩やその活動を知るきっかけであった。

その後、吉永は三宅の依頼で、三宅がディレクターを務めている六本木の東京ミッドタウンにある美術館「21_21 DESIGN SIGHT」で平成二十三年七月二十六日からおこなわれた、『東北の底力、心と光。「衣」、三宅一生。』展に関連したイベントに参加した。

そのイベントで吉永は、広島出身の峠三吉の原爆詩や、長崎の原爆被害をつづった詩を朗読した。

そのあと、東京電力福島第一原子力発電所の事故に触れた。

「原子力の平和利用という言葉をなんとなく聞き流していましたが、今こそ、わたしたちは声を出さなければならないと思います」

吉永は、和合の『詩ノ黙礼』も朗読した。

見えない姿の　子どもたちが　悲しい心の　子どもたちが　この土手に来て　鯉のぼりを
見あげている　津波が　津波が　来たんだね　つらかったね　こわかったね　子どもたち

つらかったね　こわかったね　子どもたち　空へ　泳いでいく　小さな　鯉のぼり

大きな　鯉のぼりと　一緒に　空へ　ね　どうか　どうか　迷わずに　泳いでいくんだよ

会場に集まったおよそ二〇〇人の聴衆は静かに聴き入っていた。

吉永は、その朗読会のステージに和合にも上がってもらった。

吉永と初めて会う和合は、とても緊張したという。

イベント終了後には、吉永と話をすることもできた。

このイベントはＮＨＫで放送されたこともあり、和合の周りでも、ずいぶんと話題になった。

和合は、翌日、勤務先の高校でも、「先生、吉永小百合さんの印象、どうでしたか？」などと質問攻めにあった。校長からも尋ねられるほどであった。

吉永は、原爆と原発は同じ核の問題だが、今回の事故で日本国内にこんなにたくさん原発があることを改めて知ったという。

昔は核の平和利用ということで、被爆者の方たちも「こんなに力のある原爆を平和利用したら、きっと素晴らしいものにちがいない」と思ったそうだ。

しかし、やはり核エネルギーは人間には扱えないものなのではないかと、その事故で改めて感じた。まだ一二万人も福島の方たちは故郷に帰れなくて辛い思いをしているではないか。

野田佳彦《のだよしひこ》総理（当時）は、平成二十三年十二月十六日、「原子炉が冷温停止」になったとして、「福島第一原発事故収束」宣言をした。

が、おさまっているはずがないではないか。まだまだ大変な状況だ。毎日のようにそうしたニュースが出てくる。だからこそ、自分たちが忘れないでしっかりチェックしていくことが必要だ。

平成二十四年四月十三日に、福島市公会堂で、吉永小百合の原爆詩朗読会が開かれた。和合亮一も参加することになった。

イベントの第一部で和合が、『新しい一歩のために』と題して、スピーチをおこない、第二部は、吉永による詩の朗読であった。

原発事故後、避難を余儀なくされている主婦らの〝原発詩〟も、初めて地元で取り上げた。

吉永は、この日、「カタカナのフクシマから早く漢字の福島に戻れますよう祈りながら読もうと思います」と挨拶して始めた。

ステージ上にはイラストレーターの和田誠《わだまこと》から贈られた反原発ポスターが置かれ、その横で吉永は、原爆詩の朗読から始め、原発詩に続けた。

吉永は、和合の『詩ノ黙礼』や富岡町《とみおかまち》から新潟県柏崎市《かしわざき》を経て、いわき市の仮設住宅に避難している佐藤紫華子《さとうしげこ》の『原発難民』『ふるさと』『一時帰宅』などを切々と読み上げた。

イベントの途中、震度四の地震が起こるハプニングもあったが、中断することもなく、会場に集まった一二〇〇人を超える満員の客席からは、すすり泣きも漏れるほどであった。

イベント終了後、和合は、吉永に挨拶をした。

「これからも、吉永さんの活動を拝見して、自分でも励みにさせていただきます。広島や長崎、そして福島のことを吉永さんが伝え続けてくれる姿を励みにして、自分も、福島のことを伝えていきます」

和合の言葉に、吉永も笑顔で応じてくれた。

「先生も頑張ってください」

和合は、そう言ってくれた吉永と握手をして、お別れをしたという。

和合は、さらに吉永と会う機会があった。

吉永のラジオ番組にゲストとして出演することになったのだ。

番組は、TBSラジオで毎週日曜日の午後一〇時三〇分から一一時まで放送されている「今晩は吉永小百合です」。

もちろん、パーソナリティを務めているのは、吉永小百合。和合は、平成二十五年二月二十四日と三月三日の二回にわたり、番組に出演した。収録は二本撮りであった。

このラジオ出演時に、和合は吉永から問いかけられたことがあった。

「和合さん、わたしは、福島で実際に震災を経験したわけではありません。自分自身が福島にどう関わりを持っていったらいいのか、実際に経験したわけじゃないから、悩むことがあります。だけど、わたしは、精一杯、福島の方々の気持ちを分かち合いたいと思っています。でも、自分は被災したわけではないから、そこのところでどうしていいかわからないときがあるのですが、どんなふうに考えたらいいのでしょうか」

和合は、吉永からの真摯な問いかけに、すぐにうまく答えることができなかった。

だが、和合も、気持ちを率直に伝えた。

「わたしたちのことを吉永さんが見守ってくださるというだけで、それだけでありがたいと思ってますよ。たとえば、わたしがこれから帰ったら、駅で吉永さんのポスターを見かけます。そのときに、また、この人が福島のことを見守ってくれているんだな、って考えるだけで、すごくありがたいですよ。距離とか時間が離れていても、人は心を繫ぐことができます。たとえば、時間、距離、空間が離れていても、思っているだけで心が結び合うことになると思うので、我々はありがたいと思っています」

そう和合が話すと、吉永は、目に涙を浮かべて言った。

「わたしは、福島の人の隣にいたいと思っています。このことを伝えてください」

被災地の人たちの気持ちに寄り添いたいという、吉永の優しさをとても感じた。

和合は、ラジオ番組出演時の帰りに吉永から弁当をもらった。

吉永は、和合に言った。

「わたしの見立てのお弁当なんですが、先生は焼肉がお好きそうなんで、焼肉弁当を用意しました。帰りの電車のなかででも、ぜひ食べていってくださいね」

和合は、吉永からそう言われて弁当を受け取った。

その後、急いで新幹線に乗車した。そして、弁当を食べようとして気づいた。なんと、弁当が三つもあるではないか。

〈オレ、お弁当を三つも食べるって思われてるのかな……。高校時代ならともかく、今、三つも食べられるかな〉

そう思っているところに、妻の敦子から連絡がきた。

「今、吉永さんのマネージャーから、奥さんとお子さんの分まで、和合さんにお土産のお弁当をお預けしたとお電話をいただいたの」

和合は、妻からの連絡を受けて思った。

〈ああ、良かった。三つも食べるって思われたわけじゃないんだ〉

福島への思いを朗読

吉永は、広島、長崎、沖縄、そして福島で起きたことを「忘れない、風化させない、なかったことにしない」という気持ちで多くの詩と向き合ってきた。これまでの朗読CD『第二楽章〈広島編〉』『第二楽章　長崎から』『第二楽章　沖縄から「ウミガメと少年」』同様、その詩をCDにできないかという思いが募ってきた。

吉永が様々な会場で朗読会を続けていくなかで、その朗読会のCD化の話が出てきたのだった。

吉永は、『第二楽章』をずっと手がけてきたビクターに話をしてみたが、福島の場合は現在進行形でこれまでとは事情が異なる。スムーズに企画は通りそうもなかった。

〈レコード会社は難しいかもしれない。自費発売でもいいかしら〉

そう思っていた平成二十六年夏、ビクターから「やりましょう」とうれしい連絡が入った。

吉永は、すぐさま詩の選定作業に入った。多くの詩に触れるうち、思いついたことがあった。

〈日本の音楽を、ぜひ一緒にCDに収録したい〉

吉永が思い浮かべたのは、尺八《しやくはち》演奏家の藤原道山《ふじわらどうざん》である。吉永が最初に道山の演奏を聴いたのは山田洋次監督の映画『武士の一分《いちぶん》』の音楽でだった。非常に鮮烈な印象があり、道山のコンサートには毎回足を運ぶほどのファンになっていた。

今回収録する詩は、まさに今日本で起きている、まだ解決していない、大変な苦しい思いをしている人たちのものである。

〈これらの詩に一番寄り添っていただけるのが、道山さんの尺八ではないだろうか〉

平成二十六年十一月、吉永が福島県郡山《こおりやま》で朗読会を開いた際、道山が聞きにきてくれた。その後、メールで意見交換しながら曲を作ってもらった。

藤原は日本コロムビアの所属であり、ビクターの仕事に参加してもらうことは通常では考えられないことであった。が、そうしたさまざまなことを乗り越えてCDの制作は進んでいった。

詩を選ぶ作業は、やはり難しかった。和合亮一の詩や、彼が指導する福島の講座「詩の寺子屋」の子どもたちの作品など約三〇〇の最終候補から吉永自身が責任をもって選んだ。

避難生活の辛さを託した内容の詩が多かったが、それだけに偏ると「福島にいつか戻れる」というみんなの願いが霞《かす》んでしまう。吉永は、なるべく希望が見えるような作品を選んでいくことにし、最終的に二三編に絞った。

吉永はCD収録前の平成二十六年十二月末、帰還困難区域がある福島県葛尾《かつらお》村を訪れた。一度は現地を訪れてみなければ、被災した人たちの本当の悲しみがわからないのではないかと思ったからだ。

村の何ヶ所かは、帰還困難区域ということでゲートやバリケードができていた。その中にはマスクや手袋などを装着して入らなければならなかった。持っていったガイガーカウンターの数値が、帰還困難区域の前で上がった。

除染された土もビニールシートがかぶせられたまま放置され、それが至る所にあった。その近くに仮設住宅が建ち、住民たちはそこに避難している。実際に葛尾村に立った吉永は、自分が想像していた以上のショックを受けた。

〈自分たちの村がまるまる帰れないところになっている。もうすぐ四年経つのに何も変わってない……〉

和合は、そのCDの打ち合わせで、また吉永と会うことになった。

その打ち合わせは、都内のホテルで、平成二十六年のクリスマスイブに昼食を摂りながら、おこなうことになった。

和合と吉永のほか、CD制作の担当者ら、数名での打ち合わせであった。

吉永は、和合の詩をかなり読み込んでいた。詩に出てくる言葉、一つひとつを非常に吟味して、作品の意味についても熱心に質問してくれた。

「ここの読み方は、これでいいですか」

「こんなふうに読んでもいいですか」

吉永のその熱心さ、ひたむきさに和合は感銘を受けた。

打ち合わせが終わり、帰り際、和合は吉永から言われた。

「和合さんの詩が自分にとっての羅針盤《らしんばん》です。これからも、もっと作品を書いてくださいね」

平成二十七年一月三十日、ようやく完成品ができあがった。

吉永には、企画、構成、朗読のタイトルがつき、藤原への依頼など裏方の仕事もすべて自らこなした。吉永は願った。

〈このCDを、たくさんの方に聞いて記憶に残してもらいたい。今も故郷に戻れない福島の方たちの思いを、わたしたちみんなで受け止め、寄り添えれば……〉

平成二十七年三月十一日、東日本大震災から四年が経ったこの日、吉永にとって九年ぶりとなる朗読CDが発売された。タイトルは『第二楽章　福島への思い』。

和合をはじめとする福島在住の詩人たちと、和合が指導する講座「詩の寺子屋」で福島の子供たちが紡《つむ》いだ詩が収録されている。ＢＧＭの作編曲は、尺八演奏家の藤原道山が手がけ、尺八、箏、十七弦という和楽器の美しい音色を生かしたサウンドが奏でられている素晴らしい作品に仕上がった。

発売の前日の三月十日には、ＣＤの発売を記念した朗読会が東京都渋谷区千駄ヶ谷《せんだがや》にある津田塾《つだじゆく》大学のホールでおこなわれることになった。和合は、吉永に招待されたが、勤務する学校の関係で、その日は出席できなかった。丁重に断りを入れると、吉永に一つ頼まれごとをされた。

「今度の朗読会の司会を、和合さんの奥さんにお願いできないでしょうか」

和合の妻の敦子は、ラジオパーソナリティなどをしていて、福島市での原爆詩朗読会の折も司会を務めていた。

話を聞いてみると、吉永は、一度、敦子に司会の打診をしていた。が、敦子は、「そんな大切なイベントで、わたしが司会でよいのだろうか」と、ためらっていたようであった。

和合は、吉永の再度の頼みにすぐ了承した。

「わかりました、お引き受けいたします」

こうして敦子が司会を引き受けることが決まった。

吉永の朗読ＣＤ『第二楽章　福島への思い』が発売されたこともあり、和合は、今後も機会があれば、様々なイベントで吉永に協力ができればいい、と思っている。

和合は思う。

〈これからも、吉永さんに読んでもらえるような詩をもっと作っていきたい〉

吉永にとって詩の朗読は、女優としての仕事とはまったく違う、〝生きがい〟のようなものになっている。ずっと大事にしていきたい、という思いはあるものの、朗読CDの『第二楽章』はもう四編限りで、次にまた何か出さなければならないようなことは起こらないでほしい、これで終わりにしたい、という思いも強く抱いている。

〈でも、福島の場合は、まだ第一楽章かもしれない……〉

広島、長崎、沖縄のCDを出したときは、悲劇からすでに半世紀以上も経っていた。だが福島の場合は違う。

マザー・テレサみたいな人

平成二十四年十二月二十八日、都内千代田《ちよだ》区のホテル・ニューオータニで第二十五回日刊スポーツ映画大賞・石原裕次郎賞の授賞式がおこなわれた。

吉永小百合は『北のカナリアたち』で、『華の乱』『長崎ぶらぶら節』に次ぐ三度目の主演女優賞を受賞した。

このとき、たまたま近くのテーブルに作家の森沢明夫《もりさわあきお》が座っていた。森沢は、高倉健が主演男優賞を受賞した『あなたへ』の小説の作者で、隣には幻冬舎の編集者である小玉圭太《こだまけいた》も同席していた。

森沢が、吉永に言った。

「ぜひ、この本を読んでください」

森沢が差し出したのは、著書『虹の岬の喫茶店』であった。

小さな岬の先端にある喫茶店。そこでは美味しいコーヒーとともに、お客さんの人生に寄り添う音楽を選曲してくれる。その店に引き寄せられるように集まる、心に傷を抱えた人々。彼らの人生は、その店との出逢いと女主人の言葉で、大きく変化し始める。疲れた心にやさしさが染み入り、温かな感動で満たされる――。そんなハートフルな物語だった。

吉永は思った。

〈オムニバスでとても難しいけれど、一つの縦糸をしっかり作ると映画としていいのではないか〉

吉永はちょうどこの頃、成島出監督と「次に何かでご一緒したいね」という話をしていた。

吉永は成島作品のファンで、特に平成二十二年公開の『孤高のメス』が好きだった。いわゆるお堅いだけの映画ではなく、どちらかというと六〇年代のプログラムピクチャーに近い雰囲気で、堤真一《つつみしんいち》演じる医師の生き様がしっかりと描かれていた。

その翌年公開の『八日目の蝉』も観て、ぜひ成島監督とご一緒したいと思うようになった。

成島と吉永が共に映画を作ることになったきっかけは、吉永が『孤高のメス』を観たことであった。『孤高のメス』は、東映の配給作品であった。

吉永は、『孤高のメス』を劇場で観た。吉永は、試写会で映画を観ることはなく、かならず一般客といっしょに映画館で観ることにしている。

吉永は、その後、東映の岡田裕介社長（当時）に会ったとき、作品の素晴らしさを伝えたという。

成島は、その話を知り合いの東映のプロデューサーから耳にした。そして思った。

〈『孤高のメス』を吉永さんがそんなに評価してくれたのか。光栄だな〉

昭和三十六年生まれの成島は、いわゆるサユリスト世代よりは年齢は下にあたる。が、以前から吉永小百合の大ファンであり、映画監督として強い思いを抱いていた。

〈いつか、吉永さん主演の映画を撮ってみたい……〉

成島は、吉永の演技がとても好きであった。技巧的な演技に奔《はし》りがちな役者が多いなかで、いつまでも、主演の役者として直球の演技を続ける吉永の姿勢に憧れを持っていたのだ。

成島は、以前から旧知の長沼六男《ながぬまむつお》に相談していた。長沼は、山田洋次監督で吉永主演の『母べえ』で、撮影監督を務めていた。

山田洋次監督の作品をはじめとする多くの映画で撮影監督を務めている長沼とは、成島がまだ助監督時代からの長い付き合いでもあった。

「六さん、僕、吉永さんと仕事ができたらいいなって思ってるんですよ」

成島はその頃、吉永の主演作として、とあるハリウッド映画のリメイクを考えていた。

それは、母親が殺人事件を起こした少女を匿《かくま》い、再生させていくというストーリーであった。

だが、その当時公開予定であった『北のカナリアたち』が同じような話であった。『北のカナリアたち』で、吉永演じる元教師のはるは、元教え子で殺人事件を起こした森山未來演じる鈴木信人を助けようとする。『北のカナリアたち』を観た成島は思った。

〈これじゃ、僕が考えていた話と近すぎて、次の作品には向かないな〉

そうこうするうちに、ついに、長沼が成島を吉永に紹介してくれることになった。その頃、成島は、『草原の椅子』の監督をしていて、撮影監督は長沼であった。

成島は、『北のカナリアたち』の撮影をおこなっている大泉学園にある東映のスタジオで、吉永を紹介してもらった。そのときが吉永と初対面であった。

〈思っていたよりも小柄な方なんだな〉

それが、初めて会った吉永の印象だった。映画のスクリーンのなかで見る吉永は、その存在感もあってか、大きく見えた。

だが、実際の吉永は、お人形さんのように小さく可愛らしかった。

その後、吉永も『北のカナリアたち』の撮影を終え、徐々に映画の話が動き出していった。

映画の話を東映の岡田裕介社長に相談してみると、岡田社長も乗り気であった。

「それなら、自分たちで企画を立ててください」

岡田からそう叱咤激励され、吉永と成島は、どんな作品を映画化するかについて、話し合うようになった。

候補はいくつもあった。吉永も成島もお互いにいくつかの原作を薦め合って、数ヶ月にわたって、作品を慎重に吟味した。

最初、成島は、吉永が『孤高のメス』を気に入ってくれたということもあり、医師や弁護士などのプロフェッショナルな仕事を題材にした作品を考えていた。

だが、吉永と打ち合わせをするうちに、そのイメージは、徐々に変わっていった。

打ち合わせでは、映画の話以外にも、プライベートの話もする。食事をして、お酒を共に飲むこともあった。

成島は、監督としてすぐに撮影に入るわけではなく、企画段階から吉永と接点を多く持つことができた。そのため、吉永の人となりを知ることができた。

食事をする際には、映画に関する話だけでなく、東日本大震災の被災地での吉永の取り組みについての話や、広島や長崎での朗読会などについての話を聞く機会も多かった。

成島は、話をしていくうちに思った。

〈吉永さんって、本当に無私で、マザー・テレサみたいな人なんだな。映画女優として朗読会やボランティアをやっていくなかで、傷ついた人たちに少しでも元気になってもらえたら、と真摯に取り組んでいるんだな〉

マザー・テレサは、貧しい人々、病んだ人々を生涯にわたって愛し続けた、インドの貧民街の聖女である。

成島は、吉永と食事を何回かともにするうちに、彼女のその実直な人柄に感動した。

また吉永は、気さくに冗談を言うようなチャーミングさも持っていた。日活青春映画に出ていた時代の吉永と変わらない笑顔のままであった。

成島は、吉永に接していくなかで思った。

〈悲劇を背負ったヒロインのような役ではなくて、吉永さんの天真爛漫な笑顔をスクリーンを通して、観客に届けられるような映画にしたいな〉

成島は、当初考えていたシリアスな作品ではなく、路線変更をしてもいいと思い始めていた。サユリストだけではなく、多くの観客に吉永の笑顔を届けられるような映画を作りたいと思い始めていたのだ。

〈自分のことをあまり考えず、周りのために一生懸命になれる人間を主人公にした映画にしたい〉

そんななかで、白羽の矢が立ったのが、森沢明夫の小説『虹の岬の喫茶店』であった。

吉永が成島に『虹の岬の喫茶店』について尋ねると、「人の心を癒やす作品にできるのではないか」ということで意見が一致した。

原作者の森沢明夫は、おおらかな人物で、映画化にあたって、いっさい注文をすることはなかった。登場人物のキャラクター設定や題名の変更についても、「映画のためになるなら」と快諾してくれた。

『ふしぎな岬の物語』

成島も吉永と仕事をして、とても影響を受けた。

映画の原作を探し始めた時期は、吉永が東日本大震災の被災地に熱心にボランティア活動に通っていた時期でもあった。震災で多くの人が亡くなり、人とのつながりの大切さについて感じることが多かった。当時、放送されたＮＨＫのドキュメンタリー番組のなかで、亡くなった家族の幽霊が被災地に現れるという話に、吉永は感銘を受けたという。成島は、番組を録画したDVDを吉永から渡された。

その際に、吉永は言っていた。

「震災で亡くなった子供がお母さんのことを大好きなように、この映画の悦子さんと旦那さんの関係も、そういうことでしょう」

悦子は、夫と死別して以来、再婚しないままで過ごしている。

あるとき、成島は、映画を観た知人から言われたことがあった。

「あんな綺麗な人が三〇年も再婚しないって、リアリティないよ」

そういう見方をする人もいるかもしれない。だが、成島と吉永の間では、悦子が亡くなった夫のことを思い、ずっと独り身を通していることは納得できることだった。

好きな人と死別しても、気持ちのなかで思い続けることはできる。

映画のタイトルを『虹の岬の喫茶店』から『ふしぎな岬の物語』に変更したのも、人生に起きる様々な不思議なことを描く物語にしたいという意図があった。

劇中で吉永演じる柏木悦子は、いつも他人の幸福のことばかりを気にかけている。その姿勢こそ、普段の吉永の姿勢ととてもリンクすると成島は指摘する。

原作の小説では、笑福亭鶴瓶演じるタニさんは、色男の設定だ。月の土地を買って、望遠鏡をプレゼントするようなキザで二枚目のキャラクターになっている。

だが、映画ではその設定をガラッと変えた。これは、成島の思いつきであった。

「タニさんを二枚目ではなくて、鶴瓶さんみたいな人にコミカルに演じてもらうのはどうですかね」

成島がそう吉永に提案すると、吉永もすぐにイメージがわいたようであった。

成島は、三〇年間カフェに通い続けるタニさんと悦子がお互い惹かれ合っているものの、それを表に出さずにいる関係では、タニさんを演じるのは、二枚目ではない役者のほうが良いと思っていた。

「そうね。原作では普通の会社に勤めている普通の方。でも、普通の方がやると、本当に普通になってしまうわね。気持ちの明るさや人となりを考えて、鶴瓶さんがいいわね」

吉永も鶴瓶の起用には大賛成であった。すぐに、シナリオを『母べえ』、『おとうと』で共演した鶴瓶に送って、出演の承諾をもらった。

鶴瓶の好演は、海外でも高評価であった。モントリオール国際映画祭での上映時には、鶴瓶の出演シーンは大ウケで、日本での公開よりもウケているほどだった。

悦子を献身的に守り続ける甥の浩司に阿部寛《あべひろし》、父親の反対を押して結婚したものの突然、岬に姿を現す竜崎みどりに竹内結子がそれぞれ候補に挙がった。

阿部には、吉永が手紙を書いて出演の打診をした。

成島は、以前一緒に仕事をしたことのある竹内に出演依頼することになった。

『ふしぎな岬の物語』（2014年）　監督／成島出　共演／阿部寛、笑福亭鶴瓶　©2014「ふしぎな岬の物語」製作委員会

初のプロデューサーとして

原作が決まり、原作者の森沢明夫の了承を得て、阿部寛や笑福亭鶴瓶ら出演者たちに声を掛けて、ある程度話が動き出してから、成島は再度、東映の岡田裕介会長に話をした。

すると、岡田が言った。

「ここまできたら、吉永さんがプロデューサーをやったらいいんじゃないですか」

吉永は最初は、「とんでもない、わたしは女優だから」と言って断っていた。が、ここに至っては、すでにプロデューサー業をこなしていたのと同様であった。

結局、吉永は意を決め、成島に言った。

「やっぱり、この作品は最初から自分たちで見つけてきたから、岡田会長がそう言ってくださって、断るのは簡単ですが、この作品に責任を持とうと思うんです。だから、成島監督もこの作品に共同企画ということで、名前を載せてもらえませんか」

吉永の提案を受けて、成島は思った。

〈責任を持ちたいなんて、やっぱり、小百合さんは格好いいな〉

そして、成島は吉永に言った。

「わかりました。心中しましょう」

こうして、成島と吉永の二人が共同企画として名前を連ねることが決まった。『時雨の記』以降これまでも、吉永が企画の段階からタッチして、シナリオ作りでも自分の考えを話したりしていた。最近は、ずっとプロデューサーではないが、三分の一くらいは裏方をやっていた。が、表だってプロデューサーを務めたのは今回が初めてだった。吉永は、プロデューサーという仕事がどのようなものかもよく理解しないまま、あれこれと動き回った。

吉永は、脚本作りにも関わった。

成島が脚本作りの際の定宿《じょうやど》にしている映画業界御用達の神楽坂《かぐらざか》の旅館「和可菜《わかな》」で、脚本についても様々な意見交換をした。

脚本に対する吉永の意見も適切であった。喫茶店で使用する水を、吉永演じる悦子と阿部寛演じる浩司の二人が無言で小舟に乗り、汲《く》みに行く冒頭のシーンがあるが、それは吉永の提案であった。

当初は、喫茶店の裏にある鋸山《のこぎりやま》に悦子が自転車にポリタンクをつけて汲みに行き、坂道を帰ってくるという設定であった。が、吉永の提案を受けて、わざわざ小舟で小島の岩清水を汲んでくるということになった。

また、テーマ曲と挿入曲をギタリストの村治佳織に依頼したのも吉永の提案であった。

技術で演じるのではなく、役を生きる女優

『ふしぎな岬の物語』は、海の向こうに富士山を望むのどかな里の岬の突端にある〝岬カフェ〟を舞台に、里の住人たちが繰り広げる物語だ。昔、夫を亡くした吉永小百合演じる柏木悦子は、悦子の淹れるコーヒーを飲むのを楽しみにしてくる地元のお客さんたちを相手に、日々、過ごしている。

悦子はコーヒーや料理を、阿部寛演じる何でも屋の浩司とともに毎朝汲んでくる、小島の岩清水で作っている。浩司は、時々、問題を起こすこともあるが、カフェの隣の小屋に住み、笑福亭鶴瓶演じるタニさんらとともに悦子を見守ってきた。

岬カフェには、それぞれ問題を抱える常連客が集まってくるが、悦子は、優しく彼らのことを見守り続けている。

物語は、常連客たちと悦子、浩司らとの交流を描きながら、人それぞれの人生を描いていく。

成島は、『ふしぎな岬の物語』を撮影するうえで、黒澤明の『どですかでん』を意識していたという。『どですかでん』は、山本周五郎《やまもとしゅうごろう》の『季節のない街』を原作にした作品である。『虹の岬の喫茶店』同様、統一された長編でなく、オムニバス的な短編集といって

もよかった。

この映画のテーマは、人間の幸せとは何か、ということだと成島は語る。

それは、残された人生の時間の長さや金銭の多寡《たか》ではなく、人間関係のつながりの豊かさこそ大事なものであることをこの映画は訴えている。

『ふしぎな岬の物語』の監督が、小池が吉永とプリンスホテルで天婦羅を食べたときに吉永が大好きだと言っていた成島出に決まり、その映画への出演オファーが成島から小池栄子にきた。もちろん、小池栄子は二つ返事で受けた。

「はい。よろしくお願いします」

「よろしくね」

小池も成島には「一緒に仕事をしたい」という気持ちを伝えていた。それで、気にかけてくれたのだろうと思った。

そして、また吉永と共演できることに嬉しさを感じていた。

吉永は、カフェの女主人の役なので、コーヒーを淹《い》れる練習をずいぶんした。ネルのフィルターを使うと挽《ひ》きたての豆がふわっと活動して美味しさを届けてくれるかのようだという。実在する千葉《ちば》の店ではネルではなく紙フィルターでやっているが、やはりプロが淹れるのでとてもおいしいコーヒーだという。

吉永は、撮影が終わった今も、家で毎朝ネルを使ってコーヒーを淹れている。これまでは普通のコーヒーメーカーにただ豆をジャッと入れるだけの自動式だったが、一度ネルを使ったコーヒーを飲んでしまったら、もう普通の淹れ方では満足できなくなったという。一五分近くかかるので、そのぶんちょっと早起きして自分で淹れているという。

成島は、撮影時に思った。

〈吉永さんは、技術で演じるんじゃなく、役を生きようとするんだ。そこが女優・吉永小百合の魅力なのかもしれない〉

吉永の芝居は、小手先の芝居ではなく、王道をいくスターの演技であった。

成島は思った。

〈小津安二郎監督の映画に出ていた原節子に近いものがあるなあ〉

原も奇をてらうわけではなく、どっしりとその役になりきっていた。

吉永の演技もそうだ。成島は、ホームランを打たれてもいいから、ストレートしか投げない正統派ピッチャーのそれだと思っている。成島は、吉永の演技に、プロ野球の往年の名スターである長嶋茂雄《ながしましげお》が三振かホームランかといった豪快なスイングをしていたことを重ねていた。

吉永は、どの映画に対してもつねに全力投球であった。最後の作品になるかもしれない、と思って取り組んでいる。吉永の気迫は、成島にも伝わってきていた。

自身がどの作品に出演するかについても、一本一本かなり考えて検討している。

『ふしぎな岬の物語』では、鶴瓶は、吉永演じる悦子に思いを寄せる不動産屋のタニさんを好演しているが、この出演は、先にも述べたが吉永から手紙での出演依頼があったからであった。

鶴瓶は、『ふしぎな岬の物語』のタニさんの役は、男前だと聞いていた。

そのため、減量しようと思っていた。だが、吉永が言ってくれた。

「そんなことしなくていいですよ」

鶴瓶は、自分には男前の役を求めてないんだな、と気づき、結局、減量はしなかったという。

映画の冒頭で、悦子がタニさんに、「タニさん、ホントにいつもありがとね」というセリフがあるが、そのときの吉永の眼から、鶴瓶は、プロデューサーとしてこの作品にかける情熱がすごく伝わってきたという。

鶴瓶は、企画段階から本気で取り組んできた吉永から、これからもよろしくお願いしますというバトンが自分に渡されたような気持ちになった。

劇中では、阿部寛演じる浩司が、悦子が寝ているときに触れようとして葛藤するシーンがあった。これは原作にはないシーンであった。

成島は、シナリオを書くときに、登場人物全員に関する細かいプロフィールを作る。そのプロフィールは、その人物がこれまでどう生きてきたのかがわかるように、詳細に書き込まれている。

柏木悦子もタニさんも、柏木浩司にもプロフィールを作った。

鶴瓶は、タニさんのプロフィールの詳細さに感動して絶賛した。

「監督、このプロフィールだけで一本の映画ができますよ」

浩司が悦子に触れようとするシーンは、シナリオでは、憧れの悦子に手を触れそうになって気付かれて逃げていく、とある。

プロフィールでは、浩司の母と悦子は、三歳違いの姉妹で、顔が似ていると設定していた。

浩司の母親は、飲んだくれで、浩司の実の父親も誰だかわからない。イタリア人の子供だと言われているほどである。たくさん男がいるため実父がわからずに、浩司の顔つきを見て、あの男じゃないかと推測する。そして、幼い浩司を虐待してしまう。

浩司は、悦子と同じ顔の母親に虐待され、そして母の死後、孤児院に入っている。そこに、唯一の肉親である悦子が迎えに来て、一緒に住むようになる。

浩司は、悦子に対して、育ててくれた母親としての思いと、憧れの人への思いの二つの感情を持っている。阿部寛は、そんな複雑な浩司の感情をうまく表現している。

成島は、吉永にも悦子のプロフィールを渡して、初恋の時期がいつかなど細かい設定について話をした。

撮影では、原作でもモチーフとなっている喫茶店が実在する、千葉県明鐘岬《みょうがね》を中心にロケーション撮影がおこなわれた。

脚本作りの際、吉永の大好きな昭和六十二年公開のアメリカ映画『八月の鯨《くじら》』からヒントを得て、鯨祭りのシーンが映画オリジナルとして盛り込まれることになった。『八月の鯨』は、八月になると入り江に鯨が来るメイン川の、小さな島にある別荘を舞台に物語が繰り広げられる。

以前、房総《ぼうそう》の辺りでは鯨がたくさん捕《と》れ、千葉県鋸南《きょなん》町勝山《かつやま》では今でも毎年十月にささやかながら「クジラの都まつり」が開かれている。雑誌の記事でそのことを知った吉永は思った。

〈喫茶店の室内シーンがどうしても多くなってしまうから、青空の下でのシーンをもっと盛り込みたい〉

吉永は成島監督に提案した。

「鯨祭りのシーンを撮ったらどうでしょう」

そこで成島監督は実際に勝山まで「クジラの都まつり」を見学に行った。勝山は十七世紀前半に房総捕鯨《ほげい》が始まった地である。関東では唯一、全国にもわずか五ヶ所しかない捕鯨基地がある漁港だという。しょぼしょぼと小雨の降る中おこなわれた祭りでは、地元の愛好家が法被《はっぴ》姿で歌う鯨唄《くじらうた》も披露された。成島が、吉永に言った。

「場所をちょっと変えて、違うところでやりましょうか」

それでできたシーンであった。

祭りでは、全長三メートルの鯨神輿《みこし》が作られ、地元の人がエキストラとして参加した。

この撮影のときに、全国から新聞記者たちを呼び、漁業市場で記者会見を開いた。

寒風吹きすさぶ中、笹野高史《ささのたかし》と阿部寛が腕を出した法被姿でとても寒そうだったので、吉永は、「ブランケットをどうぞ」と出した。

プロデューサーとしていつもよりは気を遣わなければならないとは思ったが、それよりも皆がいい状態でいることが、自分にとって幸せという部分もある。『北の零年』や『北のカナリアたち』でもそうであった。寒い中、出演者やスタッフたちが少しでも心が温かくなるようにといつも考えていた。

吉永は、原作でメインとなる場面は、泥棒が出るところと、タニさんとの船の別れだろうと思った。

片岡亀蔵《かたおかかめぞう》演じる泥棒が岬カフェに包丁を持って忍び込む。悦子は、泥棒に声をかける。

「泥棒さん、この店にあるのは、レジの小銭と、画家の夫が岬で描いた『虹の絵』だけで、その虹の絵を持って行ってくれたらいい」

「泥棒さん」と呼ばれる男は、ストーブで温めてもらい、コーヒーまで呼ばれる。男は、「包丁を造っていたが、不景気で一家心中をしようと思い込むほど追い詰められた」と告白する。

「泥棒さん」は、のちに一世一代の包丁と手紙を悦子に送ってくる。

森沢明夫が描く人物は、他の作品でも共通しているが、恵まれた人ではないけれど、どこかの街の片隅で懸命に生きている心優しい人たちである。だから泥棒も事情があってあんなふうになったけど、自分でドジばかり踏んでしまうという可愛いキャラクターであった。

映画『ふしぎな岬の物語』に、小池栄子は春風亭昇太《しゅんぷうていしょうた》演じる花農家の妻役で出演した。吉永と一緒になることができた撮影現場は、結婚式シーンなどわずか三日ばかりだったため、吉永とじっくり話すことはできなかった。

吉永は相変わらずスタッフ一人ひとりを気遣うのは当然のこと、結婚式のシーンに登場するエキストラや食事の用意をしている人たちにまで「お世話になります」と頭を下げて回っていた。

そんな吉永の姿に、小池と春風亭昇太は感動した。

「なんて腰の低い方なんだろうね」

「本当、惚れ惚れするね」

駅のシーンでも、撮影に使用した駅の駅長と吉永は、駅舎の中に貼ってあった昔の映画ポスターを見ながら気さくに話をして、「せっかくだから」と駅のグッズを購入していた。

その様子を見ていた小池は、そんな心配りのできる吉永にますます惚れた。

〈小百合さん、本当にやさしくて、きれいだ〉

いつも、吉永の姿を見るたびにそう思う。それでも、小池には女優としての欲もある。

〈いつか、小百合さんとガッツリ芝居したいな〉

小池は、吉永と再び共演できることを心から願っているという。

鶴瓶演じる不動産屋勤務のタニさんは、毎朝、悦子目当てで岬カフェにコーヒーを飲みに来る常連客である。タニさんは、コーヒーを飲みながら言う。

「三〇年間、ここはなーんも変わらん。ここにおるだけでしあわせなんや」

ところが、大阪へ転勤を命じられる。転勤すべきか、岬にとどまるかで迷う。そこで、自分は釣ってもいない大きな鯛《たい》を悦子の店でさばく。その魚を使って、ディナーを開く。その場で悦子に恋心を打ち明けようとする。

鶴瓶は、若かりし頃、自分の妻に初めて告白したときとそのシーンが重なったという。

「じつはヨメに告白したときは、好きな人がいるので付き合えませんって言われて、一生友達でいようってなったんです。でも、そのあとしばらくしてから付き合えたんですけどね」

鶴瓶は、妻に失恋したときを思い出しながら、映画では、悦子に長年の思いをついに打ち明けることができず、喫茶店から出た。

結果を案じて外で見守っていた阿部寛演じる浩司に、悔しいけれど、照れながら大きく両手を×の字にしてサインを出すという自分で考えての芝居をした。このシーンは、成島出監督からも好評であった。

大阪行きの船に乗っていたタニさんは、岬の人たちに向けて手を振る。すると、タニさんの眼に垂れ幕が映った。

「三〇年、タニさんありがとう」

悦子は、その垂れ幕の前で頭をずっと下げている。

タニさんは、必死に叫ぶ。

「頭を下げんといて、下げるのは、わしや！」

吉永は、笑福亭鶴瓶演じるタニさんは、もしかしたら自身の人柄の雰囲気のまま演じていたのかもしれないと思う。そこをわからせないところがまた鶴瓶の魅力かもしれない。本当に不思議な人だ、という。

いっぽう、鶴瓶から見ても、吉永は、普段から気さくできどらない。

ともに焼き肉に行けば、鶴瓶のマネージャーにまで肉を焼いてくれたりするようなところがある。

『ふしぎな岬の物語』では、比較的長回しのシーンが多い。吉永が一人で六分半くらい話す長セリフのシーンでは、本読みは軽くやって、軽くセリフのやり取りをおこなって、そして本番の日に成島監督が「ぶっつけでいきます」とテストなしで撮った。

吉永にとって、こんな長セリフも、ぶっつけ本番も初めてのことであったが、吉永もなるべくリハーサルなしでやりたかった。

リハーサルをすると、本番前にセリフをその場に置いてきてしまうようなところがある。そうしたら監督が「ぶっつけ」と言ったので非常にありがたかった。

長い撮影の合い間に家でぶつぶつとセリフを覚えて、いよいよ本番になった。

憔悴《しょうすい》しきった悦子が長年押し殺してきた感情を吐露《とろ》する。

「村の人たちがいて、みんなに支えられて、ずっとこの日がつづきますようにと祈っていたよ。ずっと永遠なんてないとわかっていたのに……。徳さんも、タニさんもいなくなった。シュンイチさんも来てくれなくなったの。なぜ？　わたし、またひとりぼっち……」

一回でＯＫになった。

長セリフを話すときの動作として、監督が「石を使ったらどうですか」と提案した。

すごく変わった石がたくさんあった。

吉永も「ああそうですね」とあっさり納得した。

それでセリフを言いながら石を積んだら、石がどんどん斜めになっていく。途中でガタッて崩れてしまうんじゃないかしらと思いつつ、もう一つ積んだ。積んだらそのまま不思議と倒れなかった。まるで石が演じている吉永の気持ちに沿ってくれて芝居してくれたようであった。

成島も、どこかで石が倒れると思っていたが、倒れなかった。

金子《かねこ》みすゞの詩を朗読

阿部寛は、『ふしぎな岬の物語』での小島に湧き水を汲みに行くシーンの撮影のために、小型の船舶免許を取得した。

当初は、阿部自らボートを運転するシーンを撮影する予定であった。が、スケジュールの関係で難しくなり、セットによる撮影になるところであった。

だが、プロデューサーの吉永は、阿部が自ら運転するシーンを撮影すると主張した。吉永は、わざわざ船舶免許を取得した阿部の気持ちに応えたかったようであった。ほかのすべてのシーンを撮り終えてから一ヶ月後、阿部のスケジュールを待ち、そのシーンだけ撮り直すことになった。

阿部は、吉永のプロデューサーとしての判断をものすごく喜んだ。

結局、阿部のスケジュールを三日間もらい、一番天気の良い日を狙うことになった。

ところが、三日間とも雨であった。

それでも、そのなかでもっとも天気の良い日に撮影することになり、二日目の午後、たまた少しだけ雨があがった時間帯にそのシーンの撮影ができたという。

撮影は館山《たてやま》のちょっと外房に近いところでおこなったので、けっこう波が高く、揺れて大変であった。

成島は、振り返って語る。

〈今回の映画は、そういう不思議なことが多かったなあ〉

映画では、悦子に別れを告げて大阪に去ってしまうタニさんだが、鶴瓶の気持ちのなかでは、今でも大阪の2LDKでタニさんと悦子の二人は暮らしているという。

ラストで悦子は、「タニさんのところに行くんじゃないか」というナレーションが入る。ひどい火事があったのにタニさんがまったく現れないのがちょっと不自然で、でも現れたら話がそこで終わってしまう。なので、やはり悦子はタニさんのことをどこかで思っていて、タニさんもきっと悦子を思っている。吉永は、それをナレーションでわからせたほうがいいのではないかと思ったのだ。吉永は、原作を読んだときもそのシーンがとても好きで、撮影時にはその思いがこみ上げてきた。

ラストシーンでは、吉永のアイデアで、西條八十《さいじようやそ》から「若き童謡詩人の中の巨星」と賞賛されながら、二六歳の若さで自殺した金子みすゞの詩「海の果《はて》」「鯨法会《くじらほうえ》」の二編の詩を朗読することになった。この映画は強い主張を観客に押しつけるものではない。だから詩を入れたらどうか、と考えたのである。

吉永は、高村光太郎《たかむらこうたろう》や中原中也《なかはらちゅうや》などのさまざまな詩を読んでみたが、金子の詩を全編読んでみて、もっともピタリと合うと感じた。ちょうど鯨祭りに関する詩もあった。それから「虹」という言葉を使った、未来に向かっていくような詩を選んだ。

『海の果』
雲の湧くのはあすこいら、
虹の根もともあすこいら。

いつかお舟でゆきたいな、
海の果までゆきたいな。

あまり遠くて、日が暮れて、
なにも見えなくなったって、

あかいなつめをもぐように、
きれいな星が手で採れる、
海の果までゆきたいな。

プロデューサーの仕事はじつに大変だったと吉永はいう。俳優の場合は、自分の出番がないときは休めるが、プロデューサーの場合はまったく休みがない。撮影が終わってからがまた忙しかった。

ラッシュを一週間に五回も見て、「ここはもう少し短くしたほうがいい」「ここは思いきって切ってしまおう」などとみんなで意見を出し合った。

吉永は、数年前から編集ラッシュを見て「こうしたほうがいいんじゃないか」という意見は言ってきたものの、今度はカットすることに責任を持つ立場であるため、「ここところを抜き出して繋いだらどうだろうか」などと、考えに考え抜いた。自分が演じているシーンはともかく、他の俳優が懸命に演じているシーンをカットすることには特に申し訳なさを感じたものの、映画はリズムが大切である。みんなと話し合い、心を鬼にしてカットすべきところはカットした。

さらに音楽録りから、映像にセリフ・効果音・音楽と、すべての音を付けて調整し完成作品に仕上げるファイナル・ミックスまで、すべての作業に付き合った。

モントリオール世界映画祭の栄冠

『ふしぎな岬の物語』は、平成二十六年八月末から九月初頭にかけて、カナダのモントリオールでおこなわれた第三十八回モントリオール世界映画祭のワールド・コンペティション部門に正式出品されて、審査員特別賞グランプリとエキュメニカル審査員賞の二冠を達成した。

吉永は、カナダのケベック州最大の都市モントリオールの方たちが『ふしぎな岬の物語』をとても温かく受け止め、気に入ってくださって、ダブル受賞はその成果だと思うという。映画祭での上映会も普通は何度もやらないが、今回は皆のリクエストで四回もおこなった。

映画の上映が終わったあとに必ずQ＆Aがあって、観たひとの質問を聞いて製作者側が答えるという心の通い合う時間があった。そこは、日本の映画祭やベルリン映画祭とはまったく違う。

質問の中に、「映画の中で、子どもを抱きしめたり、コーヒーを淹れながらまるで魔法をかけるかのように『おいしくなーれ、おいしくなーれ』と唱えるシーンがあったが、許しや祈りに対する日本人の気持ちはどうなのか」というものがあった。モントリオールはフランス語圏で、カトリックの影響の強いところだったので、そんな癒しに関する質問が多かった。

吉永は「日本人はいつも温かいものを求めていて、争いよりはお互いの気持ちを思い合ってやっていくんだ」と吉永なりの考えを伝えた。

それと、阿部寛が古代ローマ帝国の浴場設計技師が現代日本の浴場にタイムスリップしてしまう『テルマエ・ロマエ』の主演をしているので、「日本では温泉がとても癒しになっている」とちょっと別の映画の話もした。モントリオールには温泉はないそうだ。

成島監督は、次作の『ソロモンの偽証』の撮影のために、モントリオール世界映画祭には行けなかった。が、受賞した際に、吉永が大喜びしながらはしゃいでいる姿をテレビで見て、感極まるものを感じた。

吉永はのちに、「はしゃぎすぎちゃったな」と語っていたが、以前から「自分の女優賞よりも、みんなで作ったこの作品を認めてもらいたい」と言っていた。

吉永は、授賞式の場で喜びを語った。

「スタッフ一同、みなさまに感謝いたします。このような賞をいただき、わたしたちみな、本当に感激しております。

はじめは、モントリオールの方々にこんなに温かく受け止めていただけるとは思っていなかったんです。皆で手作りで作り上げたものなので、映画に対して『感動した』と言っていただけたことが何よりも嬉しいです。それに二つの賞をいただいたということはプラスアルファで素晴らしく嬉しいことです。

どこにでもあるような、でも人と人とが絆《きずな》を持って生きていくことの大切さを謳《うた》っている作品が、海外でこんな風に受け止めていただけたというのはとても喜ばしいことです。また、日本のお客様にも観ていただいて、今辛く悲しい思いをしている方々にも希望を与えられたらと思います」

成島も、受賞に際して、以下のコメントを残した。

「映画『ふしぎな岬の物語』は、ともに企画から携わった吉永さんを中心として、スタッフ、キャストが皆心を一つにし、大変良いチームワークで作り上げることができました。人と人とが想いを持って『つながる』ことだけが人を救っていく、という普遍的なテーマが、海外でも受け入れられたことを大変嬉しく思います。本当にありがとうございました」

成島出は、『台風クラブ』『お引越し』などの傑作を撮った映画監督の相米慎二《そうまいしんじ》の弟子である。成島は、この年に五三歳になったが、それは相米が亡くなった歳と同じである。成島は、その歳に、憧れの吉永小百合と仕事をしたということに、不思議な縁を感じたという。

吉永と仕事をして、成島は、吉永の映画一作一作にかける意気込みの強さを感じた。

〈吉永さんの人生そのものが映画なんだ。俳優を生きる、映画を生きる、シャシンを生きるということは、こういうことなんだな〉

成島は、吉永と仕事をして、「活動写真」という言葉を思い出した。

第八章　映画女優の道、ひとすじ

『笑っていいとも！』にテレビ電話で出演

平成二十六年三月三十一日、フジテレビ『森田《もりた》一義《かずよし》アワー 笑っていいとも！』最終回の「笑っていいとも！ グランドフィナーレ感謝の超特大号」出演について、吉永は、タモリには「最終回には花束を持ってお伺いします」という話を直接伝えていた。

それゆえ、何としても行きたいと思った。が、最終回の日には『ふしぎな岬の物語』の早朝ロケがあってどうしても行けない状況であった。

そのため、テレビ電話での出演という形になった。

タモリは、『笑っていいとも！』スタート時から「吉永小百合をゲストに！」が悲願であった。なにしろ、芸能界に入ったときから「神です。女神です」と言ってあがめていた。まさに「永遠の憧れ」であった。なにしろ、憧れのマドンナ吉永が昭和四十年に早稲田大学第二文学部に入学すると、タモリも、一浪の末に同じ早稲田大学第二文学部に入学しているくらいだ。

「タモリさん、本当におつかれさまでした。『最終回は何としてもスタジオにかけつけて花束を渡したい』と思ってたんですけど、映画のロケで南房総に来てまして」

タモリも、答えた。

「どうもありがとうございます。映画プロデューサーもされていて、お忙しいところを……」

「大変でしたね。八〇〇〇回を超える……すごい数字で圧倒されますけれども、番組終了で少しお休みになれるんですか？」

吉永は、ヨットの祭典「タモリカップ」の名誉会長を務めるタモリにリクエストした。

「映画で初めて操船《そうせん》するので、（船の好きな）タモリさんを思い出しながら、いつかぜひ乗せてください」

タモリは明答。

「いいとも」

幻の初舞台と杉村春子《すぎむらはるこ》

吉永には、不思議なことに、舞台の経験がない。その機会がないではなかった。吉永は、『下町の女』というTBSの石井ふく子のプロデュース作品にずっと出演していた。

その舞台化の話が新橋《しんばし》演舞場であり、十二代目市川團十郎《いちかわだんじゅうろう》と一緒に出演することが決まっていた。ところが、過労とストレスで声が出なくなった。そのため、出演を断らざるをえなくなってしまった。

もしもそのとき、声が出なくならなければ、舞台の仕事をやっていたであろうという。『下町の女』は、杉村春子と親子役だったから、杉村に「いっしょに舞台をやりましょうよ」とずいぶん誘われた。

吉永は、杉村の『女の一生』や『欲望という名の電車』などの舞台も観ている。五代目坂東玉三郎《ばんどうたまさぶろう》の舞台も、勉強のためにずいぶんと観た。

〈あんなに素晴らしいお芝居は、自分にはできるわけがない〉

これから一生懸命に舞台の勉強をしても、映画とは違う舞台のやり方というものがある。そういうものをこれから身につけていくのはなかなか難しい。吉永は舞台を断念した。

杉村が九〇歳のとき、杉村の最後となる舞台『華々しき一族』が平成八年九月から十月にかけて、文学座アトリエで上演された。吉永は観に行った。

共演の俳優が台詞をとちっていても、杉村は一切乱れない。ゆるがない演技を見せていた。吉永はその姿勢に感動した。

舞台が終わり、楽屋に杉村を訪ねた。杉村と握手して、別れた。

杉村は、その後、平成九年四月四日、九一歳で亡くなった。

今でも、吉永は、「朗読劇ならいいでしょう」と声をかけられることがある。が、吉永は、そんなにたくさんのことはできないという。

笠智衆が好き

意外に思われるかもしれないが、吉永は、小津安二郎監督の『東京物語』をはじめとする作品で、一貫して父親役を演じている笠智衆に魅かれている。

「笠智衆さんとは、昭和三十九年の『愛と死をみつめて』で初めてご一緒しました。わたしは軟骨肉腫で顔を半分失ってしまう少女の役でした。父親役の笠さんが病院に行って娘に会ったあと、列車に乗って大阪駅で娘のことを思いながらふっと自分で顔をおさえるシーンがありました。その芝居が本当にすごくて、今でも忘れられません。もちろん、悲しい表情をなさるとか、そういうのではないんです。それなのにゾクゾクッとするほどの演技でした。わたしはどちらかというと笠智衆さんみたいに自然に流れるままがいい。〝女笠智衆〟でいきたいなと思っています」

吉永は、夫の岡田太郎について語る。

「主人は、わたしにとってこういう存在とか、そういうことをすべて超えた、いなくなってしまったら生きてはいけないくらい大切な人です。

よくご夫婦で監督と女優として一緒に映画を作る方がいらっしゃいますけど、わたしたちの場合は、絶対に一緒に仕事はできないタイプ。だから、結婚してからはお互いの仕事に一切かかわらずにやってきました。それはルールというよりも、自然に『仕事場は別ね』という感じでお互いに自由に仕事をしてきました。

主人は、わたしが出演する作品を、いつも試写会ではなく映画館で観てくれる。気になったことがあったら『ここはこうなんじゃないの』とワンポイントアドバイスをしてくれます。でも、批評というよりは映画そのものを受け止めて、ちょっと感想を言ってくれるという感じですね。ありがたいのは否定的なことじゃなくて、『こういうふうにしたらもっと良くなるんじゃないか』という言い方をしてくれることです」

監督を務めることは一〇〇パーセントない

吉永小百合は、いまも若く美しい。キャメラマンの木村大作は言う。

「たとえば、『華の乱』では、二〇代の若い時代も演じているけど、そういう場合は楽なんだ。小百合さんは、めずらしい人で、実年齢よりも、若い役のときはそのまま撮影できるくらい。ただ、老けさせるのが難しい。そのくらい綺麗だから。『北のカナリアたち』でも、四〇代と六〇代の役を演じていたけど、四〇代の方が撮影しやすい。逆に老けているときのほうが難しいんだ。変に老けたメイクをして撮影するのは嫌だしね」

女優・吉永小百合が、自らメガホンを取り、映画を監督することはあるだろうか。

自身も『劔岳 点の記』『春を背負って』『散り椿』の三本の映画を監督している木村大作は言う。

「やれますよ。今の女優のなかで、監督ができるのは小百合さんだけじゃないかな」

田中絹代は、大女優でありながら、女性監督の第一号となり、京《きよう》マチ子《こ》主演の『流転の王妃』など六本を発表している。

果たして、吉永監督はありうるのか。吉永は首を振る。

「わたしが監督を務めることは、一〇〇パーセントありません。役者さんに向かって『その芝居違うんじゃないですか』とか、絶対言えないタイプです、わたしは(笑)。

だからプロデューサーの仕事でも、寒かったら毛布を持って行くとか、そういう裏方のそのまた裏方の仕事は向いているんですけど、自分が指揮をしてコンダクターになって『わたしについてらっしゃい』ということはできない。やっぱり監督はもっと自信家なんです。わたしは割と自分に対してクールな部分があって、自信あふれるというタイプではありません。監督としての勉強もしていませんし。

昔、シナリオを一本だけ書きたいと思ったことはあります。オリジナルは多分書けないから、自分の好きな原作を脚色したいと考えました。シナリオの勉強なら少しずつでも自分でできます。でも映画監督は、自分だけではとてもできない。みんなの先頭に立って引っ張っていく強いエネルギーを表に出さなきゃいけない。内に秘めてたらダメだと思います。自分は、それは苦手ですね」

脇役のほうが絶対に難しい

渡哲也は、吉永と年に二、三回食事をしていた。ただし、二人だけということはない。渡哲也は、吉永の映画をずっと観続けてきた中で、感じることがあった。

〈彼女は容姿の美しさだけでなく、人としても美しいんだな〉

吉永の人柄は若い頃と変わっていなかったが、年を追うごとに内面の美しさが画面から滲み出てくるようなのである。

渡哲也は思う。

〈吉永さんは自分の引き際を考えているようだが、年相応の映画をまだまだ続けていってほしい……〉

吉永は、今後について語る。

「高倉健さんのように最後まで主役を務められるかどうかは、自分でもわかりません。だけど、わたしは、脇役のほうが絶対に難しいと思っています。

これまで何十年もずーっと、シーン1から撮って、その中で自分を少しずつ成長させていくという方法でやってきました。でも脇役の方は、わたしの十分の一くらいの出演で、時々現場に来てパッと最高のお芝居をなさる。『ふしぎな岬の物語』でも、笹野高史さんがちょっと出てきてキラキラッと光る演技をしていました。少ない場面で的確に表現する、そうした経験が今までないですし、わたしのような不器用な者にはなかなかできないなという気がします」

「『母と暮せば』で出演作品は一一九本目。次が一二〇本。一〇代の若いころに撮ってるものがたくさんありますから。でも今は一年に一本のペース。立ち上がりから封切りまでいろいろありますし、プロモーションもありますので、たくさんは撮れないです。わたしは次の作品に集中することしかできなくて、それより先のことは考えられないんです。だから、どこまで女優を続けられるかも自分ではわからない。ただ、『母と暮せば』が一一九本目だから、一二〇本まではやりたいなと(笑)。そこまでやって、その時点で考えてどうするかを決めたい。改めて女優の道をもう一回選ぶことになるかもしれません」

吉永小百合は、一一九本をこえてからも、『映画女優』の道をひとすじに歩みつづけることになる……。

第九章　吉永小百合、映画『母と暮せば』を語る

井上《いのうえ》ひさしさんからのお便り

井上ひさしさんは、『母と暮せば』については、こういう話にしたいというような本当に短いプロットをお書きになっていたようなんです。そして長崎で講演をしたときに『母と暮せば』の構想らしきものは話していらしたそうなんです。

その構想を井上さんの娘さんの井上麻矢《まや》さんが、山田洋次監督に映画化してほしいと依頼したそうです。そうすると広島、沖縄、長崎の「戦争三部作」になるからと。

「広島」は、舞台だけでなく、黒木和雄《くろきかずお》監督が映画化もした『父と暮せば』、「沖縄」は、沖縄戦を描いた『木の上の軍隊』です。こちらも、残された資料をもとに劇団こまつ座が平成二十五年に上演しました。

『父と暮せば』のお芝居《しばい》は、蟹江敬三《かにえけいぞう》さんの娘さんの栗田桃子《くりたももこ》さんと辻萬長《つじかずなが》さんのコンビ

で父娘を演じたのを、三年ほど前に新宿の紀伊國屋《きのくにや》ホールでおこなわれた公演を観に行きました。観終わったあとに感激して、夜の街を友人と二人で泣きながら歩いたことを覚えています。

今回、『母と暮せば』の撮影が終わったあとにも公演があったので、観に行きました。やはり、戯曲《ぎきよく》の力というのを感じましたね。

実は、わたしは、井上ひさしさんから九年ほど前に、井上さんが会長をされていた日本ペンクラブの世界大会で原爆詩の朗読をしてほしいという依頼を受けたんですね。世界各国のペンクラブの方たちに、原爆の詩を聞かせたいという思いが井上さんにはあったんだと思います。

でも、ちょうど、その日が山田洋次監督の『母べえ』の撮影時期と重なっていたんですね。それでわたしは、二つのものを同時進行ではできないので、お断りのお手紙を出したんです。すると、井上ひさしさんからお返事が来て、「山田監督の作品ならきっといい作品ができると思いますから、そちらの方で頑張って下さい」というとても温かいお便りをいただいたんです。

そのあと、井上さんと一度もお会いする機会がないまま、（平成二十二年四月九日に）亡くなられてしまわれたので、ずっと心残りだったんです。

山田監督に事情を打ち明けて、スケジュールの調整をすることができたんじゃないか、なんて思って、ずっと後悔していたんですね。だから、今回の『母と暮せば』という作品に出演することができて、天国の井上ひさしさんにいつかご報告ができるような気がしています。

今回の映画の出演は、一昨年の夏に、山田監督からお話があって、いつもはお手紙での依頼ですが、今回は直接お会いしてのことでした。山田監督は、この作品には、運命のようなものを感じて、「絶対に作品にしなければいけない」と思われたそうです。わたしは、その話を聞いて、一も二もなく、「やります」と言ってお受けしました。

そのときは、この映画の他のスタッフの方たちもレストランに来ていたんですが、二人だけでレストランの隅《すみ》で話して、お受けしたときに監督が「決まったよ」ってみんなに大喜びで報告してくださって、とても嬉しかったですね。

演じ分けの難しさ

今回の役は、長崎に住む助産婦の福原伸子役です。夫は結核で病死、長男もビルマ（現ミャンマー）で戦死し、長崎医大生の次男浩二と暮らしていましたが、昭和二十年八月九日に原爆が投下されます。浩二は消息不明になるんです。

その三年後の墓参の昭和二十三年八月九日に、伸子は、黒木華《くろきはる》さん演じる佐多町子に、

『母と暮せば』（2015年）　監督／山田洋次　©2015「母と暮せば」製作委員会

「浩二を諦《あきら》める」と伝えます。ところが、その夜自宅に二宮和也《にのみやかずなり》さん演じる浩二が現れ、「ぼくは死んでるんだよ」と告げるんです。

「母さんは諦めが悪いから、なかなか出てこられなかったんだよ」

浩二は、その後たびたび現れるようになります。

演技が難しかったのは、幽霊になった二宮さん演じる息子の浩二が会いにきてくれて、会話をするわけです。それは、あくまで現実ではなく、夢というか幻想の世界なわけです。いっぽう、息子の許婚《いいなずけ》役の黒木華さんや、加藤健一《かとうけんいち》さんなどと話す現実のシーン、その両方が一つのシーンのなかで交互に入ってくるんですね。それをどう演じ分けるかが難しかったですね。

映画が終わってから、山田監督から「これは落語なんですよ」と言われて、「ああ、そういうものなのね」って思いましたけれども。落語は、全部いろんな役を顔の向きを変えることで、演じ分けますからね。

方言と体重調整

わたしは、以前に『長崎ぶらぶら節』という作品に出演しているので、長崎弁を使ったことがあるんです。長崎弁に慣れているというほどではありませんが、ただ役を演じるときには、標準語より、その地方の言葉のほうが、気持ちやニュアンスが出るから、好きですね。今回も、方言指導の方がついて、テープを作ってくれて、それを何度も何度も聞きながら練習しました。

というのは、井上ひさしさんが『父と暮せば』を書いたときには、一ヶ月広島で生活しながら、耳で広島弁を聞いて、それからシナリオを書かれたそうなんですね。

だから、山田監督も、長崎に行って、長崎弁をどこまでどう使うかってことをずいぶん悩まれたそうなんです。

それで、わたしの役は長崎弁をコテコテにはしないほうがいいかもと思われて、あまり長崎弁が強い役ではないんですね。だから、「ばってん」とか強い長崎弁は使いません。

もちろん、そのいっぽうで、昔からの長崎弁を使う役の方もいて、そういうバランスを考えて、『母と暮せば』のシナリオを作られたそうです。

今回は、減量しなきゃいけないシーンもありました。黒木さん演じる町子に好きな人が現れて、家に来なくなり、幽霊の息子も現れなくなって、それでやつれて、体調が悪くなっていってしまうんですね。そのシーンのために、三キロくらい痩《や》せました。主に、食事療法で、炭水化物をとらないようにしましたね。

また、そのあとすぐに元気になってからのシーンがありましたので、その撮影の前日には、鰻《うなぎ》やステーキを食べて、体重を戻しましたよ。

実力派、嵐《あらし》・二宮和也さんとの出会い

共演相手の嵐の二宮和也さんの演技も素晴らしいんです。自然に見せる天才というか、お芝居がすごく軽やかなんですね。

今回の二宮さんは、原爆で一瞬にして命を奪われてしまった息子の浩二役で、三年後の昭和二十三年八月九日にお母さんの下《もと》に幽霊の姿で戻ってきます。シチュエーションを考えると、ちょっと辛《つら》くて重い役になりがちですよね。でも二宮さんは、笑いながら、軽妙に演じてくれています。わたしと共演するシーンも、ほのぼのとした明るいシーンになっているんです。

二宮さんは、もちろん、山田監督が決められたのですけど、アイドルとしても過密《かみつ》なスケジュールのなかで、出演してくれましたから、出演が決まったときはとても嬉しかったです。

わたしは、母親の伸子役を演じるわけですから、共演するにあたって、二宮さんの子供の頃の写真を見せてもらったんです。そのほうがイメージがわきますから。二宮さんは、一五歳くらいでデビューしていますから、それ以降は知っていますけど、小さいときのことはわかりません。だから、写真をお願いしたんですが、三日後くらいに、持ってきてく

だださったんです。生まれたての赤ちゃんの頃の写真から、五歳、六歳、七歳と五枚くらい見せていただきました。

彼が育っていった過程をイメージすることができて、良かったです。わたしは、役柄を演じるにあたって、その人がどんなふうに生きてきたのかを知って、自分の心の中にいろんなものを詰め込みたいんです。それと、もう一つは、その人物がどんな風に吹かれて生きてきたんだろうかってことを想像するようにしています。例えば、その人が生きた場所に行き、そこに立ってみることも大事だと思っています。

二宮さんは、テレビドラマでも、今度、夏目漱石《なつめそうせき》の『坊っちゃん』に主演したり、『赤めだか』では、落語家の立川談春《たてかわだんしゅん》さんの役もやったり、多様性があるんですね。クリント・イーストウッド監督の『硫黄島《いおうじま》からの手紙』のときは、イーストウッド監督に会いたくて、オーディションを受けられたらしいんです。ところが、オーディションのときには、監督が来なくて、ガッカリして少し不貞腐《ふてくさ》れて演じていたら、それをビデオで見たイーストウッド監督が気に入って、起用したみたいですよ。実際に、彼の役はどんどん脹《ふく》らんで、重要な役になっていましたね。

わたしは、初めて二宮さんに会った日から、もしかしたら、本当のわたしの息子じゃないかと思うくらいピッタリと寄り添うことができました。かわいい息子でした。

撮影では、一度、二宮さんを撮影後に抱きしめたことがあるんです。そのときは、母親としての気持ちと、二宮さんの演技が俳優として素晴らしいという気持ちとの両方がありました。どんな状況でも、あまり力を入れず素晴らしい存在感で、いつも引っ張ってもらいました。

二宮さんは、わたしのことを「さゆゆ」って愛称で呼んでくれました。これは、人気アイドルグループのAKB48の渡辺麻友《わたなべまゆ》さんの愛称の「まゆゆ」を真似して名付けてくれたんです。去年、二宮さんの所属する嵐のコンサートのときに、実は、「今度、さゆゆと共演します」ってジョークを言ってくれたのです。

でも、撮影が始まると、「小百合《さゆり》さん」ってすごく自然に呼んでくれましたよ。だから、わたしも「和也さん」って呼んでました。

笑福亭鶴瓶さんは、二度の共演で仲良くなっても、いつまでたっても、「吉永さん」ってておっしゃるんですよ。「小百合さん」って呼んでくれないかなって思っているんですけど。鶴瓶さんのいる落語の世界は、やっぱり先輩後輩が厳しい世界ですから、あえて、そういうふうにおっしゃってるのかなって思うんですけど。

でも、二宮さんの「小百合さん」って言い方がすごく自然なので、役柄のように、二人がいつも一緒に生きてきたんだなっていう思いになれましたね。

今回の映画は、わたしも、二宮さんも、台詞《せりふ》がものすごく多いんですね。でも、二宮さんは、一度も間違えずにかろやかに台詞をしゃべっていました。

やっぱり、長崎弁は初めてだったらしくて、台本を読むだけでなく、方言指導の方が吹き込んでくれたテープを何度も何度も聞いて、台詞を覚えたみたいです。

こういう息子に出会えて本当に良かったです。

素晴らしい共演者たち

浩二の恋人・佐多町子役の黒木華さんとは初めて共演したのですが、共演しているうちにどんどん親しくなっていきました。

黒木さんは、息子の許婚ですから、姑《しゅうとめ》と嫁との関係になる予定だったわけです。最後に、わたしが「(息子が亡くなってから)三年も経ったんだから、新しい人生を生きてほしい」と黒木さんに言うシーンがあるんですね。もし、現実にこんな立場になったら、わたしはどうするだろうと、悩みながら演じました。女二人の哀切《あいせつ》なシーンになったと思います。

今回の映画には、『母べえ』で共演した浅野忠信さんにも出演してもらいました。

黒木華さんが心惹《こころひ》かれる役で、今度は、「黒ちゃん」っていう役なんです。『母べえ』のときには、「山ちゃん」っていう役だったんですけど。

浅野さんはワンシーンの出演なんですけど、印象に残る素晴らしいシーンなんです。日本だけじゃなく、海外の作品にも出演されるようになって、年輪を重ねて、優しい感じが滲《にじ》み出る素敵な演技をされています。

あと今回は、舞台を中心に活躍し、日本の演劇界を代表する「演劇界のドン」とも言える加藤健一さんも出演しています。

加藤さんは、一人で暮らす伸子を心配し、何かと世話を焼く「上海《シャンハイ》のおじさん」という役なんです。まさに「男はつらいよ」シリーズで渥美清さんが演じられた「寅さん」のような役柄なんです。本当にバイタリティーのある人で、わたしはいつも助けてもらいました。

山田監督も、加藤さんのお芝居が観ていて楽しくて仕方がないみたいで、「渥美ちゃんの若い頃を思い出すね」っておっしゃってました。加藤さんのお芝居になると、どんどんいろんなアドリブが増えていきました。山田監督が増やすんです。そのシーンがすごく面白いんですよ。

今回の映画は、二宮さん、浅野さん、加藤さんと、全然個性の違う男優さんが三人も出演していらして、どうしても重くなりがちな映画なんですが、コメディー的な要素もあるんですね。わたしと黒木さんは、シリアス担当なんですけども。

坂本龍一《さかもとりゆういち》さんと核廃絶の祈り

今回の映画では、坂本龍一さんが音楽を手がけてくれました。坂本さんとは、以前から、原爆詩の朗読を通じて、何度か共演をさせていただいたこともありましたので、とても嬉しかったです。

わたしが坂本さんと知り合うきっかけは、平成二十二年七月九日にNHKホールでおこなった「平和への絆《きずな》」コンサートに出演していただいたのが最初です。坂本さんは、コンサートの主旨である核の廃絶に共感して参加してくれました。核が絶対に人間とは共存できないものだということをはっきりおっしゃっていたのが印象に残っています。コンサートは、坂本さんのほかにも、村治佳織さんや大島ミチルさん、平原綾香《ひらはらあやか》さん、元《はじめ》ちとせさんや佐藤《さとう》しのぶさんたちにも出演していただき、とても素晴らしいものになったんです。

そのコンサートでは、わたしは、坂本さんのピアノの演奏をバックに、栗原貞子《くりはらさだこ》さんの詩「生ましめんかな」を朗読しました。

そのあと、平成二十三年十月に、イギリスのオックスフォード大学で原爆詩の朗読会をした際にも、坂本さんに共演していただいたんです。

それから、平成二十五年八月に広島でおこなわれたコンサートでも、ご一緒しました。

このときは、坂本さんのほうから声をかけていただきました。

『母と暮せば』の音楽をお願いすることになったときも、山田監督から「坂本さんに近々お会いになることはありますか？」って聞かれたんですね。それで、「実は、近いうちにコンサートがあるんで、それを聴きに行くんです」ってお答えしたんです。そうしたら、山田監督から、「ぜひ紹介してほしい」と頼まれまして、それで一緒に昨年四月に、池袋の東京芸術劇場でのコンサートにうかがいました。コンサートが終わって、山田監督が楽屋で坂本さんに、「『母と暮せば』の音楽をやってください」とお願いをしたんです。

坂本さんも驚いてましたが、「男はつらいよ」シリーズが大好きだったこともあり、すぐにOKしていただきました。坂本さんは、「映画のタイトルバックの江戸川《えどがわ》が見えるだけで涙目になる」とおっしゃっているほどです。

山田監督が坂本さんの起用を考えたんですけど、山田監督は名監督なだけでなく、名プロデューサーでもあるんですよ。一つのものを作るときにも全体を考えて、反核の同じ気持ちを持っている坂本さんにお願いしたんだと思います。

ところが、それから三ケ月後の昨年の七月に坂本さんが中咽頭《ちゆういんとう》がんを公表されたんです。ご病気がわかったあとも、坂本さんからは、「絶対に音楽はやりますから」というメッセージをいただいていました。

そのあと、今年の五月には、お元気になって、スタジオにいらしてくださいました。

坂本さんは、イギリスのアカデミー賞作曲賞を受賞した『戦場のメリークリスマス』、アメリカのアカデミー・オリジナル音楽作曲賞やグラミー賞にも輝いた『ラストエンペラー』での映画音楽が有名ですが、また新たな名曲が誕生しました。

坂本さんは、この映画の作曲をなさるにあたって、おっしゃっています。

「核のない世界を望んでいるぼくとしては、これはやるしかありません。この大作が復帰後第一弾なのですから、ぼくは本当に幸せ者です」

今回の映画は、舞台劇が元になっているので、台詞がとても多いんですね。だから、音楽が入る場所が少なすぎるんじゃないか、と思って心配していたんですが、その台詞の間を縫《ぬ》うように素晴らしい音楽が入っています。

長崎・カトリック黒崎《くろさき》教会のロマネスク様式のれんが造りの聖堂でのラストシーンがいいんです。原民喜の「鎮魂歌《ちんこんか》」という詩を歌にしたものなんですが、それをテノールが最初に歌ったあとに、長崎市民の方たちの大合唱になるんです。坂本さんが作曲なさったオーケストラ曲なんですけど、エンディングに向かって高まっていく感じが素晴らしいんですよ。

わたしには、もうヴェルディを超えたんじゃないかっていうくらいに胸に響く音楽だったんですね。

核のない世界を祈って、大きな折り鶴を

平成二十七年八月十二日東京都内で、十二月十二日に公開される『母と暮せば』のクランクアップの記者会見がおこなわれました。高さ七〇センチ、幅一・二メートルの巨大な折り鶴が登場しました。あれは、平和を思う気持ちを表現するのに、折り鶴を置いたらどうかなと思って、わたしが提案しました。鶴には、「核のない世界を祈って」と書きました。

今回の映画は、山田洋次監督の熱意も、いつも以上に凄《すさ》まじいものがありました。山田監督は、撮影開始のときから、「僕の生涯で一番大切な作品にしようと思う」と意気込みを語っていました。

野球で、「一球入魂」という言葉がありますが、まさにその言葉どおりの熱意で、わたしたちは監督の熱意に引き摺《ず》られるようにして演じていました。映画少年のようでしたよ。

『母と暮せば』は、わたしの一一九本目の作品になりますが、これまでで一番難しい役でした。

山田監督がわたしを起用してくださったことは、映画俳優冥利《みょうり》につきますね。本当に感

謝しなくちゃいけないと思っています。わたしにとって、この作品に出演したことは、宝物になりました。

今回の映画は、戦争の大変さ、辛さを表現しているものですが、現代を生きる人たちに観てもらうには、一つのファンタジーとして観てもらいつつも、事実としてそういう悲しい歴史があったことを知ってもらいたいという山田監督の願いがあるんだと思います。

わたしも俳優として、そして表現者として、戦争の悲惨さを語り継ぎたい、次の世代に残していきたいという思いは強いですね。

（平成二十七年九月、都内某所にて）

第十章　円熟期の傑作

「北の三部作」最終章『北の桜守《さくらもり》』

「北の三部作」最終章となる『北の桜守』の監督を務めた滝田洋二郎《たきたようじろう》は、昭和三十年十二月四日、富山県《とやま》福岡町《ふくおか》（現・高岡市《たかおか》）に生まれた。

富山県立高岡商業高等学校を卒業した昭和四十九年、滝田は縁あって向井寛《むかいかん》監督が主宰《しゆさい》する「獅子《しし》プロダクション」に入社し助監督となった。成人映画を得意とする向井のもとで育った滝田は、昭和五十六年『痴漢《ちかん》女教師』で監督デビュー。脚本家・高木功《たかぎいさお》とのコンビで成人映画の監督として話題作を連発して注目された。

昭和六十一年二月一日公開、内田裕也《うちだゆうや》主演、脚本の『コミック雑誌なんかいらない！』で、滝田は内田に指名され初の一般映画の監督に挑戦し、高い評価を得た。これが転機となり、人気脚本家・一色伸幸《いつしきのぶゆき》とコンビを組んだ『病院へ行こう』『僕らはみんな生きている』などで若者からの支持も集めた。

平成十三年十月六日公開、野村萬斎《のむらまんさい》、伊藤英明《いとうひであき》主演の『陰陽師《おんみようじ》』は空前の大ヒットとなり、平成十五年一月十八日公開、中井貴一《なかいきいち》主演の『壬生義士伝《みぶぎしでん》』で日本アカデミー賞最優秀作品賞を受賞した。

滝田の人気と実力が決定的となったのが、平成二十年九月十三日公開、本木雅弘《もときまさひろ》主演の『おくりびと』である。日本アカデミー賞で最優秀作品賞、最優秀監督賞をはじめとした賞を総なめにし、海外でも日本映画初の外国語映画賞を受賞した。

平成二十三年には、アメリカの映画業界人によって結成された映画芸術科学アカデミーの会員に選出され、平成二十六年に紫綬褒章《しじゆほうしよう》を授与された。


滝田洋二郎はこれまで『釣《つ》りキチ三平《さんぺい》』など東映配給の映画を五本ほど撮っていた。ただし東映ダイレクトの作品ではなく、いずれも外部との提携作品である。それでも東映系映画の全国キャンペーンには、必ず岡田裕介会長も参加してくれた。

岡田裕介は二〇歳で俳優デビューしたが、途中でプロデューサーに転じた。その後ろには父・岡田茂という大きな存在があったものの、誰にも指図されず伸び伸びと仕事に打ち込めるプロデューサー業は性に合っていたらしい。

岡田のプロデュース作品として、初めて吉永小百合が出演した映画が昭和五十五年公開の『動乱』だった。この作品で、岡田は吉永と高倉健の初共演を実現したのである。岡田は、吉永と高倉の二人が出演を承諾してくれたことに深い恩義を感じたという。それを今も忘れていないのである。

滝田は感心した。

〈凄《すご》い。岡田会長の義理固さ、吉永さんの映画への思いはケタ違いだな。こういう思い入れから始まる映画の作り方もあるんだな……〉

それからしばらくして、岡田会長から連絡があった。

「吉永さんで映画を撮りたいんだ」

「どんな話なんですか？」

「具体的には、まだ全然決まってないんだ」

吉永小百合主演となれば、普通は映画の骨組みがしっかり決まってから動き出すものである。が、今回は脚本の構想以外、キャスティングもまったくの未定だという。決まっているのは、主演が吉永小百合ということだけである。

滝田は、岡田に会いに行った。岡田はさっそく本題に入り、熱心に語り始めた。

「東映の公開七〇周年と、吉永さんの一二〇本目の出演となる記念作品で、北海道三部作『北の零年』『北のカナリアたち』の最後を飾る映画を撮る」

吉永小百合が出演した映画は一二〇本に達したが、実際のところそのほとんどが日活映画だった。プログラム・ピクチャー、つまり映画館の毎週の番組（プログラム）を埋めるために量産される映画（ピクチャー）への出演が多数を占めている。

吉永は売れっ子女優であった。が、東宝、松竹を筆頭にした映画会社が良質な作品を作る時代に、日活映画に縛《しば》られた吉永はそこへ参加できなかった。だから吉永は「日活映画の中で、自分らしい映画を作ろう」と考えた。

日活のスタッフも観客たちも、吉永の熱演に共感した。

スタッフのモチベーションは上がり、観客たちも沸《わ》く。すると吉永もさらに映画作りへの喜びを深めていく。そうした中で育ってきた吉永は、「映画は一人で作るものではない」ことをよく知っていた。自己中心的なのではなく、みんなのおかげだと感謝する心があるからこそ、スタッフたちも「吉永さんのために頑張ろう」という気持ちになる。その積み重ねが六〇年も続き、今なお俳優たちの多くが「吉永さんとぜひ一度共演してみたい」と考えている。

滝田は思った。

〈吉永さんは、映画そのものだ。彼女は映画のフィルムに取り憑《つ》かれた女性なのだ〉

だからこそ、七〇歳を超えてなお主役を張れる。映画人として、こんな素晴らしいことはない。憑かれたのか、自分で憑いたのか。吉永は映画一筋、常に映画を念頭に生きてきた。

吉永小百合主演で映画を撮ることが決まった時、滝田は思わず実家に電話をかけた。いい大人が恥ずかしいとも思ったが、やはり映画の王道をいく吉永と仕事ができることは嬉しく誇らしかった。

滝田だけではなかった。若いスタッフたちも、親に電話をかけた。いつもは親から「もう辞めなさい。不規則な生活になるし経済的にも恵まれない仕事に未来はない」と言われていた。が、やはり「吉永小百合の映画をやる」との朗報に、全員の親が喜んだという。

「滝田監督、親に『良かったね』と言ってもらったんです」

嬉々《きき》として報告してくるスタッフの様子を見て、滝田も笑顔になった。

それゆえ吉永作品を引き受けることは、格別の責任感と緊張感があった。吉永の映画の世界は確立し固まっており、ファンは吉永小百合にふさわしい映画を期待している。その中で、滝田なりの世界をどのように構築していくか。確立された世界を壊せば監督としての評価は落ちるだろうし、周囲がシビアに反応することは目に見えていた。また滝田は過去の受賞歴から「オスカー監督」と呼ばれるので、プレッシャーはさらに大きかった。

〈そんなことより、吉永さんと映画を一緒に作っていくということのほうが大事だな〉

あまり考えすぎると、映画を作れなくなってしまう。

吉永、シナリオ作りから参加

吉永小百合は、シナリオを作る段階から打ち合わせに参加してくれた。吉永は吉永で「自分の作品だ」という思いを強く抱いているのがわかった。

吉永は、以前北海道で流氷《りゅうひょう》を初めて見て、感動したことがあるという。

岡田会長がすぐに反応した。

「ぜひ、映画に取り入れましょう」

滝田が訊《き》いた。

「それで、シナリオはどうします？」

岡田会長が答えた。

「じつは、ニトリの似鳥《にとり》社長に幼少期の話を聞いてね。そのエピソードが強烈で面白いんだ。ぜひ物語に取り入れたい」

昭和十九年に樺太《からふと》で生まれた似鳥昭雄《あきお》は、終戦後は北海道札幌市に引き揚げた。闇米屋をしていた親のもとで育ち、貧しさゆえに学校でひどいいじめに遭《あ》ったという。

母親は、小学四年生になった息子の昭雄に「米を運ぶのに必要だから、自転車を習いなさい」と手伝いをさせた。米を運んでいた雨の日、昭雄はぬかるみにはまって転んでしまい、水たまりに米をばらまいてしまった。怒った母親は「ついて来い！」と昭雄をその水たまりまで引っ張って行った。

「その米を、すくえ！」と命じ、昭雄に手のひらを使い泥水から米をすくい取らせた。

岡田は、貧しさと飢えの苦しみ、そして母親の教育の凄まじさが伝わってくる似鳥昭雄のエピソードを、滝田と吉永に語って聞かせた。

「似鳥さんの話を取り入れて、樺太から引き揚げた者の苦難と親子の話を作りたい」

筆者は『落ちこぼれでも成功できる　ニトリの経営戦記』で、似鳥昭雄会長の子供の頃の話を次のように書いている。

《昭雄は、闇米《やみごめ》を売っていることで、同級生たちからは、ひとつ下に見られた。なにかことあるごとに「闇屋、闇屋」とはやしたてられた。

どこの家も裕福とはいえなかったが、つぎはぎだらけのズボンをはいて、ほかの子よりも背丈が小さく、気の弱そうに見える昭雄は、もうひとりの子とともに、いじめの対象となった。休み時間のたびに、悪ガキどもにトイレに呼びつけられて殴られた。

あるときには、壁にむかって和式便所にまたがるかのようなかっこうで座らされた。そうすると、丸く継《つ》いであるお尻《しり》の部分が丸見えになった。

いじめっ子のひとりが、言った。

「おまえ、キャッチャー代わりだ。逃げるんじゃねえぞ」

いじめっ子たちは、昭雄の尻を、キャッチャーミットに見立てて、ボールを投げこんできた。手加減を知らぬボールが尻に当たる。昭雄は、思わず飛び上がった。

昭雄の背後から、笑い声がどっと上がった。そしてまた、無抵抗に尻を向ける昭雄にボールが投げこまれた。痛くても、逃げれば叩かれる。

昭雄は、ただただ、台風が去るのを待つがごとく、いじめっ子たちが飽きるまで耐えつづけた。》

映画では尻をキャッチャーミットに見立てて、ボールが投げ込まれるシーンがそのまま描かれている。

岡田の話を聞いて、滝田も吉永も納得した。「まず網走《あばしり》と稚内をメインの舞台にしよう。撮影協力してくれるそうだから」との言葉にも文句なくうなずいた。

滝田が訊いた。

「タイトルは、どうしましょう」

岡田会長が答えた。

「『北の桜守』はどうか」

岡田会長の直感だった。こうして吉永も交えて三人で話をするうちに、「北限《ほくげん》の桜を咲かせた夫婦」との設定も決まった。

戦火をくぐり抜けた母子が年を重ねていき、今度は老母の「子ども返り」に直面する。物語のおおまかな流れができあがった。

話が進むにつれ、滝田は心配になった。

〈果たして、自分に本当の戦争が描けるだろうか……〉

昭和三十年生まれの滝田は少年時代を高度経済成長期の中で過ごし、戦争がどのようなものかをまったく知らずに育った。

やがてその心配が、意欲へと変わっていった。

「やるなら、ちゃんとやりたい。戦闘シーンも含め、これまでの日本の映画になかったものをやらせていただきたい」

戦争映画に金がかかることは理解していた。滝田は、物語の説得力を出すために悲惨な戦争シーンを導入するのではなく、ドラマを膨《ふく》らませるために戦闘シーンを導入したいと考えていた。

が、予算の関係でとても実現しそうになかった。

ちょうどこの頃、クリストファー・ノーラン監督・脚本・製作による戦争映画『ダンケルク』の撮影がフランスでおこなわれていた。第二次世界大戦のダンケルク大撤退が描かれており、〝CGは使わない〟こだわりを徹底的に追求したイギリス、オランダ、フランス、アメリカ合衆国の四カ国合作の超大作である。翌平成二十九年に公開されたこの作品は、第九〇回アカデミー賞で作品賞、監督賞、美術賞、撮影賞、編集賞、音響編集賞、録音賞、作曲賞の八部門にノミネートされ、編集賞、録音賞、音響編集賞を受賞した。

そこまでこだわり抜いた戦争映画が海外で作られる中、中途半端な映像を撮っても仕方がない。それに、自分たちの目的は戦争の実態を描くことではない。滝田は言った。

「それなら、昭和史をやりましょう。昭和の母と子の物語です。普遍的なテーマですから、親のぼけについてもしっかり取り上げたい」

吉永小百合がぼけたお婆《ばあ》さんの役をする。そのことには、吉永本人よりも周囲のスタッフのほうに強い抵抗感があった。

滝田が「ぼけ」という言葉を使った途端、岡田会長が止めた。

「ぼけという言葉はいけないよ、監督。ぼけって言葉は、使わないでくれ」

「わかりました。何にしましょうか」

「認知症だ」

老人のぼけに関する病名はいろいろある。が、滝田はそんな細かいことはどうでもよかった。吉永に対する気遣いも理解できるが、問題は彼女にどのような認知症状のある役をやってもらうかである。

〈老いや認知症は、誰もがいつか必ず迎える未知の世界だ。そこはきちんと向き合ったほうがいい〉

滝田は主張した。

「認知症は、悪いことばかりじゃない、希望もあるんだという映画にすべきでしょう。人生のエンディングをどう迎えるか、老いた母親が本当に大切にしていたもの、素晴らしいと感じていたものは何なのかを、映画の中できちんと提示したい」

残る問題は戦争シーンをどうするかである。

岡田会長が提案した。

「舞台劇を織り交ぜる演出をしたらどうだろう」

樺太での出来事を実写のリアルな戦争シーンでなく、舞台で抽象的に表現するというのである。

吉永は半信半疑で、滝田は反対だった。

「映画として説得力がない。少なくとも、ぼくの映画においては反対です」

が、岡田会長は自説を曲げなかった。

「いや、そんなことはない。これはこれで面白い、今までにほとんどないんだ」

「具体的に思い出せませんが、映画の中の舞台劇は他もいくつかあるんじゃないですか」

「いや、これほどハッキリと物語の中に舞台を入れた映画はない！」

こうした数々の仕掛けはすべて岡田会長のアイデアであり、滝田はそうした考えにほとんど反対だった。

舞台演出は、ナイロン100℃を主宰し、演劇界を牽引《けんいん》する劇作家・演出家ケラリーノ・サンドロヴィッチに決まった。滝田は戦闘シーンを思う存分描けない以上、考えを改めざるを得なかった。

〈岡田会長の言われるとおり、舞台にすればリアルから飛んだところでまた違う新しさが出るかもしれない〉

やがて滝田は気づいた。

〈おれはいい映画を作ることだけを考えている。が、岡田会長はそうではない〉

岡田は東映の代表取締役会長である。だからこそ、映画作りの中にさまざまな人間関係、経済的関係、興行的関係をそっくり持ち込んでいたのである。

〈岡田会長は、複雑な人間関係、利害関係の中で多くの人を使い、誰も傷つかないよういろいろ一人で背負ってくれていた。自分がすべての責任を取るという大きさの中で、仕事をされているのだな〉

シナリオ作りは、岡田裕介、滝田洋二郎、脚本家の那須真知子《なすまちこ》、そして吉永小百合の四人で会長室に集まって会議を重ねた。

吉永も意見は言うが、他の役者が演じる部分については触れない。その代わり自分が演じる部分、自分がどのような役割なのかに関しては徹底的にこだわった。

吉永は、いつもの柔らかい口調で訊いてくる。

「監督は、どうお考えになります？」

滝田は、「自分の作品である」との自覚と責任感を持つ吉永に、真摯《しんし》に向かい合った。

そんな吉永をリードしフォローするのが岡田裕介である。滝田は、熱意と情熱を漲らせる岡田会長の様子を見て、心底羨《うらや》ましく思った。

吉永主演の映画への情熱が普通ではないのである。

岡田会長は吉永小百合の前に出ると非常に緊張するという。滝田と親しいプロデューサーが言っていた。

「岡田会長が吉永さんと会うたびに、下痢を起こすらしい。すごく緊張するからだってさ」

半分は冗談なのだろうが、やはり吉永に対して相当の思い入れがあるのは事実だった。

さまざまな意見が飛び交う中でどうにかシナリオはまとまっていき、最後に『北の零年』『北のカナリアたち』の脚本を担当した那須真知子がそれらをまとめた。できあがったシナリオもとことん話し合い、さらに手を加えていった。

さまざまな役者の名前が挙がった。中には「この役にはこの俳優がいいけど、きっと主役級の役でないと引き受けてくれないよな……」とオファーをためらうこともあった。

たとえば佐藤浩市《さとうこういち》の名が候補に挙がった。その役どころの菅原という男は、闇米を扱う荒くれ者である。吉永演じる江蓮てつに惚《ほ》れ、事業に成功した後に結婚を申し込むといった役どころである。

重要な役ではあるが、佐藤ほどの俳優となればＯＫが出るか微妙なところだった。滝田がためらっていると、岡田会長みずから佐藤のもとへ出かけていって直接オファーし承諾《しょうだく》を得た。滝田はその行動力にも驚かされた。


滝田洋二郎は、吉永と組むと決まってから、吉永が出演した過去の日活作品から最近の映画まで可能な限り鑑賞した。その中で滝田はいくつか気づいたことがあった。

〈吉永さんは、やはり〝夢の工房〟の中で育ってこられた女優なのだな……〉

吉永小百合は、撮影所育ちの最後の女優である。

映画の撮影所には「わたしたちは映画のことなら何でもできます」との発想が根源にあった。広大な撮影所にはオープンセットがあり、車を猛《もう》スピードで走らせることも大爆発させることも可能だ。合成に用いる映像素材を撮影する際に用いられるブルーバックや、希望するセットもすぐに組める。敷地内ですべてまかなえる環境は、撮影所以外に存在しない。


日活映画は、ロケへ行っても「ここがベストだ」と思わせる場所で当たり前のように撮影をしていた。やはり豊かだったのだろう。その中で育った吉永小百合という女優は飛び抜けた逸材《いつざい》である。日活映画以外で活動することを制限されていたからこそ、特別な存在でいられた。

滝田は、その時代の世相風俗をきちんと捉《とら》えていることが日活映画の素晴らしさだと気づいた。プログラム・ピクチャーならではの「今、この時」をしっかり捉えた映像だからこそ、大勢のファンがついてきた。

〈これは凄いことだ。吉永さんは、時代ごとの空気をすべて背負ってこられたのだ〉

また滝田は「吉永小百合イコール主役」と思い込んでいたが、そうでなかったことにも気づいた。

雑談で、吉永が滝田に言った。

「日活時代のわたしの役目は、闘《たたか》い終わった主人公に駆《か》け寄ることだったんです。夜中のアクションシーンが始まると、わたしはバスの中で勉強しているか、ひたすら寝ずに待ち続けるんです。朝方ようやくスタッフさんが呼びに来られて、主人公にわーっと駆け寄ってラストシーンに至る。そんな映画が多かった。日活は男の世界だったから、映画ってそんなもんだとずっと思っていました」

大女優のイメージとはだいぶ違う。単なる世間知らずのお嬢さんという訳でもなかったのだ。

この「女優は主演男優の添え物」的扱いを受けたことで、吉永は「まだ見ぬ自分の映画」という理想を抱くようになった。それが七〇歳を超えた現在も遭遇《そうぐう》願望が続いている。

吉永が松竹や大映に所属していたら、今の吉永小百合はない。滝田は、吉永が常に新しいものに挑戦し、興味を失わない原点は、日活女優であったことだと見た。

昭和の女の強さを表現

吉永小百合が演じる江蓮てつという女性については、クランクイン直前までああでもない、こうでもないと細かな話し合いが続いた。

昭和二十年春。南樺太の恵須取《えすとる》で製材所を営む江蓮てつと夫は、子供たちが生まれた時に種から育てた桜がようやく開花したことを喜ぶ。

ところが八月にソ連が侵攻し、てつは戦地の夫に代わり、幼い息子たちを連れて北海道へ逃れようとする。何とか海底通信ケーブル敷設船《ふせっせん》に乗り込む。ところが、ソ連軍の襲撃を受け、全員海へ投げ出される。長男が溺《おぼ》れ、犠牲となってしまう。

てつは、長男を助けることができず、みすみす殺してしまった罪悪感を背負いながら、生き残った次男修二郎とともに懸命に生きていく。時に闇米を扱い、小さな定食屋を営みながら修二郎を育てる。

母親が自己犠牲だけで生きていく姿は美しいが、長男が死んだのはてつのせいではなく、あくまで事故であった。事故であれば、てつが「自分は幸せになってはいけない」と思い詰めるよりも、人生をやり直すという考え方もある。が、やはりそうできない。戦争を知らない滝田には、そこをどう捉えれば良いのか非常に迷った。

滝田は吉永に訊いた。

「吉永さんは、どう思いますか。てつは、長男が戦火に巻き込まれて死んだことを自分の罪だと思ってしまう。戦争が終わった後も、その罪を引きずったまま生きていく。母親とは、そのように生きる選択をするものでしょうか」

すると吉永は、はっきり答えた。

「はい、わたしはそう思います」

滝田はそこまでキッパリ断言されるとは思わなかった。が、もやもやが晴れスッキリした。

「ぼくも、そのお答えで納得しました」

吉永はこの映画で、戦後の女、昭和の母親の強さを表現したかったのだろう。それは吉永にとって理想の女性像でもあった。吉永自身も決して裕福で恵まれた環境で育ったわけでもなく、幼いころはかなり貧しさを強いられた暮らしをしていた。

滝田は、心の中で何度も頷《うなず》いた。

〈そうか。そういう母親の役をやりたいのだな〉

長男の死を自らの責任だと感じればこそ、てつは強くなれたし、次男にも逞《たくま》しく生きていくための教育もした。その集大成が「わたしのことは忘れて、網走から出て行きなさい」と突き放す台詞である。息子は見捨てられたと傷ついたが、てつにとってはこれ以上ない愛の言葉だった。

が、それならばなぜてつは樺太へ帰ろうとしたのか、認知症を患《わずら》った後の行動を、どう理解させるかと、迷いは尽きなかった。

映画には出てこないが、そもそも「なぜ樺太に吉永と阿部寛《あべひろし》演じる夫婦が暮らしているのか」という疑問も残る。そこで滝田は提案した。

「うぶな娘の吉永さんと職人がある恋をしてしまって駆け落ちした、そういう設定はどうだろう。ロマンチックだし、いいじゃないか」

が、結局採用はされなかった。

昭和三十年生まれの滝田が、戦争に翻弄《ほんろう》される女性として思い浮かべるのは『二十四《にじゅうし》の瞳《ひとみ》』のおなご先生こと大石久子、そして自分の母親、祖母であった。思い返せば母も祖母も素敵な女性たちだったと思う。

母親たちはいつも我慢し通しで、多くのものを犠牲にして家族に尽くしてきた。が、幼かった子もいつか「母も誰かに恋してくれたら、女として幸せになってくれたら」と願う時期が来る。

滝田は「かあさんが夜なべをして手ぶくろ編んでくれた」という歌詞の『かあさんの歌』がギリギリわかる世代だった。いつもボロボロの服を着て、上に兄姉がいればお下がりばかり、寒い時期には豆炭行火でかろうじて暖を取る。そんな生活が当たり前だった、みんなが貧乏であった時代。時期はずれていても、滝田も経験した昭和の時代をうまく表現したいと思った。

平成二十八年二月中旬、まずは、かねてから吉永が見たいと言っていた流氷を網走市までシナリオハンティングすることになった。

流氷の着岸に合わせて来たのだが、潮の流れのせいか流氷は現れなかった。そこで「せっかく網走に来たのだから網走刑務所に行こう」ということになった。

「ああ、ここか。健さんが『網走番外地』の映画で入っていた刑務所は……」

みんなそれぞれ見学を楽しんで、さあ帰ろうという時、滝田の目の前で吉永が転倒した。雪が積もり、坂道がアイスバーンのようにカチカチに凍っていたのだ。吉永の左手首を見ると、転んだ拍子に思わず手をついた衝撃で骨折したらしく、ぐにゃりと曲がってしまっていた。

「大変だ！　吉永さん、手首が曲がっていますよ。救急車を呼びましょう」

が、吉永がそれを制した。

「いえ、騒ぎにしたくないんです」

そう言って、折れた手のまま飛行機に乗り、そのまま東京へ帰っていった。

滝田は黙って見送るしかなかった。吉永の女優魂を見た思いだった。

滝田は、自然の雄大さに胸を打たれた。

〈こんな大きな氷の塊がロシアから流れてきて、突如《とつじょ》現れたり一夜で消えたりするのか……〉

大量の氷が陸地へと押されるギシッギシッという鈍い音が、夜寝ていると聞こえてくるらしい。最果ての極寒の地でしか見ることのできない、驚くべき自然の姿だった。

おおまかな構想が仕上がった平成二十八年の秋、取材のため、滝田洋二郎は、吉永小百合、プロデューサーとともに樺太へ飛んだ。この時、岡田会長は予定が入っていて同行できなかった。

滝田は改めて思った。

〈吉永さんは、こうやって映画のアプローチをするのだな。贅沢《ぜいたく》というか、当たり前というか……〉

今の時代、撮影前に役者が現地を視察することなど滅多にない。そんなことからも、吉永が出演する映画は特別なものだと感じる。

周囲の人のやる気を引き出すオーラ

平成二十九年六月、声問《こえとい》海岸、稚内通信所跡地など稚内市内各地で撮影がおこなわれた。吉永演じるてつと、阿部寛演じる徳次郎らが、戦前に暮らしていた樺太の邸宅で桜を愛《め》でる映画冒頭のシーンは、市内に作られたオープンセットでおこなわれた。

青い屋根の洋館は前年の秋、吉永と滝田らでサハリンを取材した時に見た邸宅を参考に、美術監督の部谷京子《へやきょうこ》がデザインした。オープンセットの敷地面積は、約一三〇〇平方メートルで、庭にはシラカバを十数本移植。映画公開後にセットを一般公開することを見越して、本格的な基礎工事をおこなった。

てつの家族がサハリンから引き揚げるシーンは、その心象風景をミュージカル仕立てで表現した。舞台で繰り広げられるのは、母子の過酷《かこく》な物語であり、認知症になった老女の記憶でもある。てつは何かを忘れ、何かを思い出し、見えないものを見て、見えるものを見ない。てつの頭の中にはいくつものドアがあり、閉じたままのドア、開いたままのドアもあれば、本人が意図しなくても急に開いたり閉じたりするドアもある。

老人によくありがちな、ついさっきの出来事はすぐに忘れるのに、五〇年前の記憶は鮮明に覚えている。これらの症状を「脳内ドア」と表現するアイデアは、脚本家の那須真知子が考えた。

舞台という一見不自然な演出が、正常に働かなくなったてつの頭の中を描く効果も引き出した。

堺雅人《さかいまさと》演じるてつの次男の修二郎は、自分を追い出した母の気持ちを理解できずに恨《うら》んでいた。誰よりも愛していた母を封印せざるを得なかったことが、修二郎の強さやフロンティア精神に繋《つな》がり、日本にコンビニエンスストア一号店を開くに至った。

これも岡田会長が、セブン-イレブン・ジャパンの創設者である鈴木敏文《すずきとしふみ》に取材し、昭和四十九年五月、江東区豊洲《こうとうくとよす》にセブン-イレブン第一号店を出店した時の話が元になっている。

岡田会長は、滝田や吉永の前で鈴木から聞いた話を延々《えんえん》と語って聞かせた。映画会社の会長である岡田が、映画の陣頭指揮をとって現場ではしゃいでいる姿には微笑《ほほえ》ましいものがあった。滝田は思った。

〈根っからの映画好き。社長、会長と肩書きがついても、実質映画のプロデューサーだ〉

岡田会長の言うとおり、滝田もコンビニ第一号店の責任者という職業は面白いと思った。保守的な日本の中に入っていく際のさまざまな軋轢《あつれき》も興味深い。岡田会長は、商売に生きる人を映画に投影することが実に上手だった。

岡田会長は、ギリシャ・アテネ出身の映画監督テオドロス・アンゲロプロスが大好きだった。中でも、家族を失ってゆく主人公エレニの半生と、ロシア革命で祖国ギリシャに戻ってきた難民たちの困難を神話的に描く『エレニの旅』や、アテネの母子家庭に育った一二歳の少女と五歳の弟の父親を探すドイツまでの旅を描いた『霧の中の風景』がお気に入りで、岡田会長がその話をし出すと止まらなかった。

『霧の中の風景』で登場する五歳の弟アレクサンドロスは、『北の桜守』の幼少期の修二郎と重なる部分があった。

滝田が岡田会長に訊いた。

「撮影には、どのくらいの時間がかかったんでしょうね」

「そりゃ、一年二年はかかるよ」

「ぼくに、そういう映画を撮らせてくださいよ」

「それは無理だ。予算が足らん」

「足らん足らんとばかり言ってないで、やらせてください」

「きみにはまだまだ、そこまで金はかけられんなあ。だが、やっぱり映画はあのくらいやらな、いかんよ」

岡田会長は真面目な話になると、急に広島弁や京都弁になった。話に夢中になると、父親岡田茂のふるさと広島や、自分の京都育ちの地が出てくるのである。

岡田はエンターテインメントでなく、純文学のような映画を愛した。周囲の人たちから、「東映の会長のくせに東宝的だ」とたびたび言われていた。が、「芸術の東映だ！」と笑って、煙に巻いていた。

滝田は、岡田会長とこうした映画談義を交わせることが嬉しかった。もちろん吉永とも映画を通していろいろな話ができ、素晴らしい経験となった。

滝田は思った。

〈吉永さんと息子の修二郎役の堺さんの組み合わせは、正解だった〉

二人は実質的に初共演であったが、想像を絶する辛い経験をくぐり抜けてきた特別な親子関係と、母であり恋人であるような甘い雰囲気も見事に表現してくれた。

闇米屋をしていた佐藤浩市演じる菅原が、吉永演じるてつにプロポーズをしに家を訪ねるシーンがある。吉永は白無垢《しろむく》を着て待ち受け「貞女《ていじょ》は二夫にまみえず」の凜とした意思を示す。佐藤は大人でありながら純情であり、てつに恋をしている男の役を見事に演じてくれた。

滝田がいちいち「プロポーズのシーンなので、恋する男の表情をしてください」などと説明する必要もなかった。

〈ああ、佐藤さんは、お父さんの三國連太郎《みくにれんたろう》さんに似てきたな。いや、あの表情は、まさしく佐藤さん自身の大人の顔なのだ〉

てつの夫の徳次郎役の阿部寛も、親子のような年齢差がありながら吉永小百合の夫を見事に演じてくれた。普通なら無理のあるキャスティングだが、吉永となら不思議と違和感はなかった。

岸部《きしべ》一徳《いっとく》演じる山岡は、樺太時代からの昔なじみで、元警察官である。てつが闇米を扱って必死に生きていた時代に何度も見逃してやったり、一人暮らしで認知症となったてつを見守ってくれる存在である。

が、てつの夫の徳次郎とともにいたシベリア抑留《よくりゅう》時代、山岡はスパイとなり無実の徳次郎を密告し、みすみす死なせてしまった。

戦火を免れた人々は、高度成長期にいたるまでしぶとく生き延びてきた。が、人に話せない罪の意識、懺悔《ざんげ》しなければならない何かを背負っている。

岸部は、決して許されない罪の意識にさいなまれながら、てつに懸命に尽くす複雑な役柄を淡々と演じてくれた。

滝田によると、岸部一徳という俳優には、人の良さとある種の冷たさ、カメレオンのように表裏を持つ男のイメージがある。これが山岡役にピタリ合った。

柔らかそうで頑固な岸部の個性は貴重で、平成五年公開の『僕らはみんな生きている』以来、ずっと一緒に仕事をしてきた仲である。

笑福亭鶴瓶は、吉永小百合の映画が大好きで、過去にもたびたび共演してきた。この映画でも、てつと修二郎が過去を巡る旅をするなかで、立ち寄る居酒屋たぬきの主人役として、ちょこっと出演し、いい味を出している。

長ネギをツケで買おうとして万引き犯扱いをされるシーンがある。昔の人が地域から出ても、その地域ならではのルールが通用すると思い込んでしまう。これも巷《ちまた》でよくある話を採用した。

終盤《しゅうばん》でてつが行方不明となり、二年後に無事発見されるシーンがある。二年もの間、てつは小さな小屋に住み、桜守として桜の木の世話をして生きていた。

滝田はリアルな話は避け、ファンタジー要素を取り入れた。が、てつと同様、現実でも行方不明になった者たちが何年も別の地で普通に暮らすケースも多いという。

日本における行方不明者は、年間二万人にも達し、生きているのか死んでいるのか定かでない人も大勢いる。日本には、過去を捨てた人たちを受け入れてくれる、小さなコミュニティが点在しているという。特に一九七〇年代までの日本には、出自をあまり気にしない地域があり、出奔《しゅっぽん》してきた人たちも一緒に自給自足の生活をして暮らしていけたのだ。

ソ連にも、元日本兵を受け入れてくれるコミュニティがあったらしい。それならば、北海道にも引き揚《あ》げ者を受け入れてくれた場所があったに違いない。

吉永演じるてつは、ラストで大人になった息子修二郎を夫の徳次郎だと思い込む。さらに亡くなった長男と幻の再会も果たす。

そうしたシーンは、失意と罪悪感に苛《さいな》まれ続けたこれまでの人生に比べて、よほど幸せに見える。

老いは悪いことばかりではない。滝田は、そうしたところをきちんと描きたかった。

身も凍るような寒さの中での撮影は大変だったろうに、吉永の口からは「苦労した、大変だった」という話はまったく出てこなかった。凄い女優である。

吉永は、「女優は一に健康、二に健康、三、四がなくて、五に体力」と言うだけあって、長年身体を鍛え続けている。

滝田は思った。

〈おそらく、吉永さんは現場だけでなく、私生活の中の隅々にまで映画が入り込んでいるのだろう。存在そのものが映画というひとだ〉

食事にも気を遣って節制しているので、健康さが肌の美しさに表れている。ストイックで、映画以外のことにあまり興味がないように見える。

桜の花のようなひと

『北の桜守』の撮影中、滝田洋二郎監督は苦労なく過ごすことができた。吉永のおかげである。

ある日、気温零下十数度にも下がった夜間のロケで、吉永が子どもとソリを引くシーンを撮影した。子どもを夜九時以降に仕事をさせることは禁じられているため、時間がない中で、スタッフ全員がひどい寒さに打ち震える中、吉永は顔に雪を浴びながら平然としていた。

滝田監督が望むとおりの、良い表情もしてくれている。他のスタッフも吉永の女優魂を感じ、極寒の中でも集中して仕事ができた。滝田は心打たれた。

〈吉永さんは、周囲の人のやる気を引き出すオーラを持っている〉

スタッフに限らず、俳優陣も同様だった。吉永と共演する役者たちが、吉永に触発されてじつにいい芝居をしてくれるのである。

滝田が何も言わなくても、吉永小百合さえいてくれれば撮影はスムーズに進んでいく。吉永が映画に情熱を燃やしているからこそ、俳優もスタッフも映画作りに熱を入れてこだわっていく。

「みんなでいい映画を作り、多くの観客に見ていただくんだ」

現場はそんな思いに満ちていた。その中心にいるのが、吉永小百合である。

滝田は、桜の花を見ながら感慨にふけった。

〈きらきらと輝く桜の花は、映画と一緒だな……〉

何物にも代えがたい美しさを誇る桜の花は、潔《いさぎよ》く散ってしまう。その花びらの一枚が桜の美しさを愛でる人々の心に刺さり、〈ああ、わたしも次に咲く桜になろう〉との思いに至る。

映画も同じだった。スクリーンから光が放たれ、鑑賞中に作り手と観客の交歓《こうかん》がなされる。

ある人は、映画の中の登場人物を見て「これは自分のことだ」と思う瞬間を経験する。映画に限らず、音楽や小説なども同様だろう。芸術を鑑賞し心に刺さったものが何かの形でDNAに入り込み、次の芸術作品へと繋がっていく。

桜の花もまた、瞬間とも永遠とも思える感動をもたらしてくれる。そんな桜木は散った瞬間から、来年の開花へ向けて準備を始めるという。滝田は、日本人がどれほど桜を愛しているかを改めて理解した。花の美しさと散り際の潔さ、散った瞬間から再び咲くための長い準備に入る忍耐力。桜とは、まさに日本人そのものではないか。

滝田は、吉永と仕事をしていて、いつもと違うこと、深いことを考えている自分に気づいた。

〈ああ、吉永さんはそういう人なのだ……〉

周囲の人々の心を響かせる、桜の花のようなひとだと滝田は思った。

「吉永さんの映画はあと何本撮れるだろうか。可能な限りたくさん撮りたい」

そうした岡田会長の思いに、吉永も応えてくれた。

俳優といってもビジネスであるから、普通の役者は割り切って仕事をする。が、吉永小百合は違った。だから吉永と一緒に仕事をすると、みんなが映画を作る喜びに浸ることができ、映画の世界で生き続けてきた吉永の追体験ができた。

吉永はプライベートな時間を利用して、誰にも気づかれないよう映画館に潜り込み、さまざまな映画を鑑賞しているという。自分が出演している映画の上映館にも入り、観客の反応をじっと窺っている。観客の生の反応を知ることが、役者としてもっとも大切だと理解しているのである。同じことを寅さんの渥美清もしていた。

滝田洋二郎は、平成二十年公開の『おくりびと』までフィルムで撮影していた。以降はデジタルカメラに代わり、『北の桜守』も同様である。

が、今回はフィルムで撮影していた時代と同じように、吉永とスタッフが随時、撮影した映像をスクリーンで確認する「ラッシュ」という作業をおこなった。

フィルムには、いつも思い出が詰まっていた。ラッシュの映像はカチンコと呼ばれる道具が映った状態のままである。それを監督以下プロデューサーから末端の雑用係に至るまで同じ部屋で見る。

すると、映画に関わったすべてのスタッフの仕事ぶりが一目瞭然となる。キャメラのピントが合っているか、照明がきちんと当たっているか、小道具や衣装の出来具合はどうか、美術の使い方はどうか。たとえ末端の仕事であっても、「ああ、この人はこんなに頑張っている」「あいつは凄い才能の持ち主だ」「センスが違う」となる。全員の仕事ぶりを共有できるので「自分ももっと頑張らなきゃ」という気持ちにもなる。

また誰かが監督に抜擢《ばってき》されるような人事があっても「あいつは才能あるから当然だな。プロデューサーがチャンスを与えたんだな」と納得できる。頑張っている人がきちんと評価される現場は非常に健全であり、ラッシュさえ見れば誰が何をしているのか理解し合え、切磋琢磨《せっさたくま》にも繋がる。が、デジタルカメラになった現在は、すっかり変わってしまった。

ラッシュを見る機会が消え、何事も合理化に走り映画作りに余裕がなくなって「そんな時間があるなら撮影に使ったほうがいい」となった。モニターで自分が関係したシーンだけを確認するから、他の人の仕事ぶりなどわからないし、関係ないと思ってしまう。

映画の豊かさというのは、このようにまったく見えないところに存在していた。俳優の場合、昔からラッシュを見ない人が多かった。が、吉永小百合は今も必ず見る。そして自分がどのように映っているか、自分の考えた通りに映画が仕上がっているかどうかを確認している。

だから今回は、「みんなでラッシュを見ようよ」とフィルム時代の姿勢で撮影が進められた。

もちろん、デジタルならではの良さもある。フィルム時代は一〇分しか連続撮影できなかったものが、デジタルなら二倍、三倍の時間撮れる。

またプリントフィルムは直径四〇センチ、高さ五センチほどのフィルム缶に収納されるが、一缶の上映時間は約二〇分。二時間の映画なら六缶必要となる。映画会社では数多くの映画が作られるため、数万本分のフィルムを保管する巨大倉庫が必要となる。劣化させないための環境作りや管理も必要となる。

デジタルの場合は、映画一本が小さなパッケージ一つに収納できる。全国の映画館で上映する際のコピーも簡単で安価である。こうした利便性は大きく、アメリカではフィルムにこだわって監督が七〇ミリで撮影する例が今もあるというが、デジタルでこれだけ合理化できる今の時代、フィルムにこだわるのは単なる年寄りの感傷と言われてしまう。

何より、画像が鮮明で綺麗《きれい》だからデジタルの良さを活かす撮り方をしたほうがいい。ただ、フィルム時代を知る者にとっては、フィルム独自の奥深さや言葉では表現できない色の温かみ、未使用の新しい現像液と数日経って熟成された現像液で出る色の微妙な違いなど、フィルムならではの良さも忘れられない。デジタルではすべて数字によって表される微妙な色の違いを、これまで培《つちか》ってきた経験と目で直接感じられた作品の世界には、思い入れと愛着があった。

滝田は、フィルムとデジタルの良さを融合した映画作りを目指すことに決めた。

〈フィルムの良さを知る時代の者ほど、きちんとデジタルに向き合わねばならない〉

平成三十年三月十日、『北の桜守』は公開された。興行収入は一二億八〇〇〇万円、観客動員数は一一四万五〇〇〇人となった。

翌年の第四十二回日本アカデミー賞で、優秀作品賞、優秀監督賞に滝田洋二郎、優秀脚本賞に那須真知子、優秀主演女優賞に吉永小百合、優秀助演女優賞に篠原《しのはら》涼子《りょうこ》、優秀助演男優賞に岸部一徳、優秀音楽賞に小椋《おぐら》佳《けい》・星勝《ほしかつ》・海田《かいだ》庄吾《しょうご》、優秀撮影賞に浜田《はまだ》毅《たけし》、優秀照明賞に高屋《たかや》齋《ひとし》、優秀美術賞に部谷京子、優秀録音賞に小野寺《おのでら》修《おさむ》、優秀編集賞に李《り》英美《ひでみ》がそれぞれ受賞した。

滝田洋二郎監督は、スタッフみんなが受賞したことを嬉しく思った。やはり映画はスタッフがいてこそ成立する。

昔の映画会社は、面白いから作る、作りたいから作る、必要だから作ると目的は明快だった。ところが現在は、ビジネスや金儲《もう》けを目的とした人たちのものになってしまっている。映画を作るなら興行的に成功する見込みがなければならないし、俳優は芸能事務所が推《お》す人でなければ企画が動かない。話の中身などどうでもよく、すべて金儲け中心で回っている。

滝田は、そんな現状においてもやはり作りたい映画を作り、吉永小百合と一緒に仕事をしたいと思ったから動いた。こうした作り手の意思が働いて映画作りが進んでいく形は、もはや映画界にはほとんど存在しない。

犬童一心《いぬどういっしん》監督の『最高の人生の見つけ方』

ジャック・ニコルソンとモーガン・フリーマンの二大アカデミー俳優が初共演を果たした映画『最高の人生の見つけ方』は、アメリカで平成十九年に公開され大ヒットとなった。

ジャック・ニコルソン演じる豪放《ごうほう》な実業家エドワードと、モーガン・フリーマン演じる実直な自動車整備工カーターの二人が主人公。ガンで入院した病室で出会い、余命を告げられた二人が意気投合し、子供のときに抱いていた夢を果たせずにいたことに気づく。「棺《かん》おけに入るまでにやっておきたいこと」一〇個を書き出した「バケット（棺おけ）リスト」をつくる。二人は病院を抜け出し、そのやりたかったことの一つひとつを実行しながら、残された人生を生き生きと過ごしていく内容だ。

ワーナーブラザースジャパンの映画プロデューサー小岩井宏悦《こいわいひろよし》は、この映画を原案にした日本版の企画を長年温めていた。

当初、男優版での製作を考えていたようだが、ある時、女優版にスイッチして企画を進めていたところ、ワーナーブラザース側が条件をつけ、日本での製作を許可した。

「日本のスターを主役にするなら、製作を許可する」

ワーナー側からの条件は「日本のスター」での製作。となれば、それを叶《かな》えられる役者は限られる。真っ先に小岩井の脳裏に浮かんだのは「吉永小百合」だった。

小岩井は、まず吉永からアポイントをとった。

「吉永さん、この映画を一緒にやってくれないか」

吉永は、小岩井の依頼を吟味《ぎんみ》した。その結果、吉永は受けることにした。そこから、日本版のシナリオ作りが始まった。小岩井と吉永、そこに脚本家の浅野妙子《あさのたえこ》が加わり、三人で二年ほどの歳月をかけ出来上がったのは七割ほどの脚本。

そのころ、映画監督の犬童一心に声がかかった。

「吉永小百合さんを主演に日本版『最高の人生の見つけ方』を製作します。犬童さん、この映画の監督、引き受けてくれませんか？」

日本を代表する映画スター「吉永小百合」を撮る機会など、そうそう巡《めぐ》り合えない。犬童は断らなかった。

「なぜ、わたしなんですか？」

犬童自身、そんなことを考えることも、たずねることもしなかった。

ただ、吉永と小岩井が相談して選んだのだろうと想像した。

犬童は、昭和三十五年六月二十四日、東京に生まれた。昭和五十四年、自主映画『気分を変えて？』の脚本・監督を務め、ぴあフィルムフェスティバルに入選。その後、CMディレクターと並行して、平成五年に『何もかも百回も言われたこと』を監督。平成十五年には『ジョゼと虎と魚たち』が第五四回芸術選《せんしょう》奨映画部門・芸術選奨新人賞を受賞した。

吉永は、犬童作品を観てくれていた。犬童の映画は、女性映画が多い。その女性映画というシリアスな物語の中にコメディを交え、ユーモラスな部分をうまく加えるのが、犬童映画の特徴である。

吉永と小岩井は、シリアスな部分とコメディではじける部分との落差のバランスをいい塩梅《あんばい》で調和できる監督を探した結果、犬童にたどり着いたのではなかろうか。

また、吉永が主演する映画を、いきなり新人監督に任せるわけにもいかない。犬童はすでにそれまで一九本もの映画を作ってきた。ある程度の経験も重要なポイントだった。

犬童は、渡された完成途上の脚本を見ながら思った。

〈相当苦労して、ここまで作り上げたんだろうな〉

アメリカから、舞台を日本に置きかえ、しかも主人公を女性にしたときに、アメリカ版のままで作ってしまえば、必ず観客は違和感を覚えてしまう。

〈えっ…、わたしのような主婦が夢を書けといわれても無理、無理……。こんな主婦、本当にいるのかしら？〉

映画の中での出来事が絵空事《えそらごと》にしか思えず、感情移入などできるはずもない。

アメリカであれば、子供であろうと大人であろうと、夢を一〇個書きなさいと言われたら、すらすらと書き出せるであろうし、主人公の行動にも納得できるだろう。

ところが、日本の大人たちに夢を書き出せと言ったとしても、すぐに書き出せる人などそうそういるはずもない。

そもそも、日本人には夢を持つというベースがないのだ。そんな状況の中で、余命を告げられた日本の女性が、非日常の世界の出来事を死ぬまでに実行していくという流れを、観ている側が自然に受け入れられるようなストーリーラインを作るまでに試行錯誤したことが窺《うかが》えた。

そこで日本版では、自分がやりたかったことのリストではなく、自分と同じ病院で、やはり重い病に冒されている一二歳の少女が落としたノートに書かれている「死ぬまでにやりたい一〇のことリスト」をテーマにすることにした。病を抱えた大人の女性二人が、お互いを支え合いながら、その少女の夢を命がけで叶えていく姿を描く形にしていた。

犬童が監督として制作に加わるようになってからも、吉永、小岩井、浅野の四人で打ち合わせを何度も重ねた。

あまりにも現実的かつ家庭的な日本人を描いてしまえば、映画の醍醐味《だいごみ》を失ってしまう。

映画というスクリーンの中で日本の主婦が動き回り、観客も同じようにそれを体感しながら夢ある映画にするためにはどのように仕上げればいいのか。この点について、話し合いながら練り上げていった。

吉永は女優でありながら、プロデューサー的な気持ちで映画づくりに挑んでくる。特に、自分の映画に対しては全責任を持つという姿勢がはっきりしている。そのため吉永も積極的に意見を出しながら、脚本を完成させていった。

吉永はアメリカ版のモーガン・フリーマンの役、日本版でいえば主婦の役を演じる。それ以外のキャスティングは決まらずにいた。

すでに、吉永の役は決まっていたため、それを覆《くつがえ》すことはできなかったが、こんなことも犬童は思った。

〈吉永さんが大金持ちの実業家の役、ジャック・ニコルソン側なら、すごく面白い気持ちで演出するんだけどな……〉

最終的なストーリーは、次のように決まった。

家庭のために生きてきた吉永小百合演じる「大真面目な主婦・北原幸枝」と、会社のために生きてきた天海祐希《あまみゆうき》演じる「大金持ちの女社長・剛田マ子」。たまたま同じ病院の、幸枝は一番安い大部屋、マ子は最高級の個室に入院していたのだが、ひょんなことから二人部屋で同室となる。

ムロツヨシ演じるデキる秘書にかしずかれ、賀来賢人《かくけんと》演じるかなり年下のマ子の夫で副社長の輝男が颯爽《さっそう》と見舞いに現れる。どこから見てもセレブなマ子だったが、幸枝は輝男が病院の前で若い女と落ち合うのを見てしまう。

いっぽうの幸枝は、見舞いに来た満島ひかり演じるしっかり者の娘の美春に、頼りにならない前川清演じる夫の孝道と駒木根隆介《こまきねりゅうすけ》演じる息子の一慶に代わって、「もしもの時」のことを頼もうとして拒まれる。

どこかワケありの二人は、互いの唯一の共通点が、余命宣告を受けたことだと知る。

その後、一時退院した二人。そこに幸枝から電話が入る。残りの人生にやりたいことなど何もないことに気づいた幸枝は、病院で出会ったやはり重い病の一二歳の少女が落としていった、人生を力いっぱい楽しみたいという夢が詰まった「死ぬまでにやりたい一〇のことリスト」を、「やってみようと思うんです」と告げる。

最初は呆《あき》れていたマ子だが、「自分のためです」という幸枝の弾《はず》んだ声に動かされる。

気づいたときには「それ、わたしも乗るわ」と宣言していた。

「スカイダイビングをする」、「ももクロのライブに行く」、「好きな人に告白する」、今までの自分なら思いつきもしないことを、出会った大勢の人々を巻き込んで、次々と成し遂《と》げていく幸枝とマ子……。

吉永、キャスティングでも活躍

吉永は、キャスティングでも活躍した。

ジャック・ニコルソンが演じた大金持ちの実業家の役に天海祐希をキャスティングしたのは、実は吉永小百合だった。

平成十三年に公開された『千年の恋　ひかる源氏物語』で、二人は共演していた。そのとき、「いつか『テルマ&ルイーズ』のようなロードムービー映画を一緒にやりましょう」と約束していたという。

犬童も一度、天海と『いぬのえいが』で仕事をしたことがある。ただ、天海の名を思いつく前に、吉永が「天海さん」と名前をあげた。犬童も天海は適役だと思ったが、一点だけ気になることがあった。

〈ただ、年齢がちょっと離れている。七〇代の主婦と五〇代の女社長との友情か……。元のアメリカの映画と比べてどうなのかな……〉

だが、歳の差よりも大事なことがあった。吉永と天海という相性だ。吉永に劣《おと》ることなく対等な位置でコンビを組める女優となれば滅多に探せない。二人の姿を想像すれば、歳の差など関係ないと思えるようになった。

主婦・幸枝の夫役も吉永が選んだ。犬童は思案していた。

〈岸部一徳さんなら、吉永さんと共演しているからな……。そういう発想になりそうなんだけども、ちょっと違うかな……。あまり吉永さんが一緒にやっていない男優のほうがいいだろう。イッセー尾形《おがた》さんに頼めないものかな……〉

そのことを口に出す前に、吉永が提案してきた。

「前川清《まえかわきよし》さん、どうですかね」

犬童は、ハッとさせられた。

〈歌手の『前川清』って……、考えもしないな。それは斬新《ざんしん》だな〉

前川は、昭和二十三年生まれで、昭和二十年生まれの吉永と年齢的にピッタリくる。しかも組み合わせが意表をついている。

みんなが、吉永の提案に乗った。

「それ、面白いんじゃないか！」

そして、百田夏菜子《ももたかなこ》、玉井詩織《たまいしおり》、佐々木彩夏《ささきあやか》、高城《たかぎ》れにからなる「ももいろクローバーZ」を登場させることも、吉永の発案だ。ももクロは、吉永の甥《おい》の言葉が決め手だったという。

「人生を変えてもらった」

その一言が映画のテーマにぴったりだと思い、キャスティングしたという。

映画が始まるとすぐ、スーパーの売り場が俯瞰《ふかん》で映される。無数の買い物客や店員の中で、最も奥にいる豆粒のような背中に瞬時に目がいく。吉永小百合がいるからだ。

それがスターのオーラだと言いたいわけではない。他の人々がみんな動いているのに、一人、微動だにしない。そうすると目立つのだ。

キャメラが彼女に近づくが、その背中は動かない。それだけでただならぬ状況だと分かる。

その場面は犬童監督も凝《こ》ったという。

『最高の人生の見つけ方』で吉永の演じた人生のほとんどを家庭のために捧げてきた北原幸枝は、その日、がんで余命宣告を受けたばかりだった。固まった背中の演技が彼女の心情を表す。

吉永はそのシーンについて語っている。

「夢は笠智衆さんのように、背中で芝居をすることなんです。わたしは、いつキャメラが来るんだろうと思っていただけだったんですけど」

冒頭はこんな風に深刻だ。しかしその後は深刻さを吹き飛ばす展開になる。

幸枝は入院先で、同じく余命宣告を受けた天海祐希演じる剛田マ子と知り合う。幸枝は地味な専業主婦。マ子はホテルチェーンの社長。境遇は違えど、二人は意気投合し、今までの人生でできなかったことに挑む。

映画が進むにつれ、スーパーで固まっていた暗い幸枝は姿を消し、明るさが増していく。幸枝にエネルギーを供給するのは周囲の人たちだ。

マ子役の天海祐希。幸枝の夫を演じた前川清。そして、アイドルグループのももいろクローバーZ。幸枝とマ子は、病院で手紙を落とした一二歳の女の子が観に行くはずであったももクロのコンサートで舞台に立ち、一緒に踊ることになる。

映画撮影所の女優

映画づくりの日々は、犬童にとって、なんとも毎日楽しい日々だった。

〈吉永小百合が出る映画だ。ぼくは、スター映画を撮っている〉

ハリウッド映画のスター女優といえば、メリル・ストリープがあげられるだろうが、彼女はニューシネマ以降のアクターズ・スタジオ出身の映画スターである。犬童からすれば、撮影所の女優ではない。

いっぽう、吉永は撮影所のスターだ。その撮影所の空気感が残っている女優である。スクリーンの中で、これほど映える女優はいない。

『映画撮影所の女優』

この一言が、吉永小百合にはしっくりくる。

映画撮影所の時代を知り、撮影所で映画を作る経験をした、今では数少ない女優である。

犬童がこれまで撮影してきた主演女優の中には、松嶋菜々子《まつしまななこ》、池脇千鶴《いけわきちづる》、小泉今日子《こいずみきょうこ》、広末涼子《ひろすえりょうこ》など人気女優の名が並んでいるが、いずれも撮影所育ちの人ではない。脇役として出演した松原智恵子《まつばらちえこ》など撮影所の経験があるものの、生粋《きっすい》の撮影所育ちの女優を主役にして映画を撮るということは、吉永が初めての経験となる。そこが犬童の中で、今までの撮影とは何かが違うのだ。

〈吉永さんは撮影所育ちの人。ぼくとは、あまりにも育ちが違う〉

犬童は高校時代から自主制作映画の撮影を始め、大学卒業後はＣＭディレクターとして数多くのＣＭをつくってきた。その後、映画監督として数々の映画を制作するようになった。

フィルムでの撮影時代には、監督の「ヨーイ、スタート!」の声に合わせて、キャメラの前で、助監督が黒いボード、いわゆるカチンコを「カチン!」と打つところから映画の本番は始まっていた。

だが、助監督経験の無い犬童は、一度もカチンコを打ったことはない。そのため、吉永とはまったく違う世界の映画人といえる。

犬童は、映画監督である前にものすごい映画ファンである。日本映画を語るうえで、吉永小百合という女優は、重要な役割を担《にな》ってきた一つの貴重なピースである。

六〇年代の日活撮影所時代の吉永と、七〇年代以降はあらゆる監督たちと映画を作ってきた独立独歩のプロの映画女優・吉永。そんな映画女優を映画監督として撮るとなったとき、畏敬《いけい》の念を抱いた。

〈あらゆる監督と組んできた女優ということが、ほかの女優たちとは違う〉

日活時代には、浦山桐郎、中平康、齋藤武市など数多くの監督と組み、その後は市川崑、出目昌伸、山田洋次、深作欣二、澤井信一郎などと組んできた。どの監督も撮影所育ちの監督である。そのせいなのか、吉永からは昔の撮影所の匂いが醸《かも》し出され、吉永の背後には過去の犬童が観てきた映画の中の人たちのシルエットが映し出されてくる。

吉永から醸し出される独特の世界を見つめながら、犬童は想像した。

〈日活時代の監督、そして七〇年代以降も監督をやってきた撮影所育ちの監督たちが、女優吉永小百合とともに生きている。今、ぼくは日本の映画史の中にいた監督たちと映画を作っているのかもしれない〉

今まで多くの女優を撮ってきたが、監督のシルエットが映し出される女優は皆無。やはり、吉永小百合という女優は特別なのだ。

だからといって、犬童の撮影スタイルが変わることはなかった。もともと犬童は緊張しない性格である。吉永だからといって、萎縮《いしゅく》することもなければ緊張もしない。どの女優に対しても節度を持って接してきた。

山崎《やまざき》努《つとむ》を撮るとしても、いい意味で緊張しながら躊躇《ちゅうちょ》せず言うべきことは言うという姿勢は身に沁《し》みついている。実は映画界も広告業界も、あまりにも役者を立てすぎて、言っておかなければならないことを遠慮して言わずにいる人が多い。

〈この役者に意見すれば、不味《まず》いのではないか〉

そう心配する人が大半だ。

しかし、犬童はそれが間違いであることを知っている。CMを作っていたころから、何かを言ってしくじったことは一度もない。相手側も、そんなことで怒るような人たちではないことを確信していたからだ。だが、いっぽう心の中で、吉永だけには敬意の表し方がいつもと違っていたことも確かである。

吉永自身も、何かあれば犬童から言ってもらったほうがいいと思っている。躊躇され、変に遠ざけられるほうが嫌な気持ちになる。一緒に映画を作るという関係は、普通のことを当たり前にできる関係でなければうまくいかない。

そんな信頼関係を築きながらこの映画を撮影していく過程で、吉永からも様々な意見や提案がなされた。犬童が撮ってきた女優の中では、一番意見が多い女優だった。

煩《うるさ》く意見してくるというわけではない。脚本の内容やセリフをどういう風に演じればいいか。そんなものすごく細部のところまで心配してくれる。そこから、犬童はわかった。

〈吉永小百合という女優は、自分の作品なんだという自覚をすごくしっかり持っている〉

吉永独特の目の反射こそスター性

犬童は、撮影しながら、あるとき思った。

〈目が違う……。目がものすごく反射する。なんだ、この目は……〉

吉永の目は、いつも濡《ぬ》れている。目の反射も強い。それは太陽光であれスタジオの照明の下であれ、どちらでも反射する。女優としての演技の問題の前に、目の眼球の反射がいつも強く、それが画《え》の中にずっと残される。

これほどまでの残像効果を感じたことは、吉永以外の女優にはない。

〈本当にすごい目だな。美しい……〉

吉永の目の反射は、不思議なファンタジー感を醸し出す。ものすごくリアルなシーンであろうと、人間臭いシーンであろうと、ファンタジーの世界が残っている。どれほど吉永が悲惨な役や汚れ役を演じたとしても、吉永独特の目の反射のおかげで虚構性が生まれ、そのおかげでスター性が守られる。

〈吉永小百合というスター女優が、今もスクリーンの中で生き続けていられるのは、この目のせいだ。すごい……〉

そのことを、犬童は撮影途中で気づいた。

逆にいえば、その吉永の光を消すこともできない。役者の中には、スター性や虚構性を拭《ぬぐ》い去り、光を失うことで人を説得させることができる演技もある。そのせいで胸を打たれることもある。しかし、吉永にはそのような演技はできないかもしれない。

吉永は独特の目の反射があることで、常にスター性が保たれてきた。

そのおかげで映画館の観客たちに、昔から日本にあった映画の世界観をどんな役であろうとも、今も魅せてくれる。

吉永に感じたような感覚を抱いた女優は、犬童にとって今までいなかった。

CMであろうと映画であろうと、確かに「この人は普通の人じゃないな」と思ったことはある。オーディションの部屋に入ってきた瞬間に「すごいな、この子」と感じさせてくれる人たちもいる。それでも、吉永が持つ特殊なインパクトを感じた女優はいない。

〈すごい目だな。これ、どういうことなの？〉

吉永自身が、目の力を意識しているのか、それとも自分でも知らずにいるのかは、犬童もわからない。数多くの女優を撮ってきたが、目の反射から発せられるスター性や虚構性を感じた女優は吉永しかいない。

スターであるまま主婦を演じられる。それは、吉永だからこそできるのだ。貴重な女優だ。犬童も、今後、そんな女優に会うことはないと確信している。


犬童は、吉永が女優という仕事を、ひとつの芸事としてとらえていることを知った。

吉永は、よく田中絹代、杉村春子、高峰三枝子といった日本映画の歴史をつくってきた大女優と共演したときの話をしてくれた。これらの女優たちは、どこかで演技を芸事の修業としてきたことが残っている女優たちである。

特に田中絹代は、しっかりと芸事を習い、それを仕事として修業するという道筋を歩んできた。溝口健二監督と出会い、芸事の修業を究《きわ》めていく考え方だ。この考え方自体が、今、演技をする人たちから消えている。

犬童は、女優たちを見て感じていた。

〈芸事をやるという考えなどない。修行をするというのとも違う〉

それは、撮影所の映画が消えたことが大きく影響しているのかもしれない。撮影所時代であれば大御所の先輩たちを見て、芸事を学び究めていくのが当たり前にできた。それを、いまだに続けているのが吉永小百合である。

犬童は、あるシーンを撮影したあとの吉永の態度にそれを感じた。

吉永が演じ、その演技にOKが出た。OKが出たにもかかわらず、吉永は撮り終えたシーンの自分の演技を気にしているのだ。

また、ラッシュを観た後も反省を続ける。

「あのシーンで、わたしはもっとこう演ずるべきだったのかな」

もちろん、どんな役者でもその思いは浮かぶであろうが、吉永ほどの悔《く》いを抱く女優はいない。

その姿が、犬童には芸事を究める人に映るのだ。

吉永は、まるで芸事を修業している人が、「本当はもっと上のことを示せたはずなのに……」、今度はもっとちゃんとやらなきゃいけない」というような感じで話してくる。犬童であれ、ほかのスタッフであれ、「今回の反省点はここ。あのシーンではこうするべきだった」と吉永は言ってくる。

だからといって、吉永が監督の犬童に責任があると指摘しているわけでないことも伝わってくる。

ただ、犬童がすごくいい出来だと思っているところに、吉永が発する「あれはこうだったわよね」が今まで関わってきた人たちとは違う。それが、犬童には、なんとなく三味線の世界にいる芸人が発するようなニュアンスに思えるのだ。そのおかげで、犬童も想像するのだ。

〈田中絹代とか、きっとこういう風に演技のことを考えていたのかな〉

そんな吉永のような考えは、新劇育ちの人たちにはない。山崎努とも映画を撮ったが、ひたすら演技のことを考えてはいるものの、それは芸事の発想ではない。それは演劇なのだ。犬童には、吉永のニュアンスがものすごく新鮮だった。

女優という仕事を生涯修業として、一つひとつの作品の中で、ワンシーンごとの演技を芸事として考え、自分で演じ、そのたびに反省し、その上にいくために次の演技で果たそうという意志が根強くある。実は、それが今の女優のなかにいそうでいないのだ。

女優・吉永を自分でプロデュース

吉永は、女優・吉永小百合を自分でプロデュースしている。同時に、犬童がほかの女優とは違うと思う一面がある。

〈吉永さんは、日本人という意識が強い。日本人のために映画を作っている〉

外国人のために映画は作らない。戦後の日本という国の中で、日本の国が、日本の人たちが良くなっていって欲しい。そのために、自分が出演する映画が良くなるための役割を果たせないかという視点で自分自身をプロデュースし、出演作品も選んできた。もちろん、これまで失敗してきたこともあれば、成功したこともあるだろう。ただ、それらすべての作品には「日本人のための映画を作る」ということがベースにあり、それが吉永小百合が選択する際に大きく影響してきた。

自分が作るエンターテインメントが人のためになって欲しいと願う人たちは多いだろう。ただ、「日本人のために」と映画を作る役者は、吉永以外に存在しないであろう。

犬童は、映画監督として吉永と接していると感じることがある。

〈日本の戦後の大変な時期に映画界へ入った。自分が小さいころから映画の世界へ入り込み、そこに居場所を見つけ、俳優という職業を一生の仕事にすると決めてやってきた。七六歳になった今でも、「日本人のために意義のある映画を作る」ということが、女優・吉永小百合のモチベーション、エネルギー源になっている〉

だから、吉永は映画『最高の人生の見つけ方』の中でも、日本の七〇歳の主婦の人たちが置かれている状況を踏まえ「まず、彼女たちに元気になってもらえる映画を作れないか」と思案し、この映画で日本の主婦を演じることを決めたのだろう。

映画監督、犬童の立場であれば「吉永さんが実業家のジャック・ニコルソンの役をやったら、滅茶苦茶に面白い映画を作れるんじゃないか」という発想になる。でも、吉永の中には、そんな発想など存在しない。ジャック・ニコルソン側を演じてしまえば、吉永の映画を作る道理から外れてしまう。ただの映画好きで、面白ければ何でもいいというだけの考えならば、ジャック・ニコルソンでもいいのだろうが、吉永が映画作りのなかでやろうとしていることの根幹を支えるためには、主婦のほうを演ずるしかない。その考え方に揺るぎはない。

日本の主婦たちにとって大切な映画にする。そのために、主婦側のキャラクターを吉永は演じるべきだと判断したのであろう。そこには、七〇代になったからこその吉永の考えがあったのかもしれない。

〈あと何本、映画を作れるだろうか……。どんな役を演じられるだろうか……。やってみたい役はあるのだろうか……〉

きっと、そんなことも思い描いたのだろう。

撮影はスムーズに進んだ。二ヶ月ほどの日程だったが、ここまで健康的でストレスのない撮影を、今まで犬童は経験したことがない。

それは、配給がワーナーブラザースだということが大きく影響していた。

アメリカの映画会社ワーナーブラザース日本法人に所属する小岩井は、映画製作のすべてをアメリカ式で固めていた。そのため、役者であろうと監督であろうと、作品にかかわるすべての人たちの労働時間が厳しく決められ、待遇もしっかり守られていた。

特に、吉永のスケジュールは完璧に組まれていた。朝の九時から撮影が始まったなら、その日の撮影は午後六時までで終了と決まっていた。主演の吉永のスケジュールが決まっているため、必ず午後六時には撮影が終えられるよう絵コンテ（撮影台本）を作り、吉永が撮影に入る際には、事前に全員がその絵コンテを確認して準備する。

こうして一日の撮影は、その決められた撮影順の通りに進んでいく。

吉永の撮影は、午後六時までと決まっている。それが厳守となっているため、全員が集中して仕事をする。ほかの役者ならば緊張感が薄れてしまうかもしれないが、日本を代表するトップスター吉永小百合への決まり事だ。スタッフらには、吉永小百合という女優に対する敬意がある。

〈吉永さんに無理をさせてはいけない〉

〈吉永さんのベストな状態を保つために、無理なく進行させなければいけない〉

そんな想いが、撮影現場にはあふれていた。

「六時終了」という吉永の条件が掲げられたことで、ある種、撮影現場に特殊な空気が生まれ、スタッフたちのその姿勢が、本来あるべき健全な自分たちの待遇を作りだし、無理なく撮影スケジュールが進んでいった。

まさに吉永小百合という女優がいてこそ実現できたことといえる。

もちろん、昔と比べればどの映画も、労働時間や待遇など守られるようになっている。が、実際は製作費やスケジュールを無理して工面している部分は否めない。

ところが、アメリカの映画会社ワーナーブラザースの日本法人となれば、話は違ってくる。いっそう厳格になる。

小岩井が吉永のために「午後六時で撮影終了」と決めた時点で、予算、撮影日数、スケジュールは完璧といえるほど緻密《ちみつ》に練り上げられている。そのため、六時終わりのスケジュールは一度としてずれたこともなく、撮影日数もぴったり予定通りに終わった。睡眠不足になる日などなく、そのうえ翌日の撮影について考える時間も持てた。ものすごく健全な撮影の日々だ。犬童にとっても、これまで作ってきた映画の中で、一番効率よくスムーズに無理せず撮影できた映画となった。

犬童と一緒にやってきた助監督たちにとっても、吉永と作ったこの映画における労働環境は特殊な現場となった印象がある。

〈普段、こんな撮影などできない〉

映画を作るということは、無理しながらやるものだという考えが当然のように刷り込まれてきたのが日本の映画人である。昔の映画の世界の人たちがやってきたことに疑問を持つこともなく、同じような気持ちで今も映画を作っている。

『女ざかり』で吉永作品を撮っている大林宣彦も、普通に言っていた。

「なんで、こんなに楽しいことをしているのに、寝ないといけないの」

ある時代まで、やはり吉永作品を撮っている山田洋次、大林宣彦、深作欣二といった「映画第一」の日常を送ってきた人達の精神を犬童も受け継いできていたが、『最高の人生の見つけ方』という映画にかかわったことで、犬童のそれまでの考え方も変わった。

〈これから長い先の未来のことを思えば、本来の人間らしい生活ができるスケジュールでおこなう映画づくりが合っているのだろう〉

今まで、自分が無理していたことに気づかされた。そのほかにも、ワーナーブラザースの映画にかかわったことで、日本の映画作りとは異なる発見がいくつもあった。

アメリカ映画的な考えで、吉永も意見を出しながら、みんながフレキシブルに話し合い、映画を作っていく。そういう映画作りの中に吉永小百合がいるということが、犬童にとって新鮮であり面白かった。その気持ちは、吉永自身も感じたのではなかろうか。

吉永も、今までやってきた日本の映画の作り方や考え方とは違った映画作りを初めて体験することになった。

アメリカの映画の作り方にならって、五〇〇人の普通の観客を集めた試写会をおこなう。完成作ではなく、編集室で編集して犬童監督が好きな音楽をつける。そのラッシュを一般観客を五〇〇人集めて、二子玉川《ふたこたまがわ》の東宝シネマで試写会をおこなった。試写後、全員に「口外しない」という約束のサインをしてもらい、細かいアンケートをとる。「誰の役が良かったか」、「どのシーンが一番印象深いか」、「どこがよくないか」など質問は多岐《たき》にわたる。

アンケートの結果を見たうえで、犬童監督、小岩井プロデューサーとプロデューサーの助手と宣伝部で、編集の直しを検討する。

さらに、検討して直した作品を、また別の五〇〇人を集めて、試写会をおこない、再度アンケートをとる。計一〇〇〇人に観せることになる。そして、前のラッシュから改善されているかをチェックし、さらに修正したものが完成になる。そこまで細かくチェックしている。日本の映画会社ではやらないシステムである。

やりたいことリスト　最後の一〇番目

映画のラストでは、やりたいことリストの最後の一〇番目に書かれていた「宇宙旅行をする」を実現することになる。ロケットのシーンは最初から脚本に書かれていたが、犬童は疑っていた。

〈本当にやるのかな?〉

ただし、娯楽映画にとって「ばかばかしい」という言葉は、本来の誉《ほ》め言葉である。

〈最後のシーンは、宇宙遊泳で死後の二人が再会して終わるというのもいいんじゃないかな〉

結局、犬童はロケットシーンをそのまま残し、脚本通り撮影した。娯楽映画として夢のある映画を作るなら、そのくらい突拍子《とっぴょうし》もなく、ふり幅を大きくすべきとの判断だった。内心、犬童は、吉永も宇宙遊泳のシーンを自分で演じたいと思っていたのではないかとよんでいる。

吉永にとって一二一本目の映画出演作にして初の洋画系である。ジメジメせず、からっとしていて一風変わった「おもしろい存在」の映画となった。

吉永も、「スポーツ報知」のインタビューで次のように答えている。

「日本の映画会社では考えられない契約書の厚さには、驚きましたけれどね」

一二一本の映画に出演しても、まだまだ演じることが分からない。テストと本番。多くの役者は本番で集中力と芝居をピークに持っていくため、テストは抑《おさ》え気味。

そんなに器用にできない。だからアクシデントも起きる。引きこもりの息子に、出てくるよう説得するシーン。テストから全力だ。扉を叩くとき、つい強く叩き、右親指付け根を強打し痛めた。

まるで『古事記』にある天照大御神《あまてらすおおみかみ》が閉じこもって出ようとしない天岩戸《あまのいわと》を開けるような場面だ。手にもろに衝撃がきた。加減とか技術的なものが分からない。天海に指摘されて勉強になった。

しかし、その理由は分かっている。テクニックを使わず、六〇年間、ただ一筋に心の動きだけで演じてきたからだ。

もし仮に、吉永自身が役と同じ状況に立たされたら、どうするだろうか。吉永は答えている。

「意外に動揺してパニックになると思う。どうしてか？　家でもじっとしていない。運動も含めて絶えず動いてないと生きていけないタイプだ。だからこそ、治療で動けなくなることに、まず耐えられない。自分がいなくなる、ということが想像できない。でも、もしも、そういうときが意外に早くきたら……。どう向き合うんだろう？　それだけは考える」

吉永が若さを保っている背景に過去に執着しないことも挙げられる。

女優は、親の勧めで自分が選んだ道ではなかった。けれど、幸運に恵まれてラッキーだった。だから仕事で『あれをやっておけば良かった』はない。私生活でもテレビマンだった岡田太郎という夫と巡り合い、四七年間一緒にいられた。吉永には、人生に悔いみたいなものはない、という。

もし、犬童がもう一度、吉永を撮らせてもらえるというのであれば、もちろん『最高の人生の見つけ方』よりもいい映画にさせる意気込みがある。

吉永は、戦後の日本人を自身が背負って演じることをテーマとしている。そのため、一番意欲が掻《か》きたてられる役は、戦後の日本人なのだろう。だから、犬童は、そんな戦後の日本人を極めたような役で撮ってみたい。たとえば、その役の後ろに、吉永の生まれた昭和二十年以降の日本が見えるような役だ。『最高の人生の見つけ方』で演じた主婦もまさにそれに当てはまるものの、今の七〇歳の主婦であり、団塊《だんかい》の世代だ。少々物足りなさがある。吉永とは、戦後七〇年という重みが乗っている一人の女性のキャラクターをともに作りたいところだ。

もっといえば、吉永小百合というスター女優の殻を破った役を演じさせたい。吉永が持つ独特の目の輝きを捨てさせ、ひとりの人間として優等生とは真逆の女性を演じさせたい。そこで、今までの吉永小百合とは違う世界を犬童は観てみたいのだ。

そして、その映画こそが「吉永小百合といえばこの映画だ」。そう語り継がれるような作品。その一作を撮ることを犬童は夢見ている。

あとがき

わたしは一九六〇年代当時、のちに『みんな日活アクションが好きだった』という作品を上梓《じょうし》するほどの日活映画ファンであった。もちろん、石原裕次郎、小林旭のファンであったが、それ以上に日本人離れしたラテン系かと思わせる赤木圭一郎に強く魅かれていた。その赤木の『霧笛が俺を呼んでいる』で、松葉杖のなんとも初々しくかわいらしい少女に惹きつけられた。目力の強さが印象的であった。わたしにとって、それが吉永小百合との最初の出逢《であ》いであった。

浦山桐郎監督の『キューポラのある街』で、吉永はまぶしいほどの輝きを放つ。貧しいながらもけなげに生きぬく、埼玉は川口の鋳物工の娘・石黒ジュンを見事に演じ切る。吉永は、この一作で国民的美少女から演技派への脱皮のきっかけを摑み、押しも押されもせぬ新人スターとなる。同時に「サユリスト」の名を生んだ。

わたしは、この作品を吉永のベスト3の一つにあげる。

わたしの愛してやまない浦山桐郎にとっても、監督第一作目で大成功をおさめることができた最大の理由は吉永の起用だろう。最初、吉永起用を迷っていた浦山監督は、吉永に言う。

「もっと、ニンジンみたいな娘がいいんだけれど……きみは都会的だなぁ。東京の出身か……」

浦山監督は、さらに言う。

「貧乏について、考えてごらん」

吉永は答える。

「貧乏なら、よく知ってます。わたしん家も貧乏でした」

「きみんとこは、東京の山の手の貧乏だろ。もっと、どうにもならんような下町の貧乏っていうものがあるんや」

わたしは、吉永を取材しながら、彼女が想像していた以上に貧しい少女時代を送っていたことを知った。『赤銅鈴之助』のラジオ出演により収入を得ることによって、米びつが空っぽというような吉永家の状態はよくなり、おかずが増えた。育ちざかりの吉永にはたまらなくうれしかった。同時に、妙な自覚も生まれたという。

〈この食卓の上のものは、わたしが働いて得たものだわ……〉

わたしは、吉永が、山の手ながら貧しさを味わったことも、彼女が女優として成長することに大きく役立ったと思う。もし山の手のお嬢さんとしてヌクヌク育っていたら、彼女に深みを与えなかったであろう。彼女は、自分が一家を支えなくては……という強い自立心を養っていった。彼女の意志を強くしていった。それでいて、どん底の貧しさにあえいだわけでもないところが、彼女の品の良さ、清純さを保たせた。

浦山監督は、『キューポラのある街』でもし吉永でなく、彼の言うニンジンのような、いかにも下町下町した純朴な少女を起用していたら、貧しさの匂《にお》いこそ表現できたが、泥臭い映画になっていたのではないか。

その清純な吉永が、意外な貌《かお》を見せファンを驚かせたのが、『天国の駅』の死刑囚・林葉かよ役である。実在するとんでもない悪女の女性死刑囚・小林カウをモデルにした作品である。名脚本家・早坂暁の筆により、かよは凄艶《せいえん》ながら可憐な一面を見せるものの、オナニーシーンもある。嫉妬《しっと》に狂う夫を毒殺する。津川雅彦演じる大和閣の主人も刺し殺す。

はたして、「サユリスト」たちを裏切ることになりはしないか。よく吉永さんがこの役を演じることに踏み切ったな、と驚きながら、つい画面に吸い寄せられていった。

わたしは観終わって、吉永の艶《なまめ》かしさにただただ圧倒された。

〈吉永さんに、こういうナマナマしい色気が潜《ひそ》んでいたのだ〉

吉永は、『天国の駅』について、わたしに語った。

「あの年だからこそ、できたもので、年を重ねるとできないでしょうね」

わたしは、個人的には、悪女で凄艶な吉永作品をもう四、五本観てみたかった。

わたしは、森雅之と高峰秀子が出演する林芙美子原作、成瀬巳喜男監督の『浮雲』が、日本映画ベスト3の一つだと思っている。高峰にとっても代表作である。

吉永もその作品を高く評価しているが、吉永によると、実は高峰役のゆき子を吉永で、森雅之役の富岡を松田優作でリメイクしないか、という話があったという。監督こそ決まっていなかったが、わたしは深作欣二で実現して欲しかった。

ゆき子は、妻のいる農林省技師の富岡と戦時中、ベトナムで出会い、惚れ抜く。戦後、帰国してから、約束通り富岡に離婚を迫るが、富岡は曖昧なまま。ゆき子は米兵の情婦になる。とめどなく落ちぶれていく自堕落な富岡に別の愛人ができる。それでも、ゆき子は、富岡に惚れ続ける。最後は、富岡の新任地屋久島に同行し、病に倒れ、死ぬ。富岡は他人を退け、泣きながらゆき子に死化粧を施す……。

清純だったゆき子が、しだいに堕《お》ちてゆく姿を高峰が見事に演じている。高峰も、この映画までは清純な役が多かったが、この映画をきっかけに女性の業《ごう》を演じきれる役者になっていく。

吉永に、そんなどうしようもなく堕ちていくせつない一面も演じてもらいたかったというのは、我々ファンの欲というものか。いってみれば、太地喜和子の言った「×《バツ》の芝居」ということか。

しかし、吉永は、やがて善意に満ちた高潔な女性を演じることが多くなった。そのことにより、「サユリスト」は、吉永を愛し続けることができた。そして着実なファン層となった。

「サユリスト」の男性に加え、吉永には女性ファンも多い。女性に拒否反応を起こさせる美人女優もいるが、吉永は双方から愛される。吉永小百合のように麗《うるわ》しく歳を重ねていきたい、という女性が多いのだ。

そういう男女のファンに支えられて、主役でありつづけることができた。

吉永作品が一二二本まで続けられたその陰には、吉永がストイックなほどに健康、体形に気を遣っていることもある。『動乱』の撮影中、吉永は、共演していた高倉健の影響で一日一〇〇回腹筋をやるようになり、現在も続けている。

さらに、高倉が走る姿を見て、吉永もジョギングで体力づくりに励んだ。しかし、都会の空気の悪さゆえに平成元年ごろから水泳に切り替え、いまも続けている。

彼女は、平然と言う。

「役者なら、体形を保つのもあたりまえでしょう」

吉永に取材で会い、あらためて彼女の顔を見て感動した。ほとんどスッピンに近い化粧であったが、古稀とは信じられぬ美しさであった。舞台なら誤魔化せるが、映画女優一筋を貫くには、アップに耐えられる肌を保っていなくてはならない。

彼女の主演映画が現在に至るまで続いているのは、彼女にプロデュース能力があるからだろう。

『時雨の記』は彼女自身の企画で、『ふしぎな岬の物語』は、彼女の企画であるだけでなく、プロデューサーも務めている。

今回の文庫化にあたって、『北の桜守』の滝田洋二郎監督、『最高の人生の見つけ方』の犬童一心監督、『いのちの停車場』の成島出監督に新たに取材をしたが、三監督とも映画女優・吉永小百合の円熟した姿を語り、今後、できれば新たな吉永小百合像をフィルムに刻んでみたいと望んでいる。

彼女は、今後の女優活動については、次の映画に出演してから考えるというが、おそらく今後もいっそう女優として輝きつづけるであろう。それも高倉健のように主役を張り続け、それに叶うようにすさまじい努力をつづけていくのであろう。

いっぽう彼女は、詩の朗読のCD『第一楽章（広島編）』『第二楽章　長崎から』『第二楽章　沖縄から「ウミガメと少年」』『第二楽章　福島への思い』を発表し、原爆や戦争の悲惨さ、原発の危険性についても訴えつづけている。

わたしは一歳のとき、広島の原爆を受けた。父親は死に、生き残ったわたしは被爆者健康手帳の持ち主である。それゆえわたしは、吉永の活動に強い共感を覚えつづけている。

彼女は言う。

「わたしも俳優として、そして表現者として、戦争の悲惨さについて語りつづけていきたい。次の世代に残していきたいという思いは強い」

長年にわたる「映画女優」としての活躍に加えて、広島・長崎の原爆詩の朗読会を続け、また東日本大震災についても被災者の詩を朗読して復興支援に尽力したことにより、吉永は平成二十七年、日本文学振興会主催の第六十三回菊池寛《きくちかん》賞を受賞した。

執筆にあたり、吉永小百合氏本人に長時間の複数回のインタビューにご協力していただきました。また、浅野忠信、犬童一心、木村大作、小池栄子、阪本順治、笑福亭鶴瓶、滝田洋二郎、成島出、山田洋次、行定勲、和合亮一、渡哲也（故人）の各氏（五十音順）に新たに取材協力を得ました。お忙しい中、感謝いたします。

その他にもわたしが過去に、吉永小百合氏について取材した石坂浩二、大林宣彦（故人）、齋藤武市（故人）、澤井信一郎、宍戸錠（故人）、高橋英樹、出目昌伸（故人）、西河克己（故人）、浜田光夫、深町幸男（故人）、舛田利雄、松方弘樹（故人）、吉田正（故人）の各氏（五十音順）の原稿も引用しております。

また、拙著の『知られざる渥美清』、『みんな日活アクションが好きだった』（ともに廣済堂出版）のほかに、『夢一途』（吉永小百合著　集英社文庫）、『夢の続き』（吉永小百合著　集英社文庫）、『婦人公論』（昭和四十八年三月号）、朝日新聞、産経新聞、毎日新聞、読売新聞、日刊スポーツ、スポーツニッポン、スポーツ報知、サンケイスポーツを参考にいたしました。

今回、この文庫版の上梓に協力してくださった祥伝社の倉田明子氏に感謝いたします。

令和三年三月

大下英治

吉永小百合 出演映画リスト（二〇二一年三月現在）

1 『朝を呼ぶ口笛』（一九五九年 松竹）監督／生駒千里 共演／加藤弘、田村高廣
2 『まぼろし探偵 地底人襲来』（一九六〇年 新東宝）監督／近藤竜太郎 共演／加藤弘、二本柳寛
3 『拳銃無頼帖 電光石火の男』（一九六〇年 日活）監督／野口博志 共演／赤木圭一郎、浅丘ルリ子
4 『霧笛が俺を呼んでいる』（一九六〇年 日活）監督／山崎徳次郎 共演／赤木圭一郎、芦川いづみ
5 『拳銃無頼帖 不敵に笑う男』（一九六〇年 日活）監督／野口博志 共演／赤木圭一郎、宍戸錠
6 『疾風小僧』（一九六〇年 日活）監督／西河克己 共演／和田浩治、葉山良二
7 『すべてが狂ってる』（一九六〇年 日活）監督／鈴木清順 共演／川地民夫、芦田伸介
8 『ガラスの中の少女』（一九六〇年 日活）監督／若杉光夫 共演／浜田光夫、轟夕起子
9 『美しき抵抗』（一九六〇年 日活）監督／森永健次郎 共演／北沢彪、高野由美
10 『大出世物語』（一九六一年 日活）監督／阿部豊 共演／小沢昭一、渡辺美佐子
11 『天使が俺を追い駈ける』（一九六一年 日活）監督／井田探 共演／三木のり平、千葉信男
12 『花と娘と白い道』（一九六一年 日活）監督／森永健次郎 共演／青山恭二、高田敏江
13 『ろくでなし稼業』（一九六一年 日活）監督／齋藤武市 共演／宍戸錠、二谷英明
14 『警察日記ブタ箱は満員』（一九六一年 日活）監督／若杉光夫 共演／宇野重吉、沢本忠雄
15 『早射ち野郎』（一九六一年 日活）監督／野村孝 共演／宍戸錠、笹森礼子

16　『有難や節　あゝ有難や有難や』（一九六一年　日活）監督／西河克己　共演／和田浩治、清水まゆみ
17　『青い芽の素顔』（一九六一年　日活）監督／堀池清　共演／奈良岡朋子、川地民夫
18　『闇に流れる口笛』（一九六一年　日活）監督／牛原陽一　共演／和田浩治、葉山良二
19　『この若さある限り』（一九六一年　日活）監督／蔵原惟繕　共演／浜田光夫、小夜福子
20　『俺は死なないぜ』（一九六一年　日活）監督／滝沢英輔　共演／和田浩治、小高雄二
21　『闘いつづける男』（一九六一年　日活）監督／西河克己　共演／和田浩治、葉山良二
22　『太陽は狂ってる』（一九六一年　日活）監督／舛田利雄　共演／浜田光夫、川地民夫
23　『あいつと私』（一九六一年　日活）監督／中平康　共演／石原裕次郎、芦川いづみ
24　『草を刈る娘』（一九六一年　日活）監督／西河克己　共演／浜田光夫、望月優子
25　『黒い傷あとのブルース』（一九六一年　日活）監督／野村孝　共演／小林旭、大坂志郎
26　『さようならの季節』（一九六二年　日活）監督／滝沢英輔　共演／浜田光夫、松尾嘉代
27　『上を向いて歩こう』（一九六二年　日活）監督／舛田利雄　共演／坂本九、浜田光夫
28　『キューポラのある街』（一九六二年　日活）監督／浦山桐郎　共演／市川好郎、浜田光夫
29　『激流に生きる男』（一九六二年　日活）監督／野村孝　共演／高橋英樹、笹森礼子
30　『赤い蕾と白い花』（一九六二年　日活）監督／西河克己　共演／浜田光夫、高峰三枝子
31　『霧の夜の男』（一九六二年　日活）監督／松尾昭典　共演／高橋英樹、小池朝雄
32　『星の瞳をもつ男』（一九六二年　日活）監督／西河克己　共演／高橋英樹、山内賢

33 『あすの花嫁』（一九六二年 日活） 監督／野村孝 共演／浜田光夫、奈良岡朋子
34 『若い人』（一九六二年 日活） 監督／西河克己 共演／石原裕次郎、浅丘ルリ子
35 『ひとりぼっちの二人だが』（一九六二年 日活） 監督／舛田利雄 共演／浜田光夫、坂本九
36 『青い山脈』（一九六三年 日活） 監督／西河克己 共演／浜田光夫、高橋英樹
37 『いつでも夢を』（一九六三年 日活） 監督／野村孝 共演／浜田光夫、橋幸夫
38 『泥だらけの純情』（一九六三年 日活） 監督／中平康 共演／浜田光夫、小池朝雄
39 『雨の中に消えて』（一九六三年 日活） 監督／西河克己 共演／高橋英樹、十朱幸代
40 『俺の背中に陽が当る』（一九六三年 日活） 監督／中平康 共演／浜田光夫、内田良平
41 『伊豆の踊子』（一九六三年 日活） 監督／西河克己 共演／高橋英樹、浪花千栄子
42 『若い東京の屋根の下』（一九六三年 日活） 監督／齋藤武市 共演／浜田光夫、山内賢
43 『美しい暦』（一九六三年 日活） 監督／森永健次郎 共演／浜田光夫、芦川いづみ
44 『波浮の港』（一九六三年 日活） 監督／齋藤武市 共演／浜田光夫、宇野重吉
45 『真白き富士の嶺』（一九六三年 日活） 監督／森永健次郎 共演／浜田光夫、芦川いづみ
46 『光る海』（一九六三年 日活） 監督／中平康 共演／浜田光夫、十朱幸代
47 『こんにちは20才』（一九六四年 日活） 監督／森永健次郎 共演／高橋英樹、笹森礼子
48 『こんにちは赤ちゃん』（一九六四年 日活） 監督／井田探 共演／山内賢、和泉雅子
49 『浅草の灯 踊子物語』（一九六四年 日活） 監督／齋藤武市 共演／二谷英明、浜田光夫

50　『潮騒』（一九六四年　日活）　監督／森永健次郎　共演／浜田光夫、松尾嘉代
51　『風と樹と空と』（一九六四年　日活）　監督／松尾昭典　共演／浜田光夫、安田道代
52　『帰郷』（一九六四年　日活）　監督／西河克己　共演／森雅之、高峰三枝子
53　『愛と死を見つめて』（一九六四年　日活）　監督／齋藤武市　共演／浜田光夫、笠智衆
54　『うず潮』（一九六四年　日活）　監督／齋藤武市　共演／浜田光夫、山内賢
55　『若草物語』（一九六四年　日活）　監督／森永健次郎　共演／浅丘ルリ子、芦川いづみ
56　『悲しき別れの歌』（一九六五年　日活）　監督／西河克己　共演／浜田光夫、松山英太郎
57　『未成年 続・キューポラのある街』（一九六五年　日活）　監督／野村孝　共演／浜田光夫、宮口精二
58　『青春のお通り』（一九六五年　日活）　監督／森永健次郎　共演／浜田光夫、松原智恵子
59　『明日は咲こう花咲こう』（一九六五年　日活）　監督／江崎実生　共演／三田明、中尾彬
60　『父と娘の歌』（一九六五年　日活）　監督／齋藤武市　共演／宇野重吉、浜田光夫
61　『四つの恋の物語』（一九六五年　日活）　監督／西河克己　共演／芦川いづみ、十朱幸代
62　『大空に乾杯』（一九六六年　日活）　監督／齋藤武市　共演／浜田光夫、十朱幸代
63　『青春のお通り』（一九六六年　日活）　監督／齋藤武市　共演／浜田光夫、松原智恵子
64　『風車のある街』（一九六六年　日活）　監督／森永健次郎　共演／浜田光夫、芦川いづみ
65　『私、違っているかしら』（一九六六年　日活）　監督／松尾昭典　共演／浜田光夫、淡島千景

66 『愛と死の記録』（一九六六年　日活）監督／蔵原惟繕　共演／渡哲也、芦川いづみ
67 『白鳥』（一九六六年　日活）監督／西河克己　共演／渡哲也、関口宏
68 『青春の海』（一九六七年　日活）監督／西村昭五郎　共演／渡哲也、和泉雅子
69 『恋のハイウェイ』（一九六七年　日活）監督／齋藤武市　共演／新克利、奈良岡朋子
70 『君が青春のとき』（一九六七年　日活）監督／齋藤武市　共演／山本圭、十朱幸代
71 『斜陽のおもかげ』（一九六七年　日活）監督／斎藤光正　共演／新珠三千代、岸田森
72 『君は恋人』（一九六七年　日活）監督／齋藤武市　共演／浜田光夫、石原裕次郎
73 『花の恋人たち』（一九六八年　日活）監督／齋藤武市　共演／十朱幸代、山本陽子
74 『青春の風』（一九六八年　日活）監督／西村昭五郎　共演／浜田光夫、和泉雅子
75 『だれの椅子？』（一九六八年　日活）監督／森永健次郎　共演／渡哲也、杉良太郎
76 『あゝひめゆりの塔』（一九六八年　日活）監督／舛田利雄　共演／和泉雅子、音無美紀子
77 『花ひらく娘たち』（一九六九年　日活）監督／齋藤武市　共演／和泉雅子、浜田光夫
78 『嵐の勇者たち』（一九六九年　日活）監督／舛田利雄　共演／石原裕次郎、渡哲也
79 『幕末』（一九七〇年　東宝）監督／伊藤大輔　共演／中村錦之助、三船敏郎
80 『風の慕情』（一九七〇年　松竹）監督／中村登　共演／石坂浩二、香山美子
81 『青春大全集』（一九七〇年　松竹）監督／水川淳三　共演／松橋登、竹脇無我

82　『戦争と人間 第二部 愛と悲しみの山河』（一九七一年　日活）監督／山本薩夫　共演／北大路欣也、山本圭

83　『男はつらいよ 柴又慕情』（一九七二年　松竹）監督／山田洋次　共演／渥美清、倍賞千恵子

84　『戦争と人間 完結篇』（一九七三年　日活）監督／山本薩夫　共演／滝沢修、山本圭

85　『男はつらいよ 寅次郎恋やつれ』（一九七四年　松竹）監督／山田洋次　共演／渥美清、倍賞千恵子

86　『青春の門』（一九七五年　東宝）監督／浦山桐郎　共演／仲代達也、小林旭

87　『新どぶ川学級』（一九七六年　日活）監督／岡本孝二　共演／森次晃嗣、丘みつ子

88　『若い人』（一九七七年　東宝）監督／河崎義祐　共演／桜田淳子、小野寺昭

89　『皇帝のいない八月』（一九七八年　松竹）監督／山本薩夫　共演／渡瀬恒彦、山本圭

90　『龍の子太郎』（一九七九年　東映動画）監督／浦山桐郎（声の出演／共演）加藤淳也、熊倉一雄

91　『衝動殺人 息子よ』（一九七九年　松竹）監督／木下惠介　共演／若山富三郎、高峰秀子

92　『動乱』（一九八〇年　東映）監督／森谷司朗　共演／高倉健、米倉斉加年

93　『海峡』（一九八二年　東宝）監督／森谷司朗　共演／高倉健、森繁久彌

94　『細雪』（一九八三年　東宝）監督／市川崑　共演／岸惠子、佐久間良子

95　『天国の駅 HEAVEN STATION』（一九八四年　東映）監督／出目昌伸　共演／西田敏行、三浦友和

96 『おはん』（一九八四年　東宝）監督／市川崑　共演／大原麗子、石坂浩二
97 『夢千代日記』（一九八五年　東映）　監督／浦山桐郎　出演／北大路欣也、樹木希林
98 『玄海つれづれ節』（一九八六年　東映）　監督／出目昌伸　共演／風間杜夫、八代亜紀
99 『映画女優』（一九八七年　東宝）　監督／市川崑　共演／菅原文太、森光子
100 『つる　鶴』（一九八八年　東宝）　監督／市川崑　共演／野田秀樹、樹木希林
101 『華の乱』（一九八八年　東映）　監督／深作欣二　共演／松田優作、緒形拳
102 『外科室』（一九九二年　松竹）　監督／坂東玉三郎　共演／加藤雅也、中井貴一
103 『天国の大罪』（一九九二年　東映）　監督／舛田利雄　共演／オマー・シャリフ、松方弘樹
104 『夢の女』（一九九三年　松竹）　監督／坂東玉三郎　共演／永島敏行、樹木希林
105 『女ざかり』（一九九四年　松竹）　監督／大林宣彦　共演／津川雅彦、三國連太郎
106 『霧の子午線』（一九九六年　東映）　監督／出目昌伸　共演／岩下志麻、玉置浩二
107 『蓮如物語』（一九九八年　東映）　監督／葛西治　（声の出演／共演）松方弘樹、津嘉山正種
108 『時雨の記』（一九九八年　東映）　監督／澤井信一郎　共演／渡哲也、佐藤友美
109 『長崎ぶらぶら節』（二〇〇〇年　東映）　監督／深町幸男　共演／渡哲也、高島礼子
110 『千年の恋 ひかる源氏物語』（二〇〇一年　東映）　監督／堀川とんこう　共演／天海祐希、渡辺謙
111 『北の零年』（二〇〇五年　東映）　監督／行定勲　共演／豊川悦司、渡辺謙
112 『母べえ』（二〇〇八年　松竹）　監督／山田洋次　共演／浅野忠信、檀れい

113　『まぼろしの邪馬台国』（二〇〇八年　東映）　監督／堤幸彦　共演／竹中直人、窪塚洋介
114　『おとうと』（二〇一〇年　松竹）　監督／山田洋次　共演／笑福亭鶴瓶、蒼井優
115　『手塚治虫のブッダ　赤い砂漠よ！　美しく』（二〇一一年　東映／ワーナー・ブラザース映画）
監督／森下孝三　（声の出演／共演）吉岡秀隆、堺雅人
116　『北のカナリアたち』（二〇一二年　東映）　監督／阪本順治　共演／森山未來、満島ひかり
117　『BUDDHA2　手塚治虫のブッダ　終わりなき旅』（二〇一四年　東映）　監督／小村敏明　（声の出演／共演）松山ケンイチ、真木よう子
118　『ふしぎな岬の物語』（二〇一四年　東映）　監督／成島出　共演／阿部寛、笑福亭鶴瓶
119　『母と暮せば』（二〇一五年　松竹）　監督／山田洋次　共演／二宮和也、黒木華
120　『北の桜守』（二〇一八年　東映）　監督／滝田洋二郎　共演／堺雅人、篠原涼子
121　『最高の人生の見つけ方』（二〇一九年　ワーナー・ブラザース映画）　監督／犬童一心　共演／天海祐希、ムロツヨシ
122　『いのちの停車場』（二〇二一年　東映）　監督／成島出　共演／松坂桃李、広瀬すず

本書は、平成二十七年十二月、朝日新聞出版より刊行された
同名単行本に加筆・修正を施したものです。
日本音楽著作権協会（出）許諾第二一〇一五八六－一〇一号

映画女優　吉永小百合

一〇〇字書評

切・り・取・り・線

購買動機（新聞、雑誌名を記入するか、あるいは○をつけてください）

□（　　　　　　　　　　　　）の広告を見て
□（　　　　　　　　　　　　）の書評を見て
□ 知人のすすめで　　　　□ タイトルに惹かれて
□ カバーが良かったから　□ 内容が面白そうだから
□ 好きな作家だから　　　□ 好きな分野の本だから

・最近、最も感銘を受けた作品名をお書き下さい

・あなたのお好きな作家名をお書き下さい

・その他、ご要望がありましたらお書き下さい

住所	〒				
氏名		職業		年齢	
Eメール	※携帯には配信できません	新刊情報等のメール配信を 希望する・しない			

この本の感想を、編集部までお寄せいただけたらありがたく存じます。今後の企画の参考にさせていただきます。Eメールでも結構です。

いただいた「一〇〇字書評」は、新聞・雑誌等に紹介させていただくことがあります。その場合はお礼として特製図書カードを差し上げます。

前ページの原稿用紙に書評をお書きの上、切り取り、左記までお送り下さい。宛先の住所は不要です。

なお、ご記入いただいたお名前、ご住所等は、書評紹介の事前了解、謝礼のお届けのためだけに利用し、そのほかの目的のために利用することはありません。

〒一〇一―八七〇一
祥伝社文庫編集長　坂口芳和
電話　〇三（三二六五）二〇八〇

祥伝社ホームページの「ブックレビュー」からも、書き込めます。

www.shodensha.co.jp/bookreview

祥伝社文庫

映画《えいが》女優《じよゆう》 吉永小百合《よしながさゆり》

令和 3 年 4 月 20 日　初版第 1 刷発行

著　者　大下英治《おおしたえいじ》
発行者　辻　浩明
発行所　祥伝社《しようでんしや》
東京都千代田区神田神保町 3-3
〒101-8701
電話　03（3265）2081（販売部）
電話　03（3265）2080（編集部）
電話　03（3265）3622（業務部）
www.shodensha.co.jp
印刷所　堀内印刷
製本所　ナショナル製本
カバーフォーマットデザイン　芥 陽子

Printed in Japan ©2021, Eiji Ohshita ISBN978-4-396-34721-5 C0193